BRINGING UP BOYS

BOYS

滋 养 下 一 代 男 人

[美]詹姆士·杜布森 著 / 陈德民 吕军 王晋 译 / 钱红林 校

培育男孩

James Dobson

中国社会出版社
国家一级出版社·全国百佳图书出版单位

图书在版编目（CIP）数据

培育男孩 /（美）詹姆士・杜布森著；陈德民，吕军，王晋译 . -- 北京：中国社会出版社，2022.9
书名原文：Bringing Up Boys
ISBN 978-7-5087-6781-9

Ⅰ . ①培… Ⅱ . ①詹… ②陈… ③吕… ④王… Ⅲ . ①男性 – 家庭教育 Ⅳ . ① G78

中国版本图书馆 CIP 数据核字 (2022) 第 104296 号
图字：01-2022-3749 号

出 版 人：浦善新
终 审 人：王 前
责任编辑：魏光洁
封面设计：奇文云海
责任校对：刘海飞

出版发行：中国社会出版社
地　　址：北京市西城区二龙路甲 33 号
邮政编码：100032
编 辑 部：（010）58124851
网　　址：shcbs.mca.gov.cn
发 行 部：（010）58124864
经　　销：新华书店

印刷装订：河北鑫兆源印刷有限公司
开　　本：185mm × 260mm　1/16
印　　张：19.25
字　　数：300 千字
版　　次：2022 年 9 月第 1 版
印　　次：2022 年 9 月第 1 次印刷
定　　价：65.80 元

中国社会出版社微信公众号

中国社会出版社天猫旗舰店

谨以此书献给我亲爱的儿子瑞恩

他给我们带来了无限的喜乐和幸福

在我所获得的心理学家、作者、教授、会长等诸多头衔中

我最喜欢的，就是“爸爸”这个头衔

成为瑞恩和他妹妹丹妮的父亲

是我一生中最辉煌的成就

新版序

扼制男孩的男性气质，那是在制造灾难

2002年，我双手打开美国刚刚出版的《培育男孩》原版书，感受到了兴奋、珍爱、责任，我预感到这将是一本带给中国父母和老师启迪和力量的图书。

2004年1月，《培育男孩》中文版出版，出版界朋友感叹这是一本有力量的书，教育界专家感叹这是一本回归常识、回归真道、切中问题要害的家教书，而图书批发商感叹——这本书太领先了，一般家长的思想跟不上，超前了10年，若10年后出版，这将是一本超级畅销书。

确实领先了，在当时的图书市场，在当时的父母观念中。当时，我们在孩子的培养中，严重地缺失“按性别培养”的观念。

扼制男孩的男性气质，那是在制造灾难！

同样，我们强行地让女孩像男孩，那也是在制造灾难！

2004年初，我儿子3岁出头，这是一个调皮捣蛋、老爱制造些小麻烦的小男孩。他所在幼儿园的女孩子们呢？衣裙飘飘、爱干净、守纪律、聪慧美好。一位年轻的幼儿园教师，她会更喜欢哪个小孩呢？是调皮捣蛋的男生，还是那些衣裙飘飘的女生呢？那时候，在我愿景中出现了一幅图画：那位幼儿园女老师，她不仅既喜欢聪慧美好的小女孩，她也欣赏跑得快、跳得远的不安分的小男孩。20年后，男孩有男孩样儿，女孩有女孩样儿！

要知道在成长之路上，我作为伶牙俐齿、聪慧美好的女生一路得到老师的喜欢，回想起来，我的小学男同学在我的“碾压”之下，那叫一个可怜。而我，生了儿子之后，希望我的儿子可以避免我小学男同学的遭遇。这个执拗的意象给了我支持，我要向中国父母和教师介绍美国杜布森博士的《培育男孩》。

实际上，当时的情况是：《成都商报》报道，有十几位中小学校长，不约而同地认为，至少有三成男生缺乏阳刚之气。企业普遍认为刚从大学毕业的新雇员中，女性的能力明显胜过男性。（这是我在 2006 年搜集的资料）

而美国的情况呢？通过杜布森博士在《培育男孩》中的阐述，我们了解到这是一个全球性的问题：男女性别模糊，甚至性别倒错，一代男孩在成长之中，他们的心灵在受苦。

2004 年，多位图书批发商跟我说《培育男孩》领先了 10 年，其真实情况是怎样的呢？

《培育男孩》出版后的几个月内，重要的媒体、地方都市报、图书出版的专业媒体以及各种网站，都以很大篇幅报道了《培育男孩》中文版的出版，特别地提出了“呼唤男子气概”“呼唤父亲重要性”的主张。媒体对此话题的热情，是我们始料未及的。

图书市场上，杜布森博士《培育男孩》多次再版，有不少家长和教师为之喝彩，之后出现了多种《培育男孩》的盗版书和跟风书。这说明《培育男孩》以直截了当、立场鲜明的育儿观点，唤醒了中国家长和中国教育者：男孩就该以培育男孩的方式来培养，男孩就该有男孩样。

今日，我与很多新手父母交流，发现“按性别培养”的观念已然成了他们的育儿常识，我很欣慰，很幸福，这与十几年来杜布森博士《培育男孩》理念的传播与我们所做的图书策划是有很大关系的。

男孩的信心危机
被抑制的男性优势

我们的男孩正在经历一种触及心灵深处的信心危机。

因为父亲角色的缺失（离异家庭中父亲的缺席，或是忙碌父亲在家庭中的缺席），使得我们的小男孩不知道长大后的男人应该是什么样的，小男孩在成长过程中没有成熟男人的榜样可效仿，于是，娱乐界的偶像便充当了榜样的作用。

因为母亲在家庭中的强势，使得小男孩屈服在母亲的期待之中。母亲本能地以女性的视角来要求小男孩，殊不知自己没有当过男孩的母亲，她们对男孩的期望多半压抑着小男孩的天性，比如：要安静，不要乱跑乱跳；要听话，不要老是制造麻烦。

小男孩进入幼儿园，教师几乎清一色是女老师，小学和初中也是女老师居多。进入小学和中学，学校教育是无性别教育，而应试教育更适合女孩的发展，课堂的静态读写教育和知识灌输教育几乎是男孩的天敌，在这样的学习环境中，男性优势很难被张扬。

校园霸凌，男孩同龄人之间的攻击，攻击力量巨大，男孩成长中的心灵不够强大，难以抵挡攻击的力量。

现代娱乐业、暴力、色情、网络对男孩的引诱，男孩很难抵御，因为身体荷尔蒙的作用，男孩容易冲动，容易被暴力、色情牵着走。

最最不利的是，家里没有人。

试想一下：一个在学校中不怎么受到老师喜欢的小学一年级男生，学校中有一个强壮的男生威胁要打他，他有点害怕。他的拼音还不怎么会，他的口算计算速度很慢。他刚走出校门，门口接他的爷爷说马上要带他去上课外班，这是妈妈安排好的，他就被拉着走进了课外班的教室。晚上7点钟妈妈回家了，妈妈高声嚷着说你怎么拼音还不会，你怎么口算这么慢，而爸爸正在出差。几天后爸爸回到了家，妈妈一个劲地抱怨爸爸不顾家，顺便说了一通小男孩的拼音和口算的毛病。小男孩听着心里不畅快，突然从上下铺床的上铺跳了下来，把一家人吓了一大跳。

等到小男孩长大一些了，他进入了初中，他懂得不少道理了。这个年龄，他明显地感觉到自己内心有成长的冲动，有成长的愿望，但是，放眼周围环境，明显地感觉到，有些女生做得更出色，她们好像更受欢迎，有些女生会取笑他的“傻”，实际上，他只不过是成长的节奏比别人慢半拍而已。

这场景对我们来说一点都不陌生，这个小男生的男性优势被可怕地抑制着，他正承受着触及心灵深处的危机，他不太知道他是一个堂堂正正的男孩，以后会成长为一个堂堂正正的男人，没有人告诉他，没有人为他渴望成长的心灵注入力量。

家庭、学校、社会文化正在悄悄地、让人毫无察觉地扼制男孩的男性气质，这真的是在制造灾难。

这个男生长大之后，他会使得他的女朋友感觉很无聊，会让他的妻子失望，女性们会声嘶力竭地感慨天底下的好男人没有了，然后将自己锻炼得更强大。女性单方面地更强大之后，她们的儿子大概率地会更柔弱。这个怪圈会一直地走下去吗？

打破这个怪圈、解开这个问题死结的关键在哪里呢？

塑造下一代男人
让我们伸出双手

杜布森博士在《培育男孩》中向我们展现了良好的家庭婚姻关系，注重家庭建造，养育孩子有爱、有管教，赞美男孩女孩的性别差异，并差异化养育男孩和女孩，等等。

呼唤回归家庭，呼唤将心归家，这是詹姆士·杜布森博士用他一生在做的事。这样一种建立在传统基石之上的养育思想，在《培育男孩》中，杜布森博士深情地、有力量地传递给我们。

对于男孩来说，父亲是不可缺席的、不可替代的。“一个男孩与一个好男人在一起，这个男孩就永远不会走上邪路。”“没有哪个男人比蹲下来帮助男孩的男人更高大。”

而对于母亲来说，培育男孩有两大挑战：一是在孩子婴儿期与孩子建立了依恋关系之后，妈妈要勇于斩断依恋，该放手时就放手。面对这个挑战很多妈妈摔倒了，早期与孩子建立的依恋关系，她们妄想一直保持终生。二是妈妈们从来没有当过男孩，她们会以女性的思维和喜好来框限男孩。

对于学校教育来说，这就回到了前文所提出的我的愿景式的心灵图景了：女教师不仅喜欢文静顺从的女孩子，而且也欣赏调皮捣蛋的男孩子。

父母和老师都知道男孩子之所以是男孩子、女孩子之所以是女孩子，不是因为文化的原因，而是因为生理的原因，是天生的。

培育男孩，最重要的是培养男孩的竞争力，不要在男孩早期就将他的勇敢、主动性和创造性给抹杀了。

将家庭、学校、社区、社会文化、思想，归到正道上，我们一起伸出手来，建造家庭，塑造下一代男人。

值此，《培育男孩》第二版出版之际，我们一起来将男孩培养成真正的男人。

钱红林

中国教育学会中小学德育研究分会常务理事

中国教育学会家庭教育专业委员会常务理事

BRINGING UP BOYS

目录

致 谢

在本书写作过程中，有几位主要助手和合作者作出了特别的贡献，我要在此向他们表示感谢。

首先要感谢克雷格·奥斯腾（Craig Osten）。我委托他在文献和报刊中搜寻相关研究的资料。作为一名研究者，他检索信息的技巧令人称赞。比如有一天，我请他帮我查一段话。当时我只能模糊地记得，那是出自苏联文学家亚历山大·索尔仁尼琴的某部著作，但不记得具体的字句了。它的大概意思是，索尔仁尼琴那代人不明白人生有什么意义。我不记得这段话出自哪本书以及该书的写作年代，也无法提供有助于找到其出处的具体线索。在这种情况下，克雷格开始了他的搜索，其难度可真不亚于猎犬追踪罪犯。没想到，第二天一早他就找到了那段话，并告诉我，作者不是索尔仁尼琴，而是薛华博士（Dr. Francis Scheffer）。那段话出自他于 1972 年出版的《太初有道》（*He Is There and He Is Not Silent*）一书。那段话在那本书的最后一章中出现，大意是：现代人的困境很简单——不明白人生有什么意义……这是我们这一代人的灾难，是现代人所有问题的核心。

谢谢你，克雷格，我为你在本书艰巨的写作过程中所付出的勤勉劳动和你卓越的才华而感谢你。如果没有你的贡献，此书无法像现在这样完整地呈现。

在这里，我也要对我的私人助理帕蒂·沃特金斯（Patty Watkins），以及她的 3 名副手谢里·胡佛（Sherry Hoover）、乔伊·汤普森（Joy Thompson）和玛丽·乔·斯坦克（Mary Jo Steinke）表示谢意。他们与比尔·伯格（Bill Berger）、罗恩·雷诺（Ron Reno）组成了团队，这几位都是决不轻言放弃、要干就干好的人。我也对赫布（Herb）、多纳·费希尔（Dona Fisher）和埃尔莎·普林斯·布罗克休曾（Elsa Prince Broekhuizen）表示谢意，因为他们给我提供了宁静安逸的“藏身之处”，使我得以安心写作。我也必须对沃尔特·拉里默尔博士（Dr. Walt Larimore）和布拉德·贝克（Brad Beck）表示谢意，他们对有关男子气质的生理学和神经学的章节作了审阅和修改。我也要感谢神经学家兰德尔·比约克博士（M.D. Randell Bjork），他提供了颇有参考价值的意见。我也从心理学家提姆·欧文博士（Dr. Tim Irwin）的建议，以及本书所引用雷恩·布罗克休曾牧师（Rev. Ren Broekhuizen）、C.H. 麦戈文博士（Dr. C.H. McGowen）和卡伦·科廷（Karen Cotting）所写的书信中受益良多。谨向你们每一位以及其他帮助过我的人表示衷心的谢意，感谢你们的积极参与。

最后，要向我人生中最特别的一位女士，表达我最深切的爱和感激。在结婚近 41 年、出版了 20 余本著作之后，雪莉（Shirley）真切地知道，有一位连续数日埋首在似乎永远也写不完的书稿中的丈夫意味着什么。以此书为例，我们有 30 多个月的时间投入了《培育男孩》的写作中。与此同时，我们还继续组织一个规模很大且积极活跃的协会①。是雪莉最先鼓励我对男孩的教育这一主题进行探讨。在这个无比艰巨的任务面前，是她坚定地站在我的身边。对我来说，这并不奇怪。40 多年来，她一直是我力量和热情的源泉，是我坚定的支持者。我相信那最美好的在等待着我们。

---

① 此协会是一个关注亲子教育和家庭建造的非营利机构。

第 1 章

奇妙的男孩世界

BRINGING UP BOYS

BRINGING UP
BOYS

向所有有幸为人父母的人致意。在人的一生中，最荣耀的职责莫过于把一个新生命带到这个世界上，再用长达 18 年的时间把他抚养成人。要把这个任务完成好，需要我们在生活中持续积累智慧和勇气。对生养了一个或几个男孩的父母来说，最大的挑战可能是如何带领他们平安地度过儿童期和青春期。

我们家族里有一个 4 岁的男孩，名叫杰弗里。他很活泼，典型的调皮男孩样儿。上星期的一天，他的爸爸妈妈和爷爷奶奶正在客厅里谈话。忽然，他们意识到，有好几分钟没见着杰弗里的影儿了。他们立刻一个房间一个房间地找他，但是哪儿都没找到。四个大人急忙跑到街上，大声喊着："杰弗里！杰弗里！"没有回应。小家伙就这么无影无踪了。全家人很恐慌，不祥的阴云笼罩在大家的心头。难道他被人拐骗了？还是他走失了？他现在处在危险之中吗？几个人在分头寻找的时候，心里都在暗暗祈祷。经过约一刻钟满怀恐惧的寻找后，有人提出拨打 911 求助。当他们走进屋子时，杰弗里突然蹦跳着对爷爷嚷道："嗨！"原来，当全家人为了找他而急得团团转的时候，这个小杰弗里就躲在屋里的床底下。他认为这是在"开玩笑"。他心里想的是，所有人都会认为这样的"玩笑"很有趣。看到四个大人都很生气，他这才感到震惊。

杰弗里不是一个悖逆型的孩子，他只不过是个男孩。只要你平时留意观察，就会发现男孩和女孩是有区别的。过去几代人对这个事实不加质疑，他们认为这就是事实。他们本能地知道，养育男孩和女孩是大不相同的。一般来说，男孩比起女孩更难带。你有没有听到过，父母常和祖父母脸带笑意地说起，女孩是用糖、香料和所有美好的东西做的，男孩是用蛇、蜗牛和小狗的尾巴做的？说这话时，虽然人们都带着揶揄的口气，但是不同年龄的人都觉得这话是有根据的。"男孩就是男孩。"他们理所当然地这么认为。他们没说错。

通常，比起他们的姐妹来，男孩要难养一些（但并不绝对）。女孩有时也很难应对，不过男孩给家长的挑战要更大一些。虽然每个人都有自己的性格特征，但是总体上男孩比起女孩来会更自信、更大胆、更容易兴奋一些。心理学家约翰·罗斯蒙德把他们称之为"有攻击性的小机器"[1]。有位父亲把他儿子叫作"没有方向舵的内燃喷气式小飞机”。著名歌手莫里斯·谢弗利尔有一首很有名的歌曲叫《为小女孩感谢上帝》。我想他从来不唱“为小男孩感谢上帝”，其部分原因就在于此。男孩子们难以激起人们在情感方面的共鸣。

在一篇题为《男孩是由什么做的？》的文章中，记者葆拉·格雷·亨克引述了一位名叫梅格·麦肯齐的母亲的话。她比喻自己带大两个儿子的经历就像是“生活在龙卷风中”。“每天，他们从学校回到家里，就到处乱奔乱窜。或者在外面的院子里爬树，或者在屋里闹哄哄，制造出的声响就像楼上有一群大象在行走。我想让他们安静下来，我丈夫却说：‘男孩就是这样，你会习惯的。’”

记者亨克继续写道：

> 麦肯齐夫人，这个家庭中唯一的、被男性包围了的女士说，（男孩子们）先动后听的这种自然特质快要把她弄疯了。“我不能只是对孩子们说，‘你们需要整理一下房间’，我要是这么说的话，他们就会把一两个玩具收拾一下，然后就以为任务完成了。后来我意识到，我的要求必须非常明确具体。”她发现，男孩对一段话所可能包含的潜在信息是没有什么直接反应的，对他们的要求应该清晰干脆、直截了当。“如果是我把一篮子洗干净的衣服放在楼梯口的话，他们就算从旁边经过20次，也不会想到停下脚步把它搬上楼去。”她这么说。[2]

这听上去是不是很耳熟？要是你给5岁的孩子举行生日宴会，你会发现男孩的行为可能和女孩有很大的区别。男孩更有可能会扔蛋糕，把他们的手放到果汁量杯里，或者是给做游戏的女孩子们捣乱。他们为什么会这样呢？有人会说，他们之所以这么顽皮，是从社会文化中学来的。真的是这样吗？那为什么世界各地、各种类型的社会中，男孩的攻击性都要比女孩更强一些呢？为什么古希腊哲学家柏拉图早在2300多年前就写道：“在所有的动物之中，男孩是最难被管理的？”[3]

基蒂·哈曼编辑的《捣蛋：男孩子们干的无赖事》是我喜欢的一本小书。里面记载的都是那些“相当正派的成年男人”的童年回忆。下面几个故事就让我忍不住想笑：

七年级时，生物老师给我们布置了解剖乳猪的实验。我和几个朋友把猪的嘴装在兜里偷出来，然后把它扣在饮水器的水龙头上，这样自来水就会从猪的鼻孔里喷出来。当时谁都没有注意到这事儿，他们弯下腰把嘴对着龙头准备喝水时才会发现。而我们都躲在一边，想看看会发生什么。结果，当我们忍不住大声笑时，被人发现了。我们都为此挨了揍。

——马克，俄亥俄州，生于1960年

我和一个朋友在车库里发现了一个装着汽油的咖啡罐，于是就决定把它倒入下水道用火柴点燃，看看会发生什么。我们把下水道井盖撬开，倒了一些汽油进去，然后再把盖子虚掩上去，这样可以稍稍留点空隙。我们把点燃的火柴一根根扔下去，但是什么动静都没有。于是，我们就把所有的汽油都倒了进去。到后来，一种像是喷气飞机引擎发出的噪声传了出来，接着是“轰隆”一声巨响。下水道的井盖被掀翻，一股火焰蹿到空中，高达四五米，地面发出了地震一般的轰隆声，下水道井盖被炸飞到四五米以外的邻居家的车道上。接着，汽油沿着下水道流了近一个街区，遇到下水道里的沼气发生汽化，把沿线邻居的抽水马桶都给炸坏了。我现在是一名水管工，因此我能准确地说出当时发生的情况。

——戴夫，华盛顿，生于1952年

我是个盲人，小时候我和其他盲童一起玩。和眼睛看得见的孩子一样，我们总会找到许许多多的方法捣乱。有一回，在一位盲人朋友家里，他带我到车库里去看他哥哥的摩托车。我们决定把它推出去玩几圈。为什么不呢？我们沿着马路慢慢向前开，每到一个路口我们就停下来，关掉引擎，听路上的声响作判断，然后穿过马路。我们一路开到中学校园里的跑道上。在那里，我们真的可以放手开了。我们先是在跑道的拐弯处堆了些泥土，这样在我们感觉到地面不平时，就可以知道自己仍在跑道上。然后我们就开始飞驶了，越开越快，一溜烟往前直蹿。可是我们不知道，有人来到了跑道上，他们挥着手要我们离开。但是，摩托车的马达声响太大，我们根本听不见他们的叫声，几乎把他们给撞倒了。他们叫来了警察，警察也向我们招手要我们离开，但我们继续往前飞速行驶。后来，警察用上了警报器和扩音器，我们才停了下来。他们火气冲天，根本不相信我们的解释，甚至不相信我们是盲人。我们向他们显示了手上戴的盲人专用手表，他们这才相信了，并把我们护送回家。

——迈克，加利福尼亚，生于 1953 年[4]

正如我们在这几个故事中看到的，在抚养男孩的过程中，最让人担心害怕的是，他们有一种毫无理由要去冒险的倾向。这种情况开始得很早。一个学步期的小男孩，只要能爬上什么，他就会从那里跳下来。他会躲过成人的监控，朝桌子、浴缸、水塘、台阶、树木和街上蹒跚走去。除了食品以外，他还会把一切东西放入口中。他喜欢在卫生间玩耍。他把黄瓜和牙刷当“枪”玩，喜欢在抽屉、药瓶子以及妈妈的手提袋里倒腾。一不留神，他那双脏兮兮的小手就会拿起口红玩儿。男孩会欺负小狗，或者揪着小猫的耳朵把它拎起来。做母亲的要时时看着孩子，以免他有生命危险。他喜欢扔石块、玩火、把玻璃敲碎。他还会激怒自己的手足、母亲、老师和其他孩子，从中得到巨大的快乐。随着年龄的增长，他会被一切富有危险性的事物吸引——滑板、攀岩、滑翔、骑摩托车和山地车。差不多到了 16 岁时，他和伙伴们就会像神风突击队飞行员一般，开着车在城里四处乱闯。他们能够活下来真是奇迹。当然，并不是每个男孩都这样爱冒险，但大多数都差不多。

加拿大心理学家巴巴拉·莫伦基罗对男孩和女孩在危险方面的不同反应进行了研究。她指出，女性往往会认真考虑自己是否会受伤，在面临潜在的危险时，她们不大会贸然向前。但是，男孩在觉得某件事值得去冒险时，就会大胆冲上前去。判断一件事情是不是值得冒险的因素之一是，这件事情是否能给自己的朋友（长大之后变成给女孩）留下印象。莫伦基罗分享了一位母亲的故事，她的儿子为了捡一个球而爬上车库的屋顶，她问儿子有没有意识到自己可能会掉下来，儿子却回答说：“嗯，我想不会吧。”[5]

利希特·彼得森在一项相关的研究中证实，女孩比男孩要胆怯得多。例如，她们在骑车时会更早作出刹车反应。她们对疼痛的反应更为敏感，而且总是力图避免同样的错误再次发生。另外，男孩从错误中学习的速度则要慢一些。他们往往以为自己受伤是因为“运气不好”[6]，或许下一回他们的运气会好一些。此外，在他们看来，伤疤看上去是很“酷”的。

我们的儿子瑞恩小时候接二连三遇到危险。在他 6 岁时，他已经和医院急诊室的医生和护士打过多次交道了。怎么会这样呢？因为他一次次被送到那里急救。在他 4 岁时，有一天，他蒙上眼睛在后院里奔跑，不小心撞到一棵金属制成的装饰性盆栽。一根钢筋擦过他的右眼眉毛部位，骨头都露了出来。他满脸是血，跌跌撞撞从后门进了屋。一想到这个场面，雪莉今天还会做噩梦。她飞快地把瑞恩送到急救中心——这可不是第一次了。当然，情况还不算最糟。要是瑞恩受伤的方位再靠近眼眶 1 厘米的话，钢筋就可能穿过眼睛，刺入大脑。我们一次又一次地与巨大的灾难擦身而过。

我自己小时候也差不多，几次都面临丧命的危险。10 岁时，我在电影中看到，人猿泰山能够在一棵棵树藤间晃来荡去，这让我印象深刻。没有人提醒我"在家里不能这么做"。一天，我爬到一棵高高的梨树上，把绳子系在一根树枝上。然后，我摆好了姿势，准备荡向旁边的树。遗憾的是，我犯了一个小小的，但后果很严重的计算错误。绳子的长度超过了树枝与地面之间的距离。我在往下跌的时候脑子里一直在想，什么地方有点不对劲。结果，我从大约 3 米半高的地方掉下来，倒在地上，仰面朝天，这时我还紧紧抓着绳子呢。我似乎觉得有整整 1 个小时透不过气来（10 秒钟一定有的），以为自己是快要死了。两颗牙齿断了，整个脑子里都回荡着一阵阵巨大的轰鸣声。但是到了那天下午，我就又蹦蹦跳跳，没什么大事儿了。

第二年的圣诞节，我得到了一个化学实验套装的圣诞礼物。里面没有炸药或有毒的东西，但在我手里，什么东西都会有危险。我把一些蓝色的化学物质倒入一支试管内，把试管塞紧。然后，我又把试管在本生灯（一种实验使用的煤气灯）上加热。不一会儿，整个管子就爆了。我爸爸妈妈不久前刚把我的房间粉刷得雪白。这下子，墙上、天花板上都沾上了那种蓝荧荧的东西，好几年都没弄掉。在杜布森家里，男孩的生活就是这样的。

这里一定有遗传的因素。我听说，我父亲小时候也是个捣蛋鬼。在他很小的时候，一个朋友跟他打赌，看谁敢钻过长达一个街区的排水管。他从管子的一端望去，只能看见远处有那么一丝亮光，但他竟然向黑洞洞的管道里面爬了进去。我猜想，他一定在里面的某个地方被卡住了，拼命挪动却动不了，巨大的恐惧感向他袭来。他孤零零地被夹在漆黑一片的排水管里。即使大人知道了他处在险境之中，他们也无法钻进去把他救出来。救险人员不得不挖掘整个管子把他救出来，然后再重新安装管子。这就是后来成为我爸爸的男孩！最后他好不容易从管子另一端钻了出来。谢天谢地，命没丢。

再举两个例子。我父亲和他的4个兄弟都是胆子很大的捣蛋鬼。老大和老二是双胞胎。在他俩才3岁大时，有一天，我奶奶正在为晚餐剥豆壳。爷爷上班临出门说了一声："小心，别让孩子把豆子塞到鼻孔里去。"这是个糟糕的建议，这话可被小孩听见了！奶奶刚转过身去，他们就把豆子塞进自己的鼻孔里。我奶奶没办法把那几颗豆子取出来，就只好让它们留在里面了。几天以后，豆子开始发芽了。小豆芽真的从他俩的鼻孔钻了出来。医生不得不小心翼翼地把小豆芽一点一点抠出来。

几年以后，这5个男孩站在教堂前，望着那高高的尖塔。其中一个人发出挑战：从教堂的外墙爬上去，看谁能爬上尖顶。四五个男孩像猴子一样向上爬去。幸运的是没从尖塔上掉下来。这只是这5个顽皮男孩胡闹疯癫的一个平常日子而已。

是什么使得年轻男孩子做出这样的举动？是什么内在力量促使他们在灾难的边缘反复试探？是什么男性气质使得男孩敢于和地球的引力相对抗，不顾那温柔的声音发出的警告——"儿子，别这样做"？男孩子之所以这样做，是因为他们的神经组织就是这样连接起来的，是因为受到那种激发某些攻击行为的荷尔蒙的影响。我们将在下一章探讨这种复杂而强有力的男性特征。你要是不了解某些在男性体内运作的力量的话，那你就不可能理解各个年龄段的男性，包括你自己或是跟你结婚的男人。

我们希望帮助父母们在这个后现代的时代抚养出"好"男孩来。今天的文化在侵入家庭，尤其是在攻击家庭中最年轻、最容易受伤的成员。电影和电视、摇滚音乐、"性安全"思想的鼓吹者、同性恋活动分子以及网上的色情内容等，都在向他们传送着有害的、诱惑人心的信息。父母们面临的问题是：我们该怎样引导男孩和女孩摆脱这些从四面八方向他们涌来的负面信息？这个问题有着深远的意义。

我们在这方面进行探讨的目的是，帮助父母和儿子站在一起"采取防御措施"，也就是说，帮助男孩摆脱不道德的、带有危险的种种诱惑。但是仅仅如此还不够。做父母的还需要采取“进攻”的做法——利用孩子可塑性强的童年时光，培养孩子的性格特点。父母在这短短 20 年成长中的任务是把不成熟的、反复无常的少年，转变成诚实而有爱心的男人——他们尊重女性、忠于婚姻、信守承诺，是果断有力的领袖、优秀的工作者，拥有健康的男性气概。我相信，这是养育男孩的人们最重要的责任。

一个世纪前的父母对达到这些目标有更为明确的做法。有些做法至今仍颇为有效，我在后面将做介绍，我还将对儿童发展和父母与幼儿关系的最新研究成果作出评论。我的愿望是，把从这部分信息中归纳出的做法和重要发现，与我在 30 多年时间里积累的专业经验相结合，为父母们提供实用的操作指南，以便更好地鼓励他们。

因此，准备好出发吧，我们会涉猎许多有趣的领域。让我们先从一首小诗开始。我从朋友罗伯特·沃尔吉送给我的歌集中挑选出一首。罗伯特小时候，他母亲格雷斯·沃尔吉就对他和他的兄弟哼唱这首《我家的小儿郎》。我第一次听到这首歌是在 1983 年，那一回，罗伯特和他妻子博比在养老院为我母亲演唱这首歌，我们当时感动得落泪。我们询问了这首歌的歌词和曲作者是谁。据他们介绍，这首歌就是由罗伯特的母亲格雷斯·沃尔吉为他们手足创作的。征得他们的同意，我在这里向大家介绍这首小诗：

我家有个小儿郎
两只眼睛那么明亮
两片嘴唇那么火烫
两只手臂紧紧抱住我
啊，那是我的小儿郎
谁都不知道，你的降临意味着什么
我爱你，你是上天的礼物
你是我的全部
你爬上我的膝头

对我来说

你永远永远是

我可爱的小儿郎[7]

第 2 章

赞美！男孩女孩不一样

BRINGING UP
BOYS

在美国爱家协会的工作中，我最喜欢做的一件事就是接听热线电话、阅读来信和查阅铺天盖地的电子邮件。我没法把所有信件都读一遍，因为每个月的来函要超过 25 万封。但是，我会定期阅读由我们的工作人员向我提供的、整理后的信函摘要和评论。读家长和孩子的精彩来信，令我感到由衷喜悦（当然有时也会哀伤）。其中最宝贵的来信之一，来自一位名叫伊丽莎白·克里斯廷·海斯（Elizabeth Christian Hays）的 9 岁女孩。她寄给我一张她的照片，以及一张她列出的清单，对比了女孩和男孩的特点。她母亲和她允许我分享这封欢乐的来信，内容如下：

亲爱的詹姆士·杜布森博士：

我希望您喜欢我写的这张列出了女孩比男孩好在哪里的清单。您是个好人。

伊丽莎白·克里斯廷·海斯

附言：请别把我的清单丢掉。

女孩比男孩好得多：

1. 女孩闭着嘴巴嚼食物；
2. 女孩写的字更漂亮；
3. 女孩唱歌更好听；
4. 女孩更有才华；
5. 女孩的发型可以更好看；
6. 女孩打喷嚏时会捂住嘴；
7. 女孩不挖鼻孔；
8. 女孩使用卫生间的时候更文明；
9. 女孩学东西更快；

10. 女孩对动物更有爱心；

11. 女孩的气味更好闻；

12. 女孩更机灵、更聪明；

13. 女孩会得到更多她们想要的东西；

14. 女孩不会让自己变得那么臭；

15. 女孩更安静；

16. 女孩不会变得下流；

17. 女孩更干净；

18. 女孩更有吸引力；

19. 女孩吃的比男孩少；

20. 女孩走路姿势优雅；

21. 女孩不那么严厉；

22. 女孩的坐相更斯文；

23. 女孩更富有创造性；

24. 女孩看上去比男孩漂亮；

25. 女孩把头发梳得更整齐；

26. 女孩更注重剃掉体毛；

27. 女孩更多使用除臭剂；

28. 女孩没有那么重的体味；

29. 女孩不喜欢把头发弄得一团糟；

30. 女孩更喜欢把皮肤晒成小麦色；

31. 女孩更有规矩。

伊丽莎白·克里斯廷的创造力给我留下了深刻印象。我把她列的单子附在接下来那个月给读者的信函中，邮寄给 230 万读者。回信多得数不胜数，男孩女孩都有，而且都很有趣。当然，并不是每个人读后都很高兴。有一位母亲很恼怒，她觉得我们侮辱了她的儿子。她在信里写道："你们是否愿意考虑发表一封题目相似的信，讲讲'男孩比女孩更好'？"她接着说，"我怀疑你们这样说是政治不正确的。"嚯，我可是头一回被人指责政治不正确！面对这样的批评，我不得不设法保持平衡。在下一个月给读者的信函中，我请男孩写下他们对女孩的看法。下面就是我在接下来的两个星期里收到的回信的部分观点。

为什么男孩比女孩更好：

1. 男孩敢在看恐怖电影的时候一下都不闭上眼睛；
2. 男孩不必蹲下小便；
3. 男孩不会动不动就觉得尴尬；
4. 男孩敢去树林里上厕所；
5. 男孩爬树爬得更好；
6. 男孩可以飞快地骑车而不会感到难受；
7. 男孩不会为减肥而担心该不该吃这个、要不要吃那个；
8. 男孩开拖拉机开得比女孩好；
9. 男孩写字写得比女孩好；
10. 男孩搭的堡垒比女孩的好；
11. 男孩比女孩更能忍受疼痛；
12. 男孩比女孩更酷；
13. 男孩不像女孩那么容易激动；
14. 男孩不把时间浪费在逛商场上；
15. 男孩不怕爬虫；

16.男孩用剃须刀的次数比女孩多；

17.男孩走路时不做那些扭扭捏捏的动作；

18.男孩不做抓头皮的动作；

19.男孩不给别人编辫子；

20.男孩不会那么自作聪明；

21.男孩不会为打死一只飞虫而惊叫害怕；

22.男孩不常用除臭剂；

23.先有男孩，才有女孩；

24. 男孩能更快学会用胳肢窝发出怪声音；

25.男孩能打出更好的结——尤其是用女孩的马尾辫来打结；

26. 男孩肺活量更大，能给很多东西充气；

27.没有男孩就没法生孩子（这可是个新想法！）；

28. 男孩吃东西更认真；

29. 男孩不喝葡萄酒；

30. 男孩哼歌最好听；

31.男孩为自己身上的气味而自豪；

32. 男孩不会为碰坏了一个指甲而哭泣；

33. 男孩方向感好，不需要别人为他指引方向；

34.男孩能正确拼出杜布森博士的名字；

35.男孩说话言简意赅；

36.男孩不会老是“煲电话粥”；

37.男孩不是购物狂；

38.男孩钓鱼时会自己将鱼饵装上钩；

39. 男孩不会在洗澡间到处挂着连裤袜；

40. 男孩不会睡觉醒来后头发乱蓬蓬的；

41. 男孩不散发臭味（真的吗？）；

42. 男孩不会在准备出发的时候让人等上一万年；

43. 男孩不会为芭比娃娃而疯狂；

44. 男孩不会在家里放上21双鞋子（那可是够一个星期里每天换3双鞋噢！）；

45. 男孩不会随身携带一大包化妆品；

46. 男孩不会介意自己的鼻子长得是否完美；

47. 男孩尊重所有事物、所有人——**包括女孩！**

除了收到许多争论男孩和女孩谁更好这一类的来函以外，我还收到一些小孩子自己手写的小纸条。显然，这个关于男孩和女孩的辩论在遍及整个北美的家庭里引起了热烈的讨论。下面是一些例子：

我真的很喜欢那页关于女孩比男孩更好的内容。我喜欢它，是因为那天我经过桌边时，被上面的“女孩”两个字给吸引住了。我相信上面写的每一句话，我在说服我的朋友伦尼相信女孩比男孩好，现在我找到证据了。请勿见怪！请求你们别把这个给扔了，谢谢发表。我8岁，快9岁了。

——费思（Faith），8岁

大多数男孩才不关心伊丽莎白列出的那份清单。男孩更关心的是体育、快乐，而不是他们看上去怎样（除非他们参加一些正式活动）。我是被人逼着写这封信的。大多数男孩不喜欢写信。

——迈克尔（Michael），12岁

伊丽莎白根本没搞清楚。

——安东尼（Anthony），8 岁

我们今天收到了你寄来的给读者的信函，上面刊登着一个说明女孩比男孩更好的单子。我想它不完全是对的。我只觉得其中一部分是对的，因为我哥哥的头发梳得比我好。

——斯蒂法妮（Stephanie），9 岁

我很喜欢伊丽莎白·克里斯廷·海斯写给你们的信。我尤其喜欢她写的女孩比男孩好的 31 条理由。我父母让我把这些理由读给我的兄弟听。他们从头笑到尾。显然，他们并不同意。但是在我读完后，4 岁的弟弟说："确实女孩比男孩好。"

——莎拉（Sarah），15 岁

我 8 岁了。我读了伊丽莎白·海斯写的关于女孩比男孩更好的信。我不认为她写的这一切是事实。我有两个哥哥，他们跟我一样，都很特别。

——伊莱莎（Elisha），8 岁

我在读（你的信），我看到了女孩比男孩更好的 31 条理由。知道我是怎么对待它的吗？我把它踩在脚下！

附言：你们可以发表这封信。

——你的朋友佩顿（Peyton），未注明年龄

孩子们是多么率真、多么有创意，你不喜欢吗？无论男孩还是女孩，他们几乎对所有事情都会有新奇的看法。就如我们在这里看到的，他们对生活的看法是从两个完全不同的角度出发的。连小孩子都看得出，男孩和女孩不同。令人遗憾的是，这个对大多数孩子和成人来说很明显的常识，自 20 世纪 70 年代以来却成为人们激烈争论的焦点。当时，一种可笑的思想冒了出来。一部分女权主义者坚持说，男女除了生殖器官以外，其他方面是一样的，任何气质或行为上的特点，都是由父权文化偏见所造成的。除了那些有缺陷的或是有被某种政治立场驱动的研究结论之外[1]，这种激进的观点没有任何科学依据。但是，女权运动渗透了整

个文化。突然间，那些本来应该懂得更多的教授和专业研究人员都开始对此表示赞成。在这种冲击下，毫无疑问，男女有别成了一个过时且多余的概念。过去 5000 年来父母对孩子的做法都错了。媒体开始宣扬这一观点。“中性”（unisex）这个词一下子成了那些所谓得到了启蒙的人的流行语。所有对这一新的思想提出不同意见的人（比如我就在 1975 年出版的《女人要你懂她》一书中提出反对意见），都被贴上了“性别歧视”或其他更恶劣的标签。

接着，女权主义运动转向了一个更危险的方向。其领袖试图重新设计抚养孩子的方法（为什么过了许多年，我们今天仍提起这个问题，原因即在此）。电视谈话节目主持人菲尔·唐纳修（Phil Donahue）和他的许多模仿者天天都在对父母说，他们的女儿是可怕的性别歧视的牺牲品，他们应该用抚养女孩的方法来养育儿子。他们的语气十分迫切。“必须立即作出改变！”他们说道。唐纳修的女权主义女友马洛·托马斯（Marlo Thomas），后来成了他的妻子。那时，她与人合著了一本畅销书《成为自由的你和我》（*Free to Be You and Me*）。出版商把此书捧为“第一本真正属于非性别歧视者的育儿指南”。该书鼓励男孩玩布娃娃和茶具，而且告诉他们想玩什么游戏都可以。书中提供了几十首性别角色颠倒的诗歌和故事。比如，母亲在屋顶上钉盖屋板，在房间里装新的置物架，以及搅拌水泥等。与此同时，父亲则在厨房里做早餐。这样宣传的目的是，教育孩子懂得父亲可以成为了不起的母亲，而母亲则可以成为强壮的父亲。[2] 该书售出几百万册，这仅仅是这场运动的开场。

《被阉割的女性》（*The Female Eunuch*）一书的作者格丽梅勒·格丽尔（Germaine Greer）则走得更极端。她说，传统的家庭“阉割了女性”。她认为，做母亲的应该对女儿少些照料。因为对她们太温柔体贴的话会强化她们的性别定型意识，使得她们更具“依赖性”、更富女性气质。格丽尔还坚持认为，孩子由机构养育会比父母养育成长得更好。[3] 今天的人们很难相信，这样一本提供令人难以容忍的观点的书，竟会爬上畅销书排行榜的首位。这表明在那个时代，激进的女权主义在文化上占据了怎样的主导地位。

早期的女权活动分子中最具影响力的或许是格洛丽亚·斯泰纳姆（Gloria Steinem），她是美国妇女组织的创始人和《女士》（*Ms.*）杂志的编辑。下面是她关于婚姻和育儿问题的代表性观点：

在我们国家有许多这样的人，她们有勇气以抚养儿子的方式来抚养女儿。这是了不起的，因为这意味着，女孩被更平等对待……但是有勇气以抚养女儿的方式抚养儿子的人则远远少得多，这正是我们要努力的地方。[4]

我们必须停止过去抚养男孩的方式，这种方式使得父母想要让男孩“被控制、不显露情感、不像女孩子那样”，他们用这种方式来证明男孩具有男性气质。你可以问（男孩）：“如果你是个小女孩的话，感觉怎么样？”他们一想到自己会成为低一等的人就会感到很不安。为了当男孩，他们就必须比女孩厉害，他们已经接收到这一思想。问题就在这里。[5]

（婚姻）不是一种平等的伙伴关系。我的意思是，你失去了你的名字、你的信用等级、你的合法住宅，而且在社会上，人们会以你先生的身份来定义你。这样的婚姻，我无法想象。如果人人都不得不结婚的话，那么婚姻关系很显然更像是一座监狱，而不是一种选择。[6]

人们默认所有女人都应该想要孩子。我就不想要孩子，而且永远不会为此懊悔。[7]

思考一下上面引述的斯泰纳姆、格丽尔和其他早期女权主义者的看法。她们中的大多数人一直没结婚，不喜欢孩子，很讨厌男人，然而她们却对千百万妇女发出劝告，指点这些妈妈怎么抚养孩子，尤其是怎样养育健康的男孩。没有证据表明，斯泰纳姆或格丽尔有过实在的养育男孩或女孩的经验。据我所知，媒体从来没有对这一矛盾的现象提出过质疑。这不是很有趣吗？而他们竟然允许这些女人就一代儿童的养育问题大放厥词，这难道不令人感到悲哀吗？

女权主义者关注的一个重要方面是，她们认为儿童玩具中体现出“性别歧视”的倾向。就像那个时代的其他许多问题一样，对此发表议论最多的是格丽尔。她这么问：“那么，（性别之间的）差异是怎么产生的？不就是那些玩具制造商灌输给我们的吗？他们让男孩玩卡车，让女孩玩布娃娃。还有那些教师、家长、雇主——来自一个性别歧视的社会的所有邪恶的影响——那么，这也许就是我们需要修正的一个社会问题。”[8]

因此，这些舆论对公司施加了巨大的压力来“修正”这一问题。那时候，有一名律师来找我，他在为 Sav-On 连锁店辩护，希望我能提供一些帮助。该公司受到女权运动律师格洛丽亚·奥尔雷德（Gloria Allred）的指控。奥尔雷德代表 7 个小女孩的家长，坚持认为，这几个女孩因为在其连锁店里无法买到某些玩具而在情感上受到了伤害。奥尔雷德严肃地说，孩子们因为在商店里看到两个标示牌而受到了巨大的伤害。这两个牌子相距两三米远，上面分别写着“男孩玩具”和“女孩玩具”。[9] 然后，一名精神科医生证明（我相信他得到了相当不错的回报），孩子们确实由于商店的“性别歧视”而受到了不可挽回的伤害。没有人问那些孩子的父母为什么不带他们到另一家商店去。不过，该商店还是屈服了，同意在他们店里不再贴出“与性别相关” 的标示牌。[10]

从此以后，玩具零售商们便接到这样的通知，不可以用分男女的方式陈列玩具。店家都明白了。在以后的 20 多年里，一家叫作“玩具反斗城”的连锁玩具店根据女权主义者的要求，在市场营销中采取了“中性”的做法。然而它并不成功。后来，该公司对 1 万多名客户进行了调查，以了解孩子们的偏好。结果显示，男孩和女孩对玩具就是有不同的兴趣。这多么令人吃惊啊！面对这一调查结果，“玩具反斗城”的总裁最后决定，把玩具分别陈列在叫作“男孩世界”和“女孩世界”的两个地方。这一回归传统的做法遭到了美国妇女生育卫生组织和美国女性自卫协会的强烈抗议。[11] 但公司这一次没有动摇，而其他玩具零售商也纷纷跟随这一决定。

克里斯蒂娜·霍夫·萨默斯（Christina Hoff Sommers）在她那本很有名的《反对男孩的战争》（*The War against Boys*）一书中，谈到了玩具问题引发的混乱。她报告说，哈斯布罗玩具公司为了迎合那些女权运动家的要求，生产出了一种新的娃娃屋，它既能吸引男孩又能吸引女孩。这样的话，玩具的销量就可以翻一番了。但是，他们对儿童反应的预估出了些差错。女孩大多玩“过家家”，会使用塑料积木，用那种传统的方式玩耍。她们的娃娃会结婚、布置家具、生小娃娃、做她们的妈妈经常做的事情。男孩也玩娃娃屋，但是和他们想象的有区别——男孩们把玩具婴儿车从玩具屋顶上推下来，把女孩们的游戏搅得一团糟，然后再来一次。[12]

这个提倡不分男女的运动一直延续至20世纪80年代后期，这时它的基本观点遭到了医疗技术检验的否定。诸如磁共振造影和PET层析照相扫描等非侵入性诊断技术的开发，使得医生和生理学家可以对大脑的功能进行更详细的检查。他们发现的结果完全否定了女权主义者的观点。在实验室的检查中，男性和女性的大脑是有明显差异的。检查过程发现，经过适当的刺激，男性和女性的大脑会在不同的区域“发出闪亮”反应，这些实验揭示了男性和女性的神经活动过程不同[13]，证明男性和女性大脑的“脑回路”有明显区别。这些差异，再加上荷尔蒙因素，印证了传统观点的正确性——男性和女性的行为及态度特征是不同的。这些性别上的特征正是女权主义者意欲掩盖或抹杀的，但是她们失败了。她们试图用一代人的时间来重塑半数人类家庭。

令人遗憾的是，20世纪70年代蔓延开来的这类思想至今仍以不同的方式存在着。它们深深地烙在了我们的文化中，尽管它本身根本就站不住脚。这些思想永久性地改变了我们的育儿方式。例如，许多家长不愿意去教育男孩说他们和女孩不同。这些家长也不明白男孩身上的男性气质意味着什么。势头很猛的同性恋运动又带来了一种新的混乱看法。其鼓吹者宣传一种具有“革命性”的性观点，即“性别女权主义（gender feminism）”，认为生理上表现的性别差异不是最主要的因素，遗传基因可以轻易重写。重要的是小时候由父母为我们选定的性别，以及长大后我们为自己选择的性别。玛丽·布朗·帕利（Mary Brown Parlee）在《今日心理学》（*Psychology Today*）中介绍了这一观点：“性别是在婴儿出生时被‘派定’给这个孩子的，这是对生理性事实的认定，同时也是一种社会文化的决断。”[14]

另一位女权主义作家这样表达她的观点：“尽管许多人以为，男人和女人是遗传基因图谱的自然表达，但性别是人的思想和文化的产物，是社会结构塑造了人所谓的‘天性’。”[15]因此，只要我们保护儿童免受社会和宗教的影响，人们就可以根据自己的偏好在现有的性别角色当中自由作出选择。通过这一不合逻辑的结论，女权主义者和同性恋活动家想瓦解传统的父母角色，与此同时消灭所有这一类用词，比如妻子、丈夫、儿子、女儿、姐妹、兄弟、男人、女人、男孩、女孩、男性气质、女性气质等。这类标明性别身份的词语正在被表示中性的词语取代，如另一半、配偶、家长、孩子和同胞手足等。

很显然，这对父母有很重要的意义。我敦促你们要保护自己的儿子免受这类后现代观点的影响。要保护你的儿女，别让他们被性别女权主义思想毒害，不要接受那些搞混人的性别身份的人的蛊惑。要保护男孩的男性气概，在今后数年里，他们将受到更大的政治压力。要教会男孩正确分辨这类观点，诸如大多数成年男人都是以暴力对待女性、毫不尊重女性的，他们只把女性当成“狩猎对象”，等等。

对成年人来说同样重要的是，要理解我们自己的性别身份。如果我们不知道自己是谁，那么我们的孩子就会对他们是谁感到更加困惑。父母对自己性别身份的看法模糊、不确定，会对儿女带来伤害，也会极大地影响社会的长期稳定。

人不是只有一种性别，而是有两种性别，两种性别的人要“相配合”，并满足对方的需要。用其他观点教育孩子，比如会在儿童的心灵中造成巨大的混乱。

我们已经明白了对性别身份的反对观点。接下来，我们来简要地看看，是什么使得男性拥有独特的气质，这样的认识对我们培养健康的男孩有什么帮助。

问题与回答

我们家有个 9 岁的男孩，他和你描述的男孩完全不一样。他非常安静、细心、体贴，而且非常害羞。这是不是表明他不像个男孩子？我们应该去改变他，让他更自信、更有闯劲儿吗？

人具有奇妙的多变性和复杂性。我们都是与众不同的，每个人都有自己独特的气质。我说男孩是大胆、敢于冒险的，这是为了概括男孩的特点，显示他们身上突出的方面，以及他们与他们的姐妹之间的区别。但是，男孩之间也千差万别。我记得那天，我带 10 岁的儿子和他的一个朋友去滑雪。当我们乘着缆车来到山顶时，我准备给两个男孩拍一张照片，以后面美丽的山色为背景。我儿子瑞恩做着鬼脸儿，而里基只是乖乖地坐着。接着，瑞恩让里基像他那样挥舞手臂，自娱自乐。里基严肃地回答说：“我不是那样的人。”这是实话。这两个男孩表现出相反的个性。那张照片我依然保存着—— 一个激动得发疯，一个却好像无聊得要死。两个都是百分之百的男孩子。

你儿子的羞怯性格显然并非他独有。根据《纽约纵向研究报告》，约有 15% 的婴儿在哺乳期比较安静顺从[16]，而这样一种性格特征往往能在儿童期甚至成年以后一直保持下去。当他们在家里感到很自在时，可能会显得很放松、很快活。但是当他们和陌生人在一起时，他们的舌头就好像被粘住了，几乎不知道怎么开口说话。有的孩子是因为过去受过伤害或遭人拒绝而变成这样的。但更有可能的是，他们生来就是这样的。有的父母对自己孩子的内向性格感到担忧，试图改变他们。这是不恰当的。父母的刺激和推动也不一定会让他们变得外向、活泼和有自信。

我的建议是顺其自然。接纳你的孩子，然后去寻找你儿子身上独特的个性和潜力。抚育他、培养他、给他充足的时间，让他充分发展与众不同的个性。

第3章

那么，差别在哪里呢

BRINGING UP BOYS

BRINGING UP BOYS

现在让我们回到第一章提出的问题：为什么小男孩会做那些事？是什么内在力量驱使他们踩在灾难的边缘摇摇晃晃？是什么样的男性气概使得男孩会去试探地心引力定律是否为真，而忽略来自常识的温柔声音——比如“别这么做，儿子”？我们还可以问：为什么男孩往往更有竞争性、攻击性，更加坚定、自信？为什么他们喜欢汽车、卡车、枪械和球类活动？接下来我要讲到男孩的三个生理因素及其运作方式，以上问题都可以从中找到答案。少安毋躁，接下来要讲的专业信息，读起来可能不会让你很兴奋，但对帮助我们理解男孩很重要。

需要考虑的第一个因素是荷尔蒙睾丸素，它主要体现为雄性特征（尽管少量的睾丸素也存在于女孩和妇女身上）。它在受孕 6 至 7 周以后形成，此时所有的胚胎理论上都属“雌性”[1]。这时候，继承了“Y”（或雄性）染色体的胚胎开始生成大量的睾丸素。它使得小小的胚胎有了男性的特征，这个胚胎在它的影响下逐渐长成一个男孩。这一被称为“荷尔蒙浴”的过程，实际上会对胡桃状的大脑造成损伤，并改变其结构的许多方面，甚至连它的色彩都发生变化。负责连接左右脑的胼胝体传递信息的效率也降低了，这会限制大脑的一边向另一边传输电流的数量，从而给人的一生带来重要影响。日后，男人会需要更长的思考时间才能相信一些事——尤其是情感方面。但自己为什么会这样，他可能永远不会理解。另外，女人通常更容易获取到两个脑半球过去积累的经验，并很快就识别出自己的感觉。[2]

胚胎期睾丸素大量形成的另一个结果是语言发展功能区域的定位。对习惯使用右手的男人而言，语言发展功能区域主要位于脑的左半球。但对女人来说，它较为均衡地分布在两个脑半球。因此，在幼儿阶段，女孩的表达能力可能会比男孩强得多。我了解这个事实的经历很曲折。1998 年，我患过一次中风。我的左耳上方的大脑颞叶部分出现了一个很小的血栓。它完全干扰了我的口头表达和书面表达能力，甚至连想要一杯水都无法表达。神经科医生说，我失去了一种叫作“表达皮层”（eloquence cortex）的东西，或者是大脑中负责创造性思维的那部分功能。感谢那几位手艺高超的医生和一种叫作 TPA 的药物，我在 24 小时内几乎完全恢复了。如果那次中风在 TPA 药物发明前几年发生，我就有可能被打入无声的世界，至少也将经历长期的语言恢复治疗训练。我想说的是，我说话的能力显然完全受到我大脑左边的一个小小区域的控制。但是，一个跟我患有同样疾病的女性，就可能依然保留部分语言能力。因为她们的大脑功能是分散的，她们在中风以后跟男性不同，依然可以保持言语理解能力。[3] 就是这样不公平。

在男孩的成长中，睾丸素对他们身心发育还有许多其他深远的影响。事实上，它会影响他们一生中的一切思想和行为。睾丸素产生的另一个高峰期是在青春期开始之初，这一切使得男孩变成了男人。青春期以后，男性身上的睾丸素是女性的 15 倍，而女性身上的雌激素则为男性的 8~10 倍。[4] 荷尔蒙的第二次大爆发令青春期的男孩迅速发生了变化，包括脸上长出胡须和斑点、身上长出体毛、声音变得沙哑、肌肉变得发达、性意识开始出现，以及后期其他成年男性特征的形成。

睾丸素和雌激素都是很强大的物质，至少一部分令父母崩溃的奇怪行为跟这种激素有关。这就是为什么一个活泼开朗、有合作精神的 12 岁男孩或女孩，会在 13 岁时突然变成一个郁郁寡欢、情绪抑郁的青春期少年或少女。在一段时间里，人体似乎不受控制地分泌这些化学物质，做父母的往往会因此感到烦躁和绝望，因为他们教育孩子的一切努力似乎都落了空。教导孩子自律、保持清洁、尊重权威、职业伦理，甚至维持基本的礼貌，在这几年中都好像注定会失败。但是好时光终会来临，点燃孩子们的生理机制最终会慢慢停下来。因此，我建议你们不要着急判断孩子最终会成长为怎样的人。我相信，父母们应该寻求一种方式帮助他们渡过难关，而不是试图“修正”一切，那样的父母会让孩子感到烦恼。

对你来说，荷尔蒙在胚胎时期和青春期开始时的爆发，可能并不是什么新知。但是，大家普遍不太了解，男性终其一生都被睾丸素推动。而对女性的生理特质，我们了解得更少。下面这篇精彩的文章讲的就是这方面内容，作者是安得鲁·沙利文（Andrew Sullivan），原文刊载于《纽约时报》（*The New York Time*）。

男性荷尔蒙

无论男性还是女性，睾丸素显然与心理优势、对身体特征的自信度和自尊程度都有关联。在极具对抗性和竞争性的环境中，尤其是身体方面的对抗，身体含睾丸素量最多者会获胜。把任意两个男子关在一个房间里，睾丸素较多者在交往过程中往往处于主导地位。职业女性比家庭主妇的睾丸素含量要高。职业女性的女儿也比家庭主妇的女儿睾丸素含量高。1996 年的一项研究发现，在女同性恋者中，担任男性角色的一方比担任女性角色的一方睾丸素水平更高。海军体检中发现，海军军官学校见习船员的睾丸素平均水平比一年级新生要高些。根据 1990 年的一项研究，演员的睾丸素水平一般比牧师要高。1995 年一项对监狱男性囚犯的研究发现，睾丸素水平最高的囚犯最有可能与监狱的管理人员发生冲突，并无端挑起暴力行为。在 1997 年对一个最为安全的监狱中的 87 个女囚犯的研究结果显示，在这方面，女性和男性是相同的。

尽管睾丸素水平高的人常常在人际互动中占主导地位，但这并不意味着他们会掌握更多的社会权力。例如，1992 年进行的一个对 4000 名前军事人员的调查显示，“蓝领”工作者的睾丸素水平要比“白领”高一些。1998 年的一项研究发现，庭审律师的睾丸素水平比其他律师要高得多——他们的职业习惯特点就是辩论、对抗和震慑。甚至不必观看网球比赛，单就检测比赛过程中选手分泌的唾液中含睾丸素的量，就可能判定谁取得了胜利。比赛开始前，两名选手的睾丸素水平都在上升；之后，获胜的一方的睾丸素的分泌持续上升，失败的一方则呈下降趋势；最后的获胜者在比赛结束后睾丸素水平依然在上升，而失败者则处于下降状态。看台观众也同样如此。1998 年的一项研究发现，在大学篮球比赛和世界杯足球比赛中，支持胜者一方的球迷睾丸素水平呈上升趋势，而支持败者一方的球迷睾丸素水平则呈下降趋势。这样看来，“身临其境”的感觉也会带来睾丸素水平的变化。

由此可以得出这样一种结论：睾丸素会促使我们更多地去冒险，包括以身涉险、以身试法，也包括个人生活方面的冒险。如果没有睾丸素的影响，我们知道这些风险的代价远远比收益要高得多。但是随着睾丸素掌控我们的大脑，小心谨慎的态度就被抛到了九霄云外。睾丸素的影响并不一定会带来肢体冲突。在面临多种机会的男人身上，它可能影响决策者去投资一家有问题的企业，它可以使人非常不明智地卷入一起桃色事件，或是使人撒一个惊人的弥天大谎。在这些时候，所有这些决定都可能在某种程度上与睾丸素的水平有关。[5]

这些结论是通过许多研究得出的，尽管其中有一些还处于初级研究阶段。关于人类的大脑化学，还有许多有待研究。但是，毫无疑问，荷尔蒙的分泌和人的行为之间是有联系的。尤其是睾丸素使得男人对赛车、职业橄榄球比赛、曲棍球、篮球、摔跤、打猎、钓鱼、帆船运动、爬山、军事史、枪械、徒手防身术等事物特别感兴趣。也有许多女人喜欢这类活动，但是没有那么关注和痴迷。我们几乎可以肯定，大多数的犯罪行为出自男人之手，而且监狱中关押的大多数囚犯都是男人，这些就是睾丸素在发挥作用的事实。

在古代，人们就已经发现，一些“不受欢迎的”男性行为在某种程度上是和睾丸相关的。男性奴隶和战俘被阉割而变成宦官，之后他们就对皇室的女性失去了兴趣和欲望，在宫廷里有暴力举动的可能性就大大降低了。这种做法确实有效。今天我们对公马、公牛、公羊和其他雄性动物也采取同样的做法。在睾丸素的分泌受到阻碍以后，这些动物的攻击性行为就大大减少了。在睾丸素水平高时，如交配期间，雄性动物就常常出现可怕的、会带来伤害的攻击行为。一位研究人员解释说，你不应该挑逗发情期的雄性麋鹿，原因即在此。[6]

在人类身上，睾丸素或许是“社会主导/支配”现象的原因，至少是一部分原因。格里格·约翰逊（Gregg Johnson）说：“人类学家在对250种文化的研究中发现，男性几乎都占着统治地位。男子几乎无一例外是规则制定者、猎手、建设者、武器的设计制造者和使用工具的劳动者。女人主要是照料者，大多负责抚育幼儿。她们的活动主要限于照料家庭和打理家园。她们更多从事陶器制作、编篮子、做衣服和编织毯子等工作。她们也捡柴草、腌制食物、负责烹饪、挑柴担水。她们收割粮食，从事研磨粮食的劳动。这些信息表明，在与性别相关的行为中，生物因素起着决定性的作用。”[7]

这一生物因素“预定论”是否在复杂的现代国家中依然起作用？事实证明了这一点。在持续30年的女权运动影响和“反性别歧视行动”之后，目前，在《财富》杂志列出的500强企业中，首席执行官的名单里，女性只占了7位。没错，493位是男性[8]。在100个美国国会议员中，只有11位是女性[9]。美国迄今为止共有过43位总统，全部是男性。美国妇女组织指出，这些差异“证明”了文化中盛行的父权社会性质和性别歧视。但是，更有可能的原因是生物和解剖学上的差异。一方面男性体内的睾丸素是女性的 10~20 倍之多，他们更有可能去追求财富、权力、名誉和地位，因为在他们的体内就涌动着朝这些方向奔腾的力量。另一方面，女人的主要任务之一是生儿育女，这使得她们在生命中的一段时间里脱离了竞争性的追逐。当然也有例外，但是明显的趋势是难以否认的。

荷尔蒙不仅激发人类的动力，也影响着人们交往的方式。当几个男人在参观双向飞碟射击场时，他们的注意力往往会集中在击中下一个目标上。他们说说笑笑，但心里想的是如何赢得胜利。相反，如果是女人在一起的话，她们则会为别人的每一次击中目标而拍手叫好。她们更感兴趣的是相互之间的关系而不是谁拔得头筹。这样的差异在无数场合中都可以见到。20 世纪 80 年代世界女子职业网球赛的激烈竞争中，克里斯·埃弗特（Chris Evert）和马蒂娜·纳芙拉蒂洛娃（Martina Navratilova）有过 80 次交锋。马蒂娜这样描述当时她们之间的友谊："我们总是很尊重对方的胜利，也同时在乎对方的悲伤。比赛结束以后，我会走过去安慰她，有时她会走过来安慰我。有时她会给我留个字条，或者我给她留个字条。你知道的，就是一句'很遗憾'或者'我肯定你下次会超过我的'之类的话。我们会在衣帽间把字条放进对方的包里。有时互相给对方送香槟酒。大家都表现得很有礼貌。"[10]

无论比赛多么激烈，女性赛手的表现都是文明礼貌的，而男性赛手则完全不一样。让我们来看看吉米·康纳斯（Jimmy Connors）与约翰·麦肯罗（John McEnroe）在他们交锋那些年的互动吧。约翰在他的《带着激情的比赛》（*Play with Pure Passion*）一书中记叙了场边交战的情景：

> 到后来，我太喜欢发脾气了，我真的相信我做的是对的。后来，那就成了一个坏习惯，就像人戒不掉烟瘾。我相信别人会与我有同感。我是个诚实的人，我没说谎。当你站在球场上的时候，那里的温度达到 38 摄氏度，对方以 1 小时 160 千米的速度把球向你击来，在这样的激烈时刻，你会说出的话和你后来坐在一边说的话是不一样的。我第一次参加温布尔顿比赛，进入半决赛遇到吉米时，我担心我们共用一个衣帽间时他会不理睬我。要是脸色会杀人的话，那我早就倒在地板上了。我意识到，在我上场之前，另一场比赛已经开始了。在记者招待会上说话有时比打

比赛还难。那一次吉米吓到我了。但是后来，在赢得了我的第一个大满贯以后，我意识到，要么是那几个选手比我想的要差很多，要么是我大大进步了。[11]

你能够想象约翰会在吉米的包里留个纸条说“很遗憾你这次输了”，或“我肯定你下一次会超过我的”吗？不可能。对他们来说，竞争意味着这不仅仅是一场网球赛，更是战场上两个巨人之间的搏斗。并不是所有的男运动员都像康纳斯和麦肯罗那样经常大发脾气，而且有的女运动员在场上脾气也很不好。但是男运动员身上的竞争欲更有可能以正面对抗的方式表现出来。我曾经和一个全美明星运动员一起打篮球，他是我认识的最好的人之一。他真的会把衣服脱下来送你。但是当他来到球场上后，他就变得十分凶狠刻薄。他会取笑你，羞辱你。他真的常常这样做。我曾经取笑他“表面的绅士风度”，问他在激烈的比赛对抗中怎么就变了个人。他那充满男性气概的血管中，一定涌动着大量的睾丸素和肾上腺素。

那么男孩呢？如果说，雄性荷尔蒙对成年男人会产生这样的影响的话，那它对男孩的行为又会产生怎样的影响呢？可以说几乎完全一样。大多数专家认为，男孩爱冒险、坚定、自信、竞争欲强、爱辩论、爱自吹、非常擅长某些技能（如问题求解、数学、理科等），这些倾向是与男性大脑的构成以及睾丸素的分泌直接相关的。这或许就是为什么男孩在教室里有时会如坐针毡，以致老师把他们叫作“蠕动的小虫”。问题是，对男孩的教育往往以这样的节奏进行，让他们很难适应。也是因为睾丸素，男孩早早就产生了想成为最强壮、最勇敢、最坚韧的男子汉之一。

血清素

让我们来简单谈谈影响人类行为的另一种荷尔蒙，那就是血清素。血清素的作用是把信息从一个神经细胞传至另一个神经细胞。因此，它也被叫作“神经递质”。血清素的作用是使情绪平静安定下来，帮助一个人控制他的冲动行为。同时，它也能帮助我们作出良好的判断。对野生猴子的研究显示，那些血清素水平低的猴子在树枝间跳跃时，更有可能做出危险的动作。（就像我在梨树上会做的事一样，不是吗？）血清素不足的老鼠往往更具攻击性，更为狂躁。对谋杀者的脊髓分析显示，他们中许多人这一荷尔蒙的水平相当低，纵火犯和那些有火暴脾气的人也同样如此。抑郁和有自杀倾向者也与血清素不足有相当关系。[12]

如果将睾丸素比喻为赋予大脑力量的“汽油”的话，那么血清素的作用就是降低速度，帮助人掌握方向。嗯……你猜到了，女性身上拥有的血清素比男性要多。

杏仁核

帮助我们理解男性和女性差异的神经生物学的第三个方面是大脑中被叫作杏仁核的那部分。它的大小就像一颗杏仁，其功能就像一个很小但又很强大的“情绪电脑”。当感觉器官意识到一个对身体或情感的威胁时，杏仁核就立即发出指令，要求肾上腺和其他防御器官投入行动。面临紧急危难时刻，人可以通过调节各种荷尔蒙的分泌，以最大限度地获得生存的机会。还有证据表明，杏仁核绝不会遗忘恐惧时刻，这就是为什么有过应激创伤的人很难忘掉令人毛骨悚然的经历。[13]

杏仁核让我们感兴趣的是它与攻击性行为的关系。它恰好位于大脑基底部的下丘脑的中央，这里是情感区域。在发现威胁或挑战时，杏仁核通过神经元向下丘脑发射电脉冲，这样下丘脑会让人进入不愉快的情绪状态。在此情况下，再加上睾丸素，你就有可能作出激烈的反应。请允许我把最后一点再强调一下：杏仁核只能对已储存在记忆库中的东西作出反应，它不会思考或推理。它释放出“非理性的”化学和电反应，这有可能在面临危机时解救你的生命——但它也有可能使你陷入鲁莽的暴力行为中，因而使情况变得更糟。[14]

好了，我们再往下说。男性的杏仁核比女性的要大一些，这解释了男孩比女孩更有可能暴怒的原因，也说明了为什么男孩身上更有可能出现心理治疗师迈克尔·古利安（Michael Gurian）所说的“道德风险行为”[15]。

总结一下，我们讨论了男性在神经生理学方面的三个重要因素：睾丸素、血清素和杏仁核。它们一起决定了男性的气质，说明了为什么男孩生来与女孩不同。在考虑了这些因素的负面影响以后，我必须在此指出，男性的神经系统也有优势。由于他们大脑的分工特征，男性一般在数学、自然科学、空间关系、逻辑和推理方面表现优于女性。为什么大多数建筑师、数学家、物理学家都是男性？原因在于此。同样很有趣的是，男性对故事比女性更易作出反应。当他们在一起时，他们会分享那些富有情感意义的体验，而女性几乎从来没有这样做。女性更公开地谈论她们的感情，而不是去玩那种叫作“你能超过我吗？”的游戏。总之，两性之间是有许许多多巨大差异的，有些我们可能永远无法完全理解。

那我们该怎么说呢？男性气质是好还是坏？是对还是错？男孩在生理上有缺陷吗？粗略来看，似乎是女孩拥有了一切好的东西。一般来说，她们犯的错误要少些，冒的风险也少些，她们是好学生，更容易想到别人，不像男孩那么冲动。难道睾丸素是上帝犯的一大错误？如果男孩更像女孩，男人更像女人的话，会不会好些呢？男人是不是应该女性化，不那么阳刚，而是弱一点？这就像某些女权主义者和社会自由主义者脑子里想的而且希望我们相信的那样。如我们已经看到的，有些人试图对男孩进行重新“编程”，减弱他们的竞争性和攻击性，增加他们的敏感性，这是个好主意吗？当然不是。首先，它违背男性的本质，而且永远不可能成功。其次，两性是由造物主精心设计的，两者之间因此能够取长补短、达到平衡并满足对方的需要。他们之间的差异，并不像人们以为的，是进化过程中发生的错误。在造物主对万事万物的计划中，男性和女性都有其独特的存在目的。

两性各具独特的优势，从而形成两者平衡，这是多么不可思议啊。当双方通过婚姻而组成“一体”时，他们彼此相辅相成。如果像女权主义者所宣称的那样，男人和女人都一样的话，那世界多么无趣！还好，事情不是这样的。

我们再考虑一下男性和女性的基本不同倾向。一方面，由于女性有幸拥有生儿育女的特权，因此她们大多在这些方面比较突出：预测力、稳定性、安全感、谨慎细心、稳定从容。大多数女性会把友谊和家庭看得比成就和机会更重要。她们通常不喜欢变化，不愿意从一个城市搬家到另一个城市，原因在于此。女性气质大多体现为养育、关心、敏感、温柔和怜悯。而这一切正是她们的孩子在成长岁月里所需要的。如果没有女性的温柔，那么，这个世界就会变成一个更为冷漠、教条、好斗、好战的地方。

另一方面，男人生来起着一种不同的作用。他们看重的是变化、机会、风险、投机和冒险。他们的任务就是为家庭提供物质财富，保护家庭成员免受伤害和危险。这是一个神圣的使命。男人在家庭中要做仆人式的领袖。男人常常（但并不总是）在遭遇危机时较少有情绪波动，在面临挑战时更具信心。没有男人的世界会是一潭死水，令人感到乏味。我父亲去世时，母亲含着泪说："他给我的生活带来了那么多激动人心的欢乐时光。"男性的这一特征往往对女性产生吸引力。

一方面，当这些与性别相关的气质在家庭中产生作用时，它们平衡了双方的弱点，同时坚固了家庭。例如，一个男人可能会对创办一家企业或突然冒出来的主意兴奋不已，他可能会把家里所有的财产拿去孤注一掷。而另一方面，他的妻子看到了风险，她持怀疑态度，更小心谨慎。她的迟疑态度是因为她拥有发现危险、看到负面结果的能力。她尤其擅长分辨人们的性格特点。一个女人会这么说："克拉克（或杰克、马蒂）身上有什么东西我不喜欢。我就是无法相信他。"她或许无法解释自己为什么有这样的感觉，但是她的直觉往往是对的。一个男人要是不认真考虑妻子的看法，就会失去很有价值的信息。

此外，如果女人固执己见，那么她的丈夫就有可能错失真正该把握住的机会。有时候他的冒险精神应该战胜她的优柔寡断。总之，女人和男人都不拥有绝对的真理。他们个人的气质应该互相调节，这不仅仅体现在生意场上，而是几乎体现在生活中的所有方面。不久前，我与一对夫妇谈话，他们对这类对立的倾向理解得很好。一个说，男人是"油门"，一个说，女人是"刹车"，双方都对汽车的安全行驶起着关键的作用。如果他们只有一个油门，那肯定会撞得粉身碎骨；如果只有刹车，那他们就永远不会前进。

我的父亲和母亲之间就像中国人说的"阴阳互补"。他俩彼此尊重，却几乎在任何事情上都有不同看法，从外出旅游车上该带些什么东西，到挑选哪家旅馆。幸运的是，他们运用了各自视角的长处。正像爸爸说的："我们两个都同意的方案一定是相当好的。"

这又回到了我们正在谈论的理解男孩的问题上。要记住，他们是"尚在接受培训的男人"。他们带有闯劲儿是本能，这种本能让他为未来应具备的能力做准备。这种坚定、自信，经过适当疏导，也应成为男性气概的一部分。我建议，作为父母，你不要试图去讨厌甚至消除他身上那种可能令人恼怒的攻击性和易兴奋的本性。为它欢呼吧，欣赏它吧！但我们同时应理解，这种本性也需要我们的修正、塑造和"文明化"。下面几章我们就要谈这一问题。

问题与回答

儿科医生告诉我们，我们的儿子患有注意力缺陷障碍性多动症。您能否给我讲讲这种病呢？

注意力缺陷障碍是一种遗传的神经性综合征，美国约有 5% 的儿童受到这种疾病的影响[16]。它指的是个人的注意力很容易分散，容易厌烦，忍受挫折的能力很低，而且往往有冲动和反复无常的倾向。其中有的也有多动倾向，因此被称为“注意力缺陷障碍性多动症”。

这些儿童的行为常常使得他们在学校里成绩差，在家里与家长发生冲突。他们在完成任务、记住具体细节、专注于某一本书或作业任务方面有困难，甚至难以在座位上安坐几分钟。有的似乎有一种内在力量在迫使他们，让他们急匆匆地从一个活动转向另一个活动。他们往往很聪明，而且有创造性，但是他们在别人眼中显示出懒散、混乱，行动没有次序和方向。患注意力缺陷障碍多动症的孩子常常自尊较低，因为他们经常被人认为屡犯错误、自言自语、不愿听从安排和遵守规则。他们有时候没什么朋友，因为他们会使周围的人都紧张不安，甚至包括他们的同龄者。

我怎么才能知道我的儿子是否患有注意力缺陷障碍性多动症？

由父母来对自己的孩子作出诊断是不妥当的。引起类似症状，可能是其他方面的问题，心理方面的或是身体方面的。例如，甲状腺引起的内分泌失调可能会使孩子多动或迟钝、懒散；抑郁和焦虑可能引起与注意缺陷障碍相关的精神分散。因此，你必须得到医生、儿童发育学专家或心理学家的帮助，他们能提供明确的诊断。

如果你在孩子身上看到我所描述的症状，我希望你请专业医生作出诊断。再说一遍，你不应该试图去对自己的孩子作出诊断！越早请擅长这类障碍的专业医生来给孩子看病，对孩子就越有好处。

引起注意力缺陷障碍的原因是什么？

一般认为与遗传有关。据马萨诸塞大学医学中心的拉赛尔·巴克利（Russell Barkley）预计，40% 注意力缺陷障碍（包括注意力缺陷障碍性多动症）的儿童，其父母中有一个有相似症状。35% 的患者的兄弟姐妹也会患此症。如果双胞胎中有一个患有此症的话，那么另一个有 80%~92% 的可能也患有此症。在男孩中，患注意力缺陷障碍的人数可能为女孩的 2~3 倍。[17]

注意力缺陷障碍的原因不明，但可能与大脑的结构、神经通路、化学结构、血液供应或电流系统方面的细微差异有关。在本书写作过程中，我注意到，人们提出一些新的假设，但迄今为止还没有明确的结论。

我听说对注意力缺陷障碍是有争议的，它可能根本就不存在，显然你持有不同意见。

我确实持不同看法，尽管关于该障碍的说法很流行，但它有可能被过度诊断了。如果一个孩子确实有此类问题，我可以肯定，他的父母和老师是不需要通过别人劝说去相信的。

孩子长大以后，注意力缺陷障碍会自动消失吗？

我们过去曾相信，随着青春期的到来，这一问题会得到解决。我在读研究生的时候学界就流行这种观点。现在我们知道，注意力缺陷障碍会伴随着人的一生，它对人的行为的影响可以延续一生。有些患有此症的成年人在年纪大一些以后，冲动和混乱的表现有所减少。他们把精力转移到体育活动等方面，这样就可以保证在其他时候举止正常。有的则在职业上或其他方面遇到困难。他们会频繁换工作，坚持始终是个问题。他们尤其不适宜做案头工作、会计工作，或是其他需要注意具体细节、长时间端坐以及同时处理多项事务的工作。

青少年或成年人患有注意力缺陷障碍的另一个后果，就是我们在本章中介绍的对高风险活动的追求。患有这种疾病的孩子从小就容易闯祸。成年后，他们大多喜欢攀岩、蹦极、赛车、骑摩托车、冲浪及诸如此类的活动。患注意力缺陷障碍的成人有时被称为“肾上腺成瘾者”，因为他们痴迷那些危险活动带来的肾上腺素飙升的“爽”的感觉。还有一些人更易吸食毒品、酗酒或产生其他成瘾性行为。约有40%的注意力缺陷障碍症患者在18岁之前会遭到拘留。[18]

有些患此症的人在结婚后也会和配偶发生冲突。一个生活有序、有规则的丈夫或妻子如果和一个“迷迷糊糊”的人（生活混乱不堪、老是忘记付水电费、忘记修车、忘记保存所得税单子）结婚的话，确实会很苦恼。这样的夫妻一般需要得到专业人员的咨询和帮助，以学会双方怎样合作，发挥各自的长处。

对注意力缺陷障碍，现在有什么治疗手段？

治疗包括几方面，首先是学习相关知识。成年患者在了解到他的症状是因为得了某种病，并且这种病可以得到治疗以后，大多会宽下心来。内布拉斯加大学的罗伯特·里德博士（Dr. Robert Reid）把它称为“宽恕标签”。他说：“那孩子的问题不是父母的过错，不是老师的过错，也不是孩子自己的过错。”[19]这对那些一直被认为蠢笨、呆傻、懒惰、讨厌、头脑混乱的人来说是个好消息。

因此，建立成年人自信心的第一步是，要理解在人体内部起作用的力量。我对这样的人及其家人的劝告是：读书、读书、再读书！

你对哌甲酯和其他药物的过多使用是否感到担心？我是否不应该把这类药给10岁的多动症孩子使用？

我确实对随便给孩子使用这类药品感到担心。据报告，在某些学校里，有多达10%的孩子使用这类药品。[20]这是一个严重的警示。处方药一再被用来对付各种形式的不当行为，这是不幸的。我怀疑有些家长和老师采用药物手段来对待不听话的孩子，原因是他们没能很好地管教孩子，或者是他们只顾让孩子安静下来。每一种药物都会有副作用，应该在作出谨慎的判断和分析以后才可服用。例如，哌甲酯会使人的食欲减退，在某些患者身上还会引起失眠，然而它却被认为是相当安全的。

但是，如果你的孩子已经经过在此类病症方面颇有经验的专业人员诊断，确诊为患有注意力缺陷障碍的话，那你就不应迟疑，应该接受适当的药物治疗。对孩子施用适当的药物以后，可以观察到他出现明显的行为变化。一个呆坐在那里、眼睛直愣愣地盯着远方，或是疯狂爬墙头的男孩，需要尽快得到帮助。让这样的孩子集中心思、学会控制是关键。如果医生对孩子的诊断是正确的，药物往往可以起到这样的作用。

我还有一个想法。我个人认为，有些被认为患有注意力缺陷障碍或注意力缺陷障碍性多动症的男孩，实际上并没有患此类病症。他们是因为被迫离开安全的家，在没做好准备时就进入了一个比较严格的学习环境，才会出现那些“症状”。在身心发展的层面上，他们还没有做好准备要接受学校的要求。如果我们让这些还未成熟的男孩在家里再待上一到两年，我想，坐立不安、行动反复无常的男孩就会少得多。[21]

第 4 章

受伤的心灵

BRINGING UP BOYS

BRINGING UP
BOYS

读到这里，有读者可能会问：为什么只谈男孩？为什么不同时考虑女孩的需要呢？我的回答是，因为今天，比起女孩来，男孩陷入了更为严重的困境。在过去的 30 多年里，我们一直听说女孩受到歧视、性骚扰、不被尊重，以及在学校被轻视。这些现象确实存在，人们已经在采取措施解决这类问题。同时，也有一群社会学家开始对我们从未遇见过的男性危机发出警告。尽管有许多孩子能够正确应对，却有相当一部分孩子在面对前所未有的社会压力和影响时非常纠结。对有些孩子来说，甚至在情感上能够求得生存就已经是一个巨大的挑战了。来看看这些研究，就会得出这样的结论：有许多男性正受到文化的负面影响，陷在泥淖之中。

和女孩相比，有学习障碍的男孩人数大概多出 6 倍，吸毒的人数高出 3 倍多，被诊断为情感障碍的人数高出 4 倍多。他们更有可能患上精神分裂症、孤独症，或染上性瘾、酗酒、尿床，也更容易出现各种反社会行为和犯罪行为。企图谋杀的男性人数要比女性多出 12 倍，在汽车事故中死亡的男性要比女性多出 50%。77% 的青少年犯罪案件都有男性参与。[1]

类似这样的问题有很多。15 岁以下被精神病医院接收的男孩人数要比女孩高出 1 倍[2]，有自杀倾向的男孩人数则比女孩高出 5 倍多[3]。自杀者中，有 80% 是年龄在 25 岁以下的男性[4]；在过去 12 年中，黑人男青少年中的自杀人数增长了 165%[5]；接受戒毒的人当中，男青少年占了 90%；少年犯中，男孩占了 95%[6]。

心理治疗师迈克尔·古利安博士在他的畅销书《男孩的奇迹》中指出，男性的困惑和不满在公立教育中尤为明显。

> 从小学到高中，男生的学习成绩都比女生差。八年级男生的分数比女生要低 50%。到高中时，在特殊教育班级里，男生占了三分之二。今天，读大学并且取得毕业文凭的男生人数也比女生少。正在攻读硕士学位的学生中，59% 是女生。获得硕士学位专业教育的男生人数每年都在下降。当问及八年级的学生对未来的想法时，有职业规划的女生人数是男生的两倍。男生在适应学校生活的过程中要比女生经历更多困难，可

能患“多动症”的男生人数要比女生人数高出10倍以上，占学校停学人数的71%。[7]

或许，这一危机最令人不安的证据就是男性中的暴力行为。特别是近期多发的校园枪击事件，在科罗拉多州的利特尔顿、阿肯色州的琼斯伯勒、俄勒冈州的斯普林菲尔德、肯塔基州的帕迪尤卡、俄克拉何马州的吉布森、加利福尼亚州的桑蒂以及加利福尼亚州的埃尔卡乔恩发生的这几起最为严重。不幸的是，在本书出版后，可能还会有别的血腥事件发生。迄今为止，大多数的年轻凶手都是年轻的白人男性，他们自己都无法解释为什么杀害自己的同学和老师。当那些凶手被问到动机时，大多数只是简单地回答“我不知道”。有几位提到他们受到了同龄孩子的骚扰折磨，这与我们小时候经历的差不多。那时候，我们都在学着应付这种局面。

其中的一名凶手是来自俄勒冈州斯普林菲尔德中学的15岁男孩，名叫基普·金凯尔（Kip Kinkel），他杀害了自己的父母，然后向他的27个同学开枪，其中两位中弹而死。下面是部分审讯记录。该审讯是在他杀害父母的几小时之后进行的。

警官：你走到他的身体后面，然后向他开枪。是这样吗？

金凯尔：基本上，是的。

警官：你向他开了几枪？

金凯尔：一枪。

警官：子弹打到他身体的什么部位？

金凯尔：就在耳朵上方……啊，我的上帝……我爱我爸爸，我不得不这样做。

警官：你爱他，那就是你杀死他的原因吗？

金凯尔：是的……啊，我的上帝。我的父母是好人……我不知道该怎么做，因为……啊，我的上帝，我妈妈在回家的路上……啊，我的上帝。

警官：你知道这样做是犯罪吗？

金凯尔：我没有别的选择，这是唯一一件我能做的事。[8]

基普承认他爱父亲，但究竟是什么原因驱使他杀死自己的父亲呢？谁能给出肯定的答案呢？但是，我们确实知道，在基普和其他许多杀害自己同龄人的青少年男性之间有一个共性，那就是内心难以疏解的狂怒。一位研究人员说，这些年轻人通常不到最后一刻不知道自己是否真的会实施他杀、自杀或者与其他人同归于尽。[9]尽管今天有千百万青少年，他们绝不会采取如此极端的暴力行动，但他们也在面对着自己内心世界的冲突。

我们这个时代一定出了问题。我们该怎么解释这些？为什么在许多男孩心中都有这样激烈的情感火焰？谁能预料这对他们的将来到底意味着什么呢？我们又如何解释为什么无法在社会上立足的男性在今天这个世界上越来越多呢？令人困惑的问题很多，这些问题的答案也是多样且复杂的。在接下来的几章中，我将对其主导因素进行探讨，并向家长和教师提出可能的帮助和建议。不过首先，让我们更仔细地看看今日青少年的情感生活，以及普遍存在的一种令人不安的现象，那就是“心灵受伤”。

如今，男孩们正经历着心灵深处的信心危机，比过去任何时候都严重。许多男孩在成长过程中认为，父母不爱他们，同龄人仇恨或不尊重他们。其结果是产生一种自我憎恨意识，这种意识往往是暴力行为、吸毒、性滥交以及自杀的前奏。信心危机也解释了为什么男孩和女孩会去做那些看起来毫无意义的事，比如割破自己的身体，在身体敏感部位打洞，从头到脚文身，吸食危险的毒品，把自己与死亡、堕落、邪教仪式（satanic ritual）等画上等号。据说，他们当中有些人“以枪声代替哭声”。

对有些孩子来说，受伤心灵的并发症在很小的时候就开始了，起因是受到虐待和被忽视。如果幼龄儿童的基本需求无法得到满足的话，他们受伤的心灵可能永远无法得到全然恢复。后面很快我们还会看到，这类孩子在成长中会在心理和神经上继续受到损伤，为什么会发生这样的情况呢？那些伤害或者忽视孩子的家庭中，有77%的父母通过酗酒或吸食致幻毒品来伤害自己的身体[10]。一个人喝得酩酊大醉、心肠冷漠之时，他是不可能去关心和爱护孩子的。

当然，并不是所有的儿童虐待行为都与父母吸食使用毒品有关。许多父母实在太忙、心力分散，或是太不成熟、过于自私，以致无法满足婴幼儿成长期的迫切需要。夫妻离婚时，成年人的注意力从小孩子身上转移到了他们自己的痛苦上。在这个快节奏、变幻不定的世界上，父母离异的情况在关于男孩养育的讨论中会被多次提到。这是现在困扰孩子们的一个根本问题。

在幼儿生命的最初两年里，对他们长期漠不关心会对他们的心理和神经发育产生巨大的伤害。大脑是一个动态的、交互性的器官，它需要来自外部世界的刺激。当孩子被撇在一边、受到虐待，或者经常更换看护人的话，他们的思维能力就会大打折扣。虐待越严重，这方面的损伤就越大。

联邦政府投入了千万美元进行了相关医学和行为研究，其结果也证实了这一解释。这一研究的对象不仅是幼儿，还包括在年幼时受到过虐待的青少年。其中一些孩子连着几天穿着没有更换的尿不湿待在小床上，臀部因此红肿发炎。还有的孩子被有精神疾病、吸食可卡因的父母痛打或责骂。研究人员指出，这种对幼儿极度忽视的做法，会令孩子体内产生大量的荷尔蒙皮质醇和肾上腺素，这些化学物质通过血管流到大脑中主管同情和良心的区域。这些部位对关键的神经通道造成的损害，日后也不会得到复原，最终将导致这些孩子一生中对他人的共情能力受到限制。许多有暴力行为的男孩被称为“脑子出问题”是名副其实的，原因即在此。[11]

这些研究有助于解释为什么越来越多的青少年良心刚硬，他们似乎对杀害无辜的受害者或伤人致残没有什么同理心。一名 14 岁男孩开枪杀死一个遇红灯停下坐在车里的男子。问他为什么这样做时，孩子的回答竟是，因为那个人“看起来很滑稽”。另一个孩子站在一家便利店外，把一名顾客杀害了，目的只是为了看看那人是怎么死去的。[12] 这些年轻的杀人者几乎无一例外都是男孩，对自己的残暴行径没有表示出一丝悔恨或歉意。《育儿室中的鬼影：追踪暴力行为的根源》（*Ghosts in the Nursery: Tracing the Roots of Violence*）一书的合著者罗宾·卡尔－莫斯（Robin Karr-Morse）指出，如果一个国家不注重婴幼儿教育，婴儿从小受到忽视、情感遗弃，这几乎等同于形成了一条（儿童的）生产装配线，其“‘产品’直接输送到监狱”[13]。

当然，还有其他因素使孩子们的心灵受伤。其中之一是对外在形象的极度看重，这种价值观侵入了幼小儿童的心灵。对外形明显与人有别的男孩来说，生活会变得相当艰难。例如鼻梁弯曲、皮肤有斑或长粉刺、头发太卷了或太直了、脚太大了，或有一只眼睛斜视，或长着招风耳，或是臀部太大了，等等。那些长红头发的孩子从幼儿园开始就可能一直被人取笑。事实上，一个小孩可能除了某个部位稍稍有些特别以外，其他都很好。但是在人们接二连三的嘲讽中，他就会整天担心某个缺陷，这似乎成了生活中唯一重要的事情。在一段时间里，情况的确如此。

作家弗兰克·佩雷蒂（Frank Peretti）首先提出“受伤的心灵”这一说法，并以此作为他那本精彩著作的书名。该书是根据他自己的童年经验写成的。他出生时下腭长了一个瘤，因此他的脸形有点扭曲，小时候常受到周围人的无情嘲笑。他也把自己看成了一个“怪物”，因为其他孩子就是这样叫他的。[14] 弗兰克是几百万有类似遭遇的孩子中的一个，因为身体上的某些异常，或某一不太雅观的特征，他们多年遭到人们的拒绝和嘲弄。

人类社会中一直存在受到同龄人攻击的情形，但是今天的孩子对此更为敏感。原因是，流行文化成了暴君，它要求所有人都向某些完美的理想目标靠拢。如果你有机会看一部由猫王主演的老电影的话，你一定会注意到，其中穿着比基尼泳装的女孩体重稍稍过重一些，体形有些走样。那时候就是这样的，她们“歪扭”着自己稍呈肥胖的臀部，以取悦于猫王以及他那一伙性欲过剩的乐队成员。这些女演员在20世纪60年代被视为性感，但是在今天的《海岸救生队》（*Bay-Watch*）系列电影中，她们就不可能再出镜了。她们中的大多数恐怕需要在健身房里待上一两年，再隆一下胸之后才能达标。在伦勃朗时代，被认为漂亮出众的女人多是长得很肥胖的。今天，苗条和“骨感”成了理想的体形。总之，完美体形的标准不断上调，成了大多数孩子难以企及的目标。

现今我们面临的心灵伤害，媒体和娱乐业应负主要责任。他们把完美身材捧上天，包括炒作“超级名模”、“玩伴女郎”和“俊男美女”等概念。这些对儿童和青少年的影响是深远的，不仅仅影响美国，也影响了全世界。西方的卫星电视第一次向南太平洋的岛屿进行转播时，我们看到了它的巨大影响。节目中推出的是《梅尔罗斯广场，贝弗利山 90210 号》（*Melrose Place, Beverly Hills 90210*）的主演和其他青少年节目的女演员。她们体形极为苗条，形象包装得十分炫目。4 年以后，对 65 个斐济姑娘的调查显示，她们的审美标准在观看过那些节目之后被重塑（或者说扭曲）了。几乎是一夜之间，这些女孩的穿着和发型就向西方女性靠拢了。哈佛大学饮食障碍中心的安妮·比彻博士（Dr. Anne Beecher）也在斐济的青少年中观测到饮食习惯的变化。比起那些没看电视的孩子，每个星期看电视达 3 次以上的孩子有一半以上认为自己“太胖了”[15]，有 62% 以上的青少年在刚过去的 30 天里进行过节食[16]。

年轻人不一定因为自己身体肥胖才会感到这种压力。几年前，在加州大学进行的一项调查显示，四年级的女生中有 80% 打算节食，因为她们觉得自己太胖了。[17] 另一项多年以前的研究显示，半数年龄为 8~11 岁的小学生表示他们对自己的体重不满。[18] 我猜测现在的数字更惊人。玛丽·桑德斯博士（Dr. Mary Sanders）和她在斯坦福大学医学院的同事推测，神经性厌食、暴食症及其他饮食障碍的根源可能就在于这些早期的经历。她和同事认为，今天的青年“被包围在流行节食的文化之中”[19]。原因在哪里呢？因为关于“肥胖”的信息具有如此大的威胁作用，甚至连那些本来就很苗条的青年都因为怕变胖而焦虑。怪不得在青年人当中，饮食障碍是如此普遍。

已故的英国黛安娜王妃同样受到体重强迫症的困扰。提到她，有人会说她是世界上最为光彩夺目的漂亮女人。她肯定是被拍摄照片最多的人之一，那些追踪她直到生命最后一刻的“狗仔队”就可以证明。黛安娜对慈善事业的支持以及动员能力无人能比。想到她的美丽以及在全世界拥有的巨大影响力，我们几乎不能理解黛安娜是如此自卑——她不喜欢镜中的自己，而且有一段时间，她也产生了饮食障碍。一个拥有如此多的财富和声望的女人，怎么会陷入自我厌恶和抑郁之中呢？

或许出现黛安娜这样的自卑问题也不奇怪。因为我们的价值体系决定了很少有女人会对自己的身体感到完全满意。即使是美国小姐或世界小姐的参赛者也会承认，当她们真实面对自己的时候，她们都会为身体的缺陷而烦恼。如果说，连那些拥有美貌和魅力的人都在为自己身体的不足而感到挣扎的话，那么还未发育成熟、身材瘦长的十来岁的青少年，对自己与生俱来的身体缺陷会有不好的感觉，就不足为怪了。对外在美貌的狂热崇拜是一场世界性的灾难，它影响着千千万万的人们，其中绝大多数是青少年，他们因此产生一种自卑感。已故的王妃也是其受害者。[20]

前面我介绍的都是以女孩和女人为主的例子。为什么这些问题也和男孩和男人相关呢？因为对完美身体外形的沉迷给女性和男性都造成了严重的困扰。研究发现，在这一方面男女之间已经没有差别。[21] 男孩竭力想长得高大、强壮、帅气。才 4 岁的孩子就会紧绷手臂来显示其二头肌。他会握起拳头，指着那块肌肉可能会隆起的（但愿如此）地方。“摸摸看，爸爸，”他们会这么说，“瞧，这儿有好大一块肌肉！”“嗯，好样的，儿子，”做爸爸的大都会这么说，“你真的很壮实哎。”

小男孩穿的是超人和蝙蝠侠披肩，以及好笑的人猿泰山缠腰布，以显示他们很“坏”——其实是很“酷”的意思。这种男性化的掌控欲，就是男孩打斗、攀爬、角力、大摇大摆、耀武扬威的原因。他们天性如此。因此，当一个男孩发育较慢或是比同龄人长得稍矮小一些时，他常常会遭遇自我形象问题。试想一下，一个小男孩被班上的每一个人取笑嘲弄、推推搡搡，他的个子甚至比女孩还要矮，在体育活动中缺乏力量与别人竞争，被人叫作“小矮子”“小豆包”，如果你是他，你会有什么感觉？在经过几年这样的苦熬以后，他的心灵受伤了。

记得有一天，在一家快餐店外面，我坐在自己的车里吃着汉堡包和炸薯条（那是在一场心脏病夺去我享受食物的快乐之前！）。这时，我偶然一瞥，从反光镜里看见一只骨瘦如柴、脏兮兮的小猫从我汽车后面爬过。它看上去是那么可怜。我对流浪狗总有一种同情心，这会儿，是一只可怜的猫，我不忍心离开。我走下车，把一块汉堡包扔给它。但是没等小猫取到食物，一只大公猫猛地从树丛中蹿了出来，把食物一口吞了下去。我为那只小猫感到难过，它转过身又躲到阴影里去了。尽管我叫它，又丢给它一块汉堡包，可是它因为恐惧而没敢再出来。当时我就联想到我当初中老师时的经历。我每天看见那些潦倒的少年，他们落魄的样子像那只小猫，那样失落，那样无助。他们需要的不是食物，他们需要的是爱心、关注和尊重。有的孩子极其盼望得到这些。当他们壮胆开口表达想要“一份奖品”，例如与人约会或参加一次体育活动时，那些当“头儿”的孩子里就会有一两个出来威胁他们，把惊恐而又孤独的他们赶回到那“阴影”中去。这样的情形几乎在每个校园里都可见到。

几个星期之前，一位母亲打电话给我，她说非常担心自己12岁的儿子布拉德（Brad）。她发现儿子连着两个晚上躲在屋里哭泣，她坚持要儿子说出原因。孩子含着泪水不情愿地承认他不想活了，他在寻找办法结束自己的生命。也不知道他从哪儿看到一条信息说吞吃牙膏会有生命危险，因此他在考虑把整支牙膏吞下去。这个家庭是我所认识的家庭中家庭环境非常好，而且给我印象最深的一家。但就在家长的眼皮底下，他们的宝贝儿子在考虑自杀。布拉德一直是个好孩子，他有许多朋友，然而他遇到了一个自己无力解决的问题。在经历了这一危机之后，父母才了解到，原来是布拉德的耳朵长得有点突出，学校里的一个男孩经常取笑他。那个小恶霸使布拉德觉得自己是学校里长得最丑的人。在经过学校的礼堂时，那个孩子有意把手放在自己的耳朵后面，把它们往前压。

有些读者可能会认为布拉德遭遇的个人危机有点不值一提。我听过有些人面对这样的事件时会说：“得啦，孩子都是这样的。他会对付过去的。我们都经历过这样的事儿。”没错。我们大多数人都被同龄人嘲弄过。但是，这种在成年人看来“没什么大不了”的事情，我们绝不能低估它对孩子产生的痛苦影响，尤其是那些在其他场合已经遭受过创伤的孩子。在布拉德的案例中，他甚至都不想活了。父母对这种情况绝不能等闲视之，也绝不能对自杀的威胁不当回事儿。即使你是在健康、安全、充满爱心的环境中抚养自己的孩子，在青春期时也要对他们留心观察。青春期的情感是反复无常的，它们有可能朝着危险的方向发展，并在不知不觉中变成实际行动。比起女孩来，男孩在被逼到绝路时，更有可能转向发展反社会行为。

因此，当你看到一个孩子遭到同龄孩子的围攻时，你该怎么办？我对布拉德母亲的劝告是，去和那个小霸王孩子的母亲好好谈谈。不要责骂对方的孩子，这样会立即引起报复行动，招致更大的麻烦。我建议布拉德的母亲向对方解释自己遇到了一个问题，希望对方能帮她解决这个问题。她按照我的建议做了。她们谈了谈，讨论了双方共同关心的问题。尽管对方话里话外有为自己儿子辩护的意思，但是那个孩子最终停止了霸凌行为，问题终于平息了下来。事件之后，布拉德一家继续寻求专业人员的帮助，以帮助儿子解决更深层的自我形象问题和由此引起的个人不安全感。

我还推荐这位母亲去买一本我写的《预备青春期》（*Preparing for Adolescence*）及其有声书（现在我也推荐给你，虽然这有点自我推销之嫌）。这本书是给青少年看的。第一章讲的就是如何应对自我价值受到攻击的问题，大多数青春期早期的孩子都会经历。那本书告诉孩子怎样勇敢地面对这一挑战。如果我们成年人知道这个问题，而不去帮助孩子为此做好准备，那我们就没有尽到责任。具体内容都在书中。我希望对你有帮助。

顺便说一下，我给布拉德母亲的劝告是有风险的。我知道她会成功，因为她很聪明，而且她是不会给人带来威胁感的人。不过，她和那位母亲的谈话进行得并不容易，而且可能会有擦枪走火、事与愿违的效果。做母亲的遇到有人批评她的孩子时会变得极为暴躁，不仅如此，有的母亲根本管不住自己不听话的孩子。即使她们想解决问题，也是心有余而力不足。在这种情况下，就要采取其他办法。在我担任学校心理老师时，一位母亲对欺侮他儿子的那个小霸王极为恼火，她决定教训那个孩子一顿。她就像海军上尉对付新兵一样。几天以后，我看到那个原先欺侮人的小霸王脸色一片灰白。我问他："乔丹夫人对你说什么了？"他回答说："她……她……对我说，要是我还去惹她儿子的话，她就会要了我的命。"显然，这不是最好的解决办法。不过我要告诉你，乔丹夫人把话给挑明了，那个小霸王不得不有所收敛。

当然，要保护你儿子的心灵应该有更好的办法。这可能需要你采取特殊方式，并付出一些代价。就我来说，如果我发现情况超出了孩子们通常拌嘴的程度，那我就不会让自己的孩子处在一个被霸凌的环境中。如果那些同龄孩子勾结起来欺侮我的孩子，而且每天都在伤害他的心灵的话，那我就会让他立刻离开这地方。我会找一所有吸引力的学校，或是一所教会学校。如果需要的话，我会搬到另一个城市去。（顺便说一下，教会学校同公立学校一样，校园霸凌现象也很常见。）无论何时发生对孩子不利的情形，换一下环境可能是必需的。我们在后面将谈到在家教育的问题，这对一部分孩子来说不失为一个很好的选择。无论采用什么方法，你必须注意保护孩子的心灵。我曾亲眼见过一群狼是怎样向一只无助的羔羊发动攻击的。

说到狼，让我再分享一个跟动物相关的故事吧。我家那条叫明迪的狗既不是一条纯种狗也没得过什么大奖，它先前的主人是个经常旅行的人，因此我们对它的家谱知道得不多。一天晚上，它遭受主人虐待，被从车子里丢了出来，然后它就出现在我家的前门口，一副可怜兮兮的样子。我并不想再养一条狗，可是我们又有什么办法呢?

我们把明迪带回家，它很快就成为我们家养过的狗中最乖巧的一条。但是，因受主人虐待，它的情感依然很脆弱。偶尔做错事时，它连我们的批评都受不了。它会一下子跳到我的膝盖上，把自己的头埋起来。一年夏天，我们外出度假两个星期，把它留在后院。我们委托邻居家的男孩每天给它喂点食物和水，其余时间，明迪就独自一个在那里。我们显然低估了这样的孤独生活可能带给它的影响。在我们回来以后，我们发现它躺在屋边的一条毯子上。它身边摆了一圈我女儿小时候玩过的旧毛绒玩具，那是它从车库里找到的。明迪把它们一个个搬到它睡觉的地方，让这些“小朋友”围在自己身边。

如果说一条老狗尚且还需要爱和友谊的话，那么这世界上的每一个孩子又何尝不是如此呢?我们作为成年人的任务就是保证满足他们所需要的安全感。我们永远都不应该忘记，在孩子们生活的这样一个充满竞争的世界上，成长过程中会遇到很多困难。我们应该花一点时间去倾听、关心、指导这样的年轻人。这或许是你人生的最佳投资。

我强烈建议成年人要保护儿童的一个原因是，我对自己过去的经历记忆犹新。在度过了一个幸福安全的童年之后，我进入了初中。有几次，我受到了高年级学生的辱骂。有一天，两个男孩和一个女孩说了侮辱我的话，我哭着回到家里。我陷入了一场信心危机，是我爸爸帮我渡过了这一难关。看到有这么多的孩子面临着我当年同样的压力，我经常对上中学的孩子们说，只要他们能度过 13 岁和 14 岁的关口，那么他们就能应对以后一生中经历的任何困难。当然，我是带着半开玩笑的口气说这话的。

我再次提到，在我绝望时我父亲“在那里”帮助我的情景。我的经历表明，为帮助孩子战胜青春期的压力，一个充满爱的家庭所提供的有力支持是多么重要。一些青少年做出愚蠢的暴力行为，原因之一就是家里没有人帮他们悬崖勒马。所有的一切，早晚暴露出来的都是家庭关系的质量问题。这是一个大问题。

后来，我学会了如何在别人攻击时保护自己。在我读中学三年级时，我们搬了家，父母送我到一所新的中学读书。我一到学校就遇到了好几个以为我好欺负的学生。其中一个在课间到处跟着我、嘲笑我、挑逗我。我实在忍受不下去了。我猛地转过身来，把书砸到他脸上。没等他回过神来，我已经压到他身上了。幸好我已经身高 187 厘米，足以对付他。于是这场冲突结束了。事情很快传到了那些小流氓那里，他们之后就没再来惹我。但是，如果我的体重轻 13 公斤、身高矮 20 厘米的话，那我就会继续成为这些纨绔子弟的攻击目标。青春期的男孩就生活在这样的世界中。就像小孤儿安妮在百老汇的戏剧中所唱的，“生活充满艰难不幸”。

我承认我也曾有过这样的想法，觉得偶尔欺负一下别人是“有趣的”。我读九年级时，人还未成熟，正经历着前面描述过的被人骚扰折磨的痛苦。我想把自己的痛苦转嫁给别人，这似乎说得通。我挑选了一个我认为是不错的目标，想让他吃点苦头。丹尼体形跟我差不多，但我觉得他有点胆小柔弱。一天上课前，我走上去向他挑衅。可是没想到，他比我想象的要厉害得多。丹尼猛然向我的头部击了 6 拳，把我一下子给打蒙了。他给我敲了警钟，这在我的生活中是一个巨大震撼。自此以后，我就不再想欺负别人的事儿了。

为什么男孩子要以这种方式互相威胁折磨呢？安杰拉·菲利普斯（Angela Phillips）是这样解释的：“威胁恐吓的作用是通过恐惧把对方拖入同样的无能水平。一个生活在恐惧中的孩子是无法好好学习的。霸凌者试图通过这样的方式把对方拖到跟自己一样功能失调的水平。”[22] 我想，自己对丹尼下手就是这个目的，只是我找错了目标而已。

那些小霸王霸凌他人还有一个原因。《发展心理学杂志》（*The Journal of Developmental Psychology*）曾报道过一个对四至六年级的 452 个男孩的调查研究。报告显示，那些嘲弄弱势同龄人的孩子以及在学校里攻击性强、带头闹事的孩子往往在同学中的威望最高。在男孩中，粗野蛮横、胆大无畏是孩子们佩服的特点。

杜克大学的菲利普·罗德金（Phillip Rodkin）解释了其原因。他指出："这些男孩可能把侵犯他人、受人追捧和控制别人这些概念联系在一起，并内化形成了自己的价值观。他们可能会毫不犹豫地把身体攻击作为一种社交策略，因为它行之有效。"[23] 换言之，那些欺负人的孩子因为骚扰比他们弱的同学而在社交层面得到了奖赏，这或许就解释了许多人都这样做的原因。此外，研究还显示，女孩中的无礼、放肆和反抗行为就没有得到这样的社交奖赏。只有男孩在违反规则时受到别人的钦佩。他们当中可能就有你！

无论出于什么原因，学校里总有许多男孩做出这类卑劣的事。心理学家多萝西·埃斯皮莱奇（Dorothy Espelage）告诉我们，有 80% 的学生参与欺侮捉弄别人，七年级和八年级的学生中有 15% 承认他们经常欺侮、捉弄他人。[24] 一项较早的研究揭示，男孩的身体攻击性行为是女孩的 4 倍，而且更有可能是这类攻击的受害者。[25] 由凯泽基金会资助进行的一项研究揭示，八至十一年级的学生中有 74% 受到过同龄人的嘲弄和欺侮，在十几岁的青少年中这个比例达到 86%。[26] 教室里每 5 个孩子中就会有 1 个受到过恐吓。[27] 在校园里，这是男孩面临的一个大问题。它在震惊全国的血腥暴力事件中是个重要的因素。在过去 40 多年里，他杀和自杀的比率上升了 500%。[28] 我认为，许多杀死自己和别人的青少年心灵都曾受过伤。那个在桑蒂高中枪杀两个同学的安迪·威廉姆斯（Andy Williams），在学校里一直被人嘲讽为"厌食症患者"[29]。有的孩子能够承受这一类嘲笑，但是对另一些孩子来说，这样的嘲讽会使他们愤怒、记恨一辈子。

那些转向暴力行为或是表现出反社会行为的孩子，大多来自社会的底层。《局外人》（*The Outsiders*）这篇文章的作者阿德里安·尼科尔·勒布朗（Adrian Nicole LeBlanc）对霸凌行为提供了颇有见地的看法：

> 传统的社会等级（在学校中）显得很清楚：那些受欢迎的孩子大多来自富人家庭，他们当中的男孩往往是运动员。那些穿名牌流行服饰的女孩成为大家理想的女朋友人选，其中许多人也是运动员。在这批受捧的孩子下面，按照地位等级的差别，分别是吸毒者（依吸食毒品的程度区分成不同等级）、时尚中产、预科生、农村孩子、模仿黑人文化的白人等。还有捣蛋鬼、失败者和游荡者，这些孩子从一个帮派转到另一个

帮派。真正的失败者是看不见影儿的。

一个遭放逐的男孩会是个“非男孩”、一个柔弱的“伪娘”。霸王的作用相当于同龄人中的警察，他们维持所谓的社会规则。报复的规矩是，它向那些不受欢迎的男孩保证，如果他们在高中能撑下去的话，那么赢家的名单就会改变，但是排斥被驱逐者的等级制度是不会改变的。因此男孩需要通过耐力，有时是拳头，但主要是（如果他们幸运的话）通过朋友形成的“圈子”的帮助而生存下来。[30]

勒布朗继续介绍了位于圈子底层、名叫安德鲁（Andrew）的男孩的采访内容：

“开始时，他们骚扰我是因为我的成绩真的很好，”安德鲁说，“我一直在读书，我读各种数学书。”在初中时，他有汤姆·克兰西（Tom Clancy）做伴，汤姆是他最好的朋友，两人之间几乎无话不谈。他说现在情况好多了。他老是和那些“颓废者”一起闲逛。虽说情况好多了，但是平日，他说依然没有什么大变化——被人猛击、被人往黑板上猛推，头朝下地被推入垃圾箱。在一次学校的舞会上，在监管和警察在场的情况下，一个学生把安德鲁拎了起来，把他的一个裤袋撕了下来。“今天我是个‘同性恋’，明天我就成了个‘白痴’。”安德鲁说。一个曾经是他朋友的女孩现在见他走近就大叫起来：“离远点，没人想和你在一起！”

安德鲁加入了越野赛跑队，但是在训练时麻烦事就紧跟着他。尽管他热爱体育，第二年他还是放弃了。最近，他和其他几个孩子因涉嫌吸毒而被停学。根据安德鲁的说法，他原来的成绩都是A等，而现在他的大多数成绩降到了C等和D等。他没有把自己遭受的虐待与自己生活的变化联系起来。

安德鲁也没有把这一切告诉父母，他相信父母认为他在学校很受欢迎。“要是我对父母作出解释的话，父母会回答：‘是吗？不过你有那么多朋友。’所以，我认为没必要告诉父母，他们不会真正明白的。”但是，他那几个同样被驱逐的朋友是可以理解的。

其中一个是兰迪·塔克（Randy Tuck），他是个身高162厘米的大学二年级学生，长着一头浓发，脸颊红红的，上面有粉刺。他把安德鲁从一场“打旋”（两个男孩把他的脚提起来，把他的头塞到抽水马桶里）中救了出来。

安德鲁说，那种被排斥的感觉“会在内心不断累积，有时候会使你对一些其实没什么大不了的事感到非常愤怒，因为已经到了极限，很小的事情也会变成压死大象的最后一根稻草”。他可以理解迪伦·克列博德和埃里克·哈里斯这两个经常欺负他的人，即使他们欺负他的行径永无止境。但安德鲁依然保持乐观，毕竟有的人还没有朋友呢。[31]

我们不难理解那些心灵受到创伤的男孩，就是那些被称为怪人、笨蛋、呆瓜的孩子，会在某一时刻的高压下突然爆发，做出难以置信的伤害他人的事情。当然，我并不是在为他们的行为辩护。毕竟大多数学生没有诉诸暴力，就度过了这一困难时期。但是，其中有些人因为内心长期积聚了仇恨，愤怒爆发时他们不仅向那些取笑他们的人，也向当时出现在眼前的无辜人开枪。然后他们把枪瞄准自己，以此作为自我仇恨的了结。在每一起校园枪击事件中，那些年轻的行凶者都受到过同龄学生的侮辱、嘲笑和捉弄。就像安德鲁所提到的，1999 年 4 月悲剧出现的那个下午，科罗拉多州利特顿的哥伦布中学发生的情况就出于这类原因。12 名学生和一名教师遭到杀害，之后两个 17 岁的枪手饮弹自尽。[32] 他们必须对这场大屠杀负完全责任。但我们在研究其根本原因时，不能否认他们在学校里长期遭到多数学生排斥的事实。据报道，枪击案现场，克列博德（Klebold）边射击边叫道：“这是所有取笑我们的人的下场。”哈里斯（Harris）说：“你们的孩子侮辱了我们，他们羞辱了我。他们都将死去，（该死的——该死——该死），他们都将死去。我决定什么才是正确的。”[33] 平时压在心底的愤怒如同火山爆发，结果造成多人死亡。而这已成了一种常见的行为模式。

另一个关键因素是媒体中充斥的暴力内容，向孩子传授对待施暴者的错误方法。十来岁的青少年，包括那些心灵受到创伤的孩子，每天看到的是谋杀、毒害、使人致残、砍头、捅刀子、坠毁和爆炸等犯罪凶杀场面。从戏剧、有线电视、音乐录像带到互联网，几乎到处都是。几年前备受欢迎的一部电影《惊声尖叫》（*Scream*），是迪士尼公司旗下的一家子公司拍摄制作的。说起这事儿真的很让人难受。电影开头就是一个女孩遭谋杀的血腥场面，然后她的躯体被人肢解，挂到晾衣绳上，等着她母亲去发现。[34]在这部电影最火的那几年里，千百万青少年看过这部影片。然后他们又推出了《惊声尖叫2》（*Scream 2*）和《惊声尖叫3》（*Scream 3*）。真要“谢谢”迪士尼为我们的孩子做的这一切。如果你们的创办者知道你们用他的名义做了些什么，他会从坟墓里爬出来的。因此快滚吧。拿起钱走开吧。但是在你们走开的时候，请记住，无辜牺牲者的鲜血会永远沾在你们手上的。我对迪士尼公司的总裁迈克尔·艾斯纳（Michael Eisner）以及其他电影电视巨头所做的这一切痛恨至极，他们赚得了利益，却以牺牲了我们最有可塑性的一代人为代价，导致青少年道德败坏。

想想充斥在媒体中的暴力场面，再想想孩子们在童年时看到和听到的一切。他们有时会表现出暴力行为，这有什么好令人惊讶的呢？媒体对儿童的教育是：受到侮辱或挫折时可以采取杀人的方式来解决问题。“来吧，”他们在受到嘲弄时叫着，“让我痛快一回！”接着传来的是自动步枪“哒哒哒”的射击声。

有许多人把校园暴力事件归之于枪支的流通，因此他们强烈反对允许平民拥有武器的宪法。毫无疑问，青少年持有枪支会出现无法掌控的事故，但是这不足以解释今天所发生的一切。“回归传统”（*Toward Tradition*）机构的主席丹尼尔·拉平拉比（Rabbi Daniel Lapin）说过，美国历史上曾经有一段时间，大多数学校的男孩都带着枪来上学。他们把枪留在衣帽间，直到下午出去打猎时才取出来带上。因此，枪支本身不是根本问题。[35]现在，几乎在每一所学校都有暴力行为发生，原因并不是枪支发生了变化，而是我们的男孩发生了变化。他们变化的原因何在呢？因为大众文化教导他们，暴力行为是男子气概的表现。《第一滴血》（*Rambo*）中的史泰龙不是充满了暴力吗？《虎胆龙威》（*Die Hard*）中的布鲁斯·威利斯不是充满了暴力吗？《独闯龙潭》（*Commando*）中的阿诺德·施瓦辛格不是充满了暴力吗？我们的男孩不正是从这些明星角色身上学习到，如果有人挡我的路，我就应当报复、把他们除掉吗？

对父母来说，保护我们的家庭免受暴力文化的影响是非常艰难的，就像要阻止倾盆大雨落下来一样难。但是，我们必须尽可能让我们的孩子免受这一类宣传的影响，尤其在他们年幼时更应如此。4 个著名的全国性组织已经把电视、音乐、录像游戏、电影中的暴力行为和儿童身上日渐增加的暴力行为联系了起来。这 4 个组织是美国医学会、美国儿科研究院、美国心理学会以及美国儿童和青少年精神病学会。他们的共同声明这样写道："（暴力）影响的后果是可评估的，而且会长久存在。不仅如此，长时间观看媒体的暴力节目会使人的情感反应迟钝，最后导致实际生活中的暴力行为。"[36]

更为强硬的声明是由美国儿科研究院提出的。《旧金山记事报》（*The San Francisco Chronicle*）的记者史蒂夫·鲁宾斯坦（Steve Rubenstein）写道："各位家长，请关掉电视，你们家的小孩子的健康正处在危险之中。两岁以下的幼儿不宜看电视，因为它有可能影响大脑的健康发育。"本周，美国儿科研究院提出的新政策认为："儿科医生应该向父母亲建议不要让两岁以下的儿童观看电视。对大脑早期发育的研究显示，人与人之间的直接互动对婴儿和学步幼儿大脑的健康发育至关重要。"

该报告还指出："在协会医学刊物《儿科学》（*Pediatrics*）前几期中，医生警告说，儿童观看电视有可能引起暴力行为、肥胖、情感冷漠、新陈代谢降低、想象力减退、便秘甚至死亡——这是指电视有可能掉下来砸到儿童身上。这是该协会第一次明确提出禁止儿童看电视。该研究还指出，目前平均每年儿童因观看电视节目而接触到的性画面高达 14000 多次，每年在其他媒体上大量接触到酒精广告，而这些广告的投入高达 20 亿美元。"[37]

几十年以前常识就告诉我们，经常接触流血杀人画面对儿童是有害的，但只是在最近这方面才有了足够的科学证据。现在，儿童发展的权威人士取得了一致意见：娱乐节目使我们的儿童处在危险之中。令人遗憾的是，好莱坞对此的反应轻描淡写。我们在下一章将对媒体中的性和暴力做进一步探讨。

请允许我就父母如何防止儿童心灵受伤的问题提供一些建议。如我在前面所说的，我在过去 30 多年里一直代表受到伤害的儿童向家长和教师提出，应采取干预措施。你们作为家长的最重要的任务之一，就是保护孩子的精神和身体健康。只要你能够做到，你是绝不会让别人对你的孩子的身体造成伤害的。那么，你为什么站在一边，听任你儿女的心灵受到扭曲和损伤呢？青春期出现的自我形象的损伤，可能在人的一生中都难以抹平。

作为教师，我对学生明确宣布，我不能忍受对别人的取笑和捉弄。如果有谁坚持嘲笑我的另一名学生，我一定对此严加处理。我希望每个成人都能这样去做。当一个有爱心而又管教有方的老师对班上最不引人注意的孩子提供了支持和帮助后，教室里的情感环境一定会出现巨大的变化。每个孩子似乎都松了一口气。同样的想法在一个个小小的头脑中闪现：既然那个孩子不会受到嘲笑，那我也是安全的。通过对班上最不引人注目的孩子的保护，教师在向学生显示，他尊重每一个人，他会为每一个受到不公正对待的同学而战。

儿童是喜爱公正和正义的，他们在一个充满不公正和虐待的世界中感到极大的不安。因此，在我们坚持通过班级和家里的文明行为来教育儿童互相尊重和友好相处的时候，我们就在为未来成人社会奠定仁爱的基石。令人遗憾的是，今天许多学校里出现的正是相反的情况。这需要改变。不要对我说什么我们成年人是无法阻止校园霸凌行为的，我们当然是能够做到的。我们知道哪些孩子是无助的，我们可以救助他们。我们需要的是这样的决心：在孩子表现出忧虑痛苦时，我们要义不容辞地关怀他们。

当然这里也有困难的地方。当你在暗中保护你的孩子不受到虐待时，你绝不能让他有过度的受害者心态。这样很容易使孩子产生这样的想法——整个世界在向他压来。强大的受伤害的意识是有相当破坏力的，它会使人瘫痪，使他在绝望之中举手投降。一旦他暗暗屈服于一种声音——“他是不可能获胜的”“他注定失败”——那他就会陷入低迷混乱的状态，克服逆境的意志就会被大大地削弱。不要跟男孩讲什么和他们作对的那个大千世界，而是要教育他们怎样去对付眼前遇到的具体困难处境。我想我把这一点讲清楚了。你绝不能让你的孩子以为，他面临的就是失败和被人拒绝抛弃。他会相信你的！

你还必须注意儿童和青少年因自我厌弃而陷入深深的愤恨与怒气的情况，需要注意的症状包括对小挫折的过度反应、对新的社交情景的恐惧、吸食毒品或酗酒、睡眠或饮食障碍、极端的孤独和退缩行为、咬指甲、交友能力的缺乏、对学校活动的不感兴趣以及霸凌其他同学等。还要注意有没有企图自杀的迹象。对一个原先说过想自杀、突然又显出快乐放松的孩子，要特别提高警惕。这种情况有时意味着他已经决定走上绝路，已经不再与原先一直烦恼着他的念头斗争了。无论处于哪种情况，我建议你必须带孩子去寻求专业人员的帮助。不要简单地自我安慰什么“他会挨过去的”。孩子可能处于极为需要别人帮助的境地。不要错过帮助他的机会。

上面的这些建议主要是针对青少年的，现在我想专门谈谈儿童问题。过去，人们都以为大多数孩子是快快乐乐、无忧无虑的。但是，这种情况正在改变。根据心理学家阿奇博尔德·哈特（Dr. Archibald Hart）的看法，我们甚至可以在年仅 5 岁的儿童身上观察到严重的抑郁症状。如果一个 5 岁的孩子心情抑郁，他会显出懒散嗜睡的症状。[38] 他可能会在早晨不想起床，可能在屋里闷闷不乐走来走去，可能会对原先使他兴奋的东西不感兴趣。睡眠紊乱和胃部不适也是警示的信号。另一种症状可以是公开表示的愤怒、敌意和发火等，他可能会突然对周围的人和东西痛斥、猛击。如果你怀疑自己的孩子情绪抑郁，你应该帮助他，让他把悲伤或受挫的感受说出来。要认真倾听他们的声音，不要对孩子说出来的想法、感觉作出评价和轻视。成年人的静心倾听对改变孩子的抑郁情绪会有很大的帮助。最重要的是，你要寻找忧伤情绪背后隐藏的真正原因，你孩子学校里发生的情况可能会提供给你答案。

最后，我想引用专栏作家凯瑟琳·帕克（Kathleen Parker）的话，作为在这个充满震荡的世界里如何养育健康男孩的建议。她说，我们可以通过以下方法完成这个任务：“保持理智、警觉和头脑清晰，减少孩子接触暴力行为的机会。孩子从学校回家后多与他们接触，帮助他们完成家庭作业，询问他们每天的学习等情况。如果他们想哭就让他们哭，在他们情绪低落时给予支持，帮助他们作出选择。如果家里有枪的话，教会他们怎样安全处理。对好的行为及时奖励。在出现不可接受的行为时给予合理的疏导。提出合理的要求，说明对美德的具体期待，与教师多交流，以及只要有机会就多拥抱孩子。不要在他们还只是小男孩时就要求他们成为男人，但是应向他们显示怎样成为真正的男人——向他们展示自我控制和节制，这似乎是我们的社会丧失了的一样东西。这是最重要的礼物，它不是高深的科学，只是良好的亲子教育。”[39]

问题与回答

您能否给我一些比较具体的建议，以帮助我来判断我的儿子是否会有自杀倾向？

家庭研究协会提供了下面这份检查单，它可能对你有帮助。你可以问自己这些问题：

- 儿子的个性有巨大变化吗？
- 他是否和女朋友有了麻烦？或他与其他朋友或父母相处有了麻烦？他是否和原来关系很密切的人疏远了？
- 他学校功课的成绩是否下降了？他是否未达到自己或是别人对他的学习成绩水平的期待？
- 他是否看上去总是很无聊，也很难专注？
- 他是否以一种不能解释的方式做出反抗行为？
- 他是否在应对生活的巨大变化上，诸如搬家或与父母分离上遇到了困难？
- 他是否有过离家出走的情况？
- 处于青春期的孩子是否在吸毒或酗酒？
- 他是否在抱怨头痛、胃痛以及其他可能是真的也可能是假的症状？
- 他的饮食或睡眠习惯改变了吗？
- 他的外观外貌是否变得更糟了？
- 他在把自己最喜欢的东西送人吗？
- 他是否在写有关死亡的纸条或诗歌？
- 他是否以开玩笑的口气谈论自杀？他是否说过这样的话，如“到此为止”、“我再也受不了了”或“谁都不关心我”？（在每 5 个自杀死亡事件中，有 4 个事先会发出想去死的威胁话语。）
- 他以前自杀过吗？[40]

如果你在自己儿子身上发现上述某种情况的话，我希望你立即为他去寻求专业人员的帮助。对于许多自杀行为，那些困惑不解的父母无疑会无比震惊。明智的做法是，对那些不引人注意的迹象和征兆保持警觉。一个给予有力支持和关心的家庭是最有效的预防手段，这不仅仅包括可能的自杀，也包括大多数的反社会行为。令人遗憾的是，这样的家庭是千百万的孩子“可望而不可即”的。

我儿子近来跟一些不三不四的孩子在一起，他们向他提供大麻。他对自己做的事并不否认，他说吸大麻是无害的。您能给我一些科学指导吗？

你儿子得到的是一些极为有害的信息，这类信息是那些企图使食用大麻合法化的人散布的。它是谎言。堪萨斯州的门宁格基金会的高级精神病医师哈罗德·沃斯对此作出了清楚的解释。

他说，第一，5 支含有大麻的香烟引起癌症的效果同抽 112 支普通香烟的效果相仿。第二，青少年时期的大脑还处于发育阶段，特别是注意力、创造力以及学习能力和形成概念的能力。在一段时间里连续服用大麻会减缓大脑细胞的正常发育。第三，哥伦比亚大学进行的一项研究显示，吸食大麻的女性会极大地破坏遗传基因。同时还发现，受精卵尤其容易遭到大麻的损伤和破坏。第四，哥伦比亚大学的另一项研究发现，一年里每隔一天吸一支大麻烟的人其白血球数比正常人要少 39%，因此免疫系统会受到损害，使得吸大麻者更容易生病或被传染。[41] 吸食大麻是一种有很大危险的习惯。

我不知道你的儿子对这一回答是否满意，但是你应该把这一切告诉他。他吸大麻的动机可能与同龄孩子的压力大有关，而不一定是他相信大麻无害。危险之处在于，他吸大麻“毕业”以后很可能会转向毒性更强、更使人上瘾的毒品。如果我是你的话，我会尽自己的一切努力不让儿子接触跟他整天混在一起的那帮人。如果需要的话，甚至可以搬家。显然，他正处于生命中的一个重要关头。

第 5 章

不可缺席的父亲

BRINGING UP
BOYS

今天，我们看见一些男孩正深陷困境之中，他们当中有许多人因承受巨大情感压力而导致暴力、吸毒、过早发生性行为及其他形式的反叛。有些遵守规矩、表面看来很不错的青少年，也因为自我身份认同和对生活意义的追问，内心暗暗挣扎。为了这些少年，也为了那些还没到这个年龄的小男孩，我们需要审视一下：到底是什么因素带来了对孩子们来说如此不健康的环境？更重要的是，我们应该采取什么对策？

这一代男孩子的健康所受的主要威胁之一是家庭的解体。我们研究的所有困境几乎都是由家庭关系破裂引起的，或者至少与这件事相关，我这么说一点儿都不夸张。我们多年来一直强调稳定的婚姻关系为社会秩序提供了基本保障，一切价值观的稳固都是以此为支撑的。从历史的角度来说，当家庭在某一特定文化下开始瓦解时，从政府的管理效率到人们的生活福利，很多方面就都会受到冲击和负面影响。这正是今天所发生的，家庭受到周围各种力量的冲击、侵蚀和破坏。酗酒、色情、赌博、出轨，以及其他毒素正在渗透着家庭的血管。“无过失离婚”在大多数州的法律里依然是被接受的，结果导致许多没必要离异的夫妻离异了。显然，家庭这个“大后方”出现了麻烦。我们都知道，这种情况下孩子是最大的受害者。在离婚变得像家常便饭的文化中，当许多男女选择同居却不结婚的时候，千百万的孩子正陷入迷茫混乱之中。

请允许我提出一个听起来比较夸张的说法：我相信，西方文明未来的走向有赖于我们应对目前家庭危机的方式。为什么？因为作为父母的我们正在培养着这样一代男人：他们或带着荣誉和诚实走向未来，或抛弃他们继承的一切美好东西。他们是通往未来的桥梁。一个由不成熟、缺乏道德、意志薄弱、胆怯畏缩、自我沉迷的男人组成的国家是不可能也不会长久存在下去的。这类男人对孩子只生不养、欺骗自己的妻子、说谎、偷窃、觊觎别人的东西、仇恨自己的同胞，他们只知崇拜金钱。这就是今天的文化把我们的男孩带去的方向。我们必须采取行动以抵制这些影响，我们要在我们的男孩身上树立有永恒价值的品格：自律、尊重权威、顺服真理、遵守职业道德。正是对这些目标的追求促使我完成本书的写作。

家庭解体的破坏性对儿童的影响是不容置疑的。一个由美国的儿童发展权威人士组成的委员会在20世纪90年代举行会议，对青少年的整体健康状况进行检查。这一题为《蓝色法典》（*Code Blue*）的报告得出结论："从来没有哪一代美国青少年的健康状况像现在这样糟糕过，他们缺乏关心和照料，没有人帮助他们为将来的生活做准备。"[1]相比该委员会指出的当时的情况，现在更是每况愈下。我要提醒你的是，这样的情况发生在世界历史上最为富裕的国家。这是婚姻解体和与之相关的事情冲击家庭带来的直接结果。

我知道，我已经抛出了太多的数据，但是现在我要向你提供的数字应该用霓虹灯来展示，以引起你的关注：美国70%的黑人婴儿和19%的白人婴儿是非婚生子，其中的绝大多数将永远不知道他们的父亲是谁，也不可能经历父亲给予的父爱。只有34%在美国出生的婴儿会跟自己的亲生父母一起生活至18岁。这里我们将就此问题提供解决方案。特别是，我们考虑到，孩子年龄在3岁以下的母亲中，有62%是职场妈妈。而这个数字在1975年时仅为其一半！孩子年龄在18岁以下的母亲有72%目前参加工作。[2]母亲的工作繁忙加上父亲的不关心，这意味着，在家里孩子常常没有父母陪伴！怪不得今天男孩的情况一团糟！

行为研究专家最近才开始研究父亲对男孩和女孩的健康发展有怎样关键的影响。根据精神病学家、《需要父亲》（*Father Need*）一书的作者凯尔·普赖特（Kyle Pruett）的观点，父亲对孩子来说和母亲一样重要，但是其影响方式是不同的。下面是对父亲的影响力进行认真研究后得出的一些惊人结论：

- 自出生起，父亲和婴儿之间就存在着一种不可否认的联系。
- 6周大的婴儿就能够分辨出母亲和父亲说话的声音。
- 8周时，婴儿就能够分辨出母亲和父亲照料方式的差异。
- 婴儿与生俱来就有一种寻找与自己的父亲连接起来的驱动力，在他们开始说话时，常常先会说"爸爸"，然后才会说"妈妈"，原因尚不明确。
- 学步期的孩子往往明确显示出他们对父亲的需要：爸爸不在时，他们会想要爸爸并四处寻找，在电话里听到父亲的声音极为惊喜，在被允许的情况下会去摸索父亲身体的各个部位。

- 十来岁的少年以更复杂的方式表达他们对父亲的需要，包括与父亲展开竞争，对他持有的价值观、信念，以及他的有限性提出挑战。对许许多多的儿子和女儿来说，直到父亲离世的那一刻，他们才恍然意识到原来自己对父亲的需要是那么强烈和持久，尤其当这样的需要变得再难满足时，更是如此。[3]

各个年龄段的男孩和女孩，都有一种天生的与自己的父亲连接起来的需要。我再强调一遍，在父亲缺席的情况下，受损害最大的是男孩子。根据美国国家贫困儿童研究中心的报告，和有父亲的男孩比起来，家里没有父亲的男孩逃学的可能性增加 1 倍，进监狱的可能性增加 1 倍，需要接受情感或行为问题治疗的可能性增加 3 倍。[4]

在我为写本书而做进一步调查研究时，我再次面对这一令人不安的问题。今天的男孩之所以陷入困境首先是因为他们的家长，尤其是父亲的生活失去重心、工作过度、疲惫、冷漠、吸食毒品、与母亲离婚或分居，或者干脆无力应对生活而逃避。如上面所介绍的，所有其他困扰着男青年的问题都来自 21 世纪的现实，或者与之相关。我们最担心的是成熟男性缺乏榜样和导师，而这个人本应该是他的父亲。面对抚养男孩的挑战，母亲们就像是被带到一片荒凉之地，留给她们的任务是她们毫无经验的事情，她们也几乎没有被训练过做这些事情。她们从来没有做过男孩，对于怎样带大男孩只有模糊的想法。在家庭破裂的情况下，最大的输家就是男孩。

哥伦比亚大学的美国毒品滥用研究中心发现，在双亲家庭中，和父亲的关系一般或较差的孩子，他们参与吸烟、酗酒、吸毒的可能性，比那些与父亲关系很好的孩子要高出 68%。比较起来，只有母亲抚养、和母亲关系很好的孩子，吸毒的可能性反倒比那些生活在双亲家庭，但是与父亲关系一般或较差的孩子要低 62%。[5] 可见一位好父亲的影响是不可低估的。

哈佛大学的心理学家、《真正的男孩》（*Real Boys*）一书的作者威廉·波拉克博士（Dr. William Pollock）得出的结论是，离婚一定会给孩子带来伤害，但是对男孩的影响更具破坏性。他指出，基本的问题是，在没有父亲的情况下，缺乏对孩子的管教和监督，缺乏教育男孩怎样做男人的机会。波拉克还认为，父亲在帮助男孩控制自己的情感方面起着关键作用。如我们所看到的，没有父亲的指导和带领，男孩遭受的挫折常常导致各种暴力行为和其他各种反社会行为。[6]

许许多多的研究人员认为，失去父亲（或从来没有父亲）对男孩来说具有灾难性的后果。30 年以前，人们都以为，贫困和种族歧视是青少年犯罪和其他行为问题的主要原因。今天我们知道，家庭的破裂是真正的罪魁祸首。尽管在我们面前出现那么多提示危险的警报，但是社会上依然充斥着婚前怀孕、离婚、出轨和未婚同居的现象。

《养育儿子》（*Raising a Son*）一书的作者唐·艾里姆（Don Elium）指出，就问题男孩而言，关键在于父亲的不参与和不关心，其结果是母亲承担更多的责任来填补空位。[7]

社会学家彼得·卡尔（Peter Karl）认为，由于男孩子 80% 的时间都和母亲在一起，所以长大以后不知道怎样做男人，两性关系直接受到影响。男人变得无助，越来越像个长不大的大孩子。[8]

只有把这些数据和趋势反映在个人生活的情景里，我们才能充分理解其意义。不久前我和一个 58 岁的男人谈话，他描述了对他父亲不愉快的回忆。他父亲是一位牧师，整天忙于工作和其他自己感兴趣的事。他父亲从来没有出席过他参加的体育比赛和各种活动，既不管教他也不肯定他。当他读到高中时，他是学校橄榄球队的队员，他们的球队取得节节胜利。在他们获得参加州冠军赛资格时，他非常希望父亲能去看决赛。他请求道：“你星期五晚上能来一下吗？这对我来说非常重要。”他父亲答应了。

决赛那天晚上，他正在场上做准备活动时，看见父亲和另外两个人穿着正装来到体育场。他们站在那里，说了一两分钟话以后就离开了。这个 58 岁的男人讲到这件事的时候，眼里噙着泪水，好像他又回到了很久以前的那个痛苦时刻。那是四十多年前的一个夜晚，然而他作为一个少年所感到的拒绝和失望依然是如此清晰。我们谈话一年以后，这个男人的父亲去世了，终年 83 岁。我的这位朋友在追悼会上站在父亲的棺木前，伤心地说道：“爸爸，我们本来可以分享许多爱意——可是我从来都没有真正了解过你。”

回到那个橄榄球比赛的晚上，我在想：在那位父亲眼中，究竟有什么比到场为自己的儿子加油更重要的呢？是不是他的“任务清单”比满足继承着他姓氏的儿子的需要更为重要呢？不管他有多么重要的理由，这位父亲在过去的岁月里没有尽到家庭责任，这是事实。尽管他已经离去，但是他留下的遗产与无数的父亲一样——他们太忙了、太自私了、太分心了，以致不能去关心一下向他们伸出手的小小男孩。现在他们的记录就留在本书之中。要是他们能够回到过去，重新活一次的话……如果可能的话！如果可能的话！

父亲对孩子有巨大的影响力，或好或坏。多少个世纪以来，大多数家庭都懂得这一点。常言道：“蹲下帮助孩子的男人最高大。”另有一位目光敏锐的观察家说过：“小男孩遇上好男人，这个男孩就永远不会走上邪路。”他们都是对的。当问及谁是他们心中的英雄时，绝大多数有幸拥有父亲的男孩都会说：“我爸爸。”另外，父亲什么都不管——在他不爱或不关心自己的孩子时——儿子产生的则是痛苦，是一种渴望，那种感情会一直延续几十年。我们绝不是说女儿对父亲的需要不重要，女儿肯定也需要父亲。但是，男孩从情感上来说需要依赖父亲才能成长，这其中的原理是人们最近才开始有所了解的。

我们现在知道了，在儿童期，有两个关键阶段，男孩特别容易受到伤害。最明显的是在青春期开始时，这时男女两性都开始经历荷尔蒙的上升，情感方面开始发展。这时候男孩和女孩都极为需要得到父亲的监督、指导和关爱。在孩子这个阶段离婚，比起任何时候对男孩带来的伤害要大得多。根据哈佛大学教授卡罗尔・吉利根博士（Dr. Carol Gilligan）的说法，幼年还有另一个关键期——在这一阶段，男孩和女孩是不同的。在婴儿期和学步期，年幼的男孩沐浴在母亲女性的温柔怀抱中。那时父亲也重要，但是母亲是首要的。3~5 岁时，小男孩开始渐渐和妈妈、姐姐拉开距离，尝试建立自己的男性身份。[9] 这一过程被称为“分离和分化”，这时，如唐・埃利姆所说：“男性对自我发展的内在冲动推着他离开母亲的怀抱，他试图跨过一座不稳定的桥梁，去往父亲的世界。”[10] 在那些年里，甚至再早一些时候，男孩最典型的一个特征，就是渴望引起父亲的注意、与父亲共事，进而去模仿他的言行举止。

我记得，我儿子在从幼儿园到读小学一年级期间，会注意识别我的男性风格特点。例如，我们一家乘车外出时，瑞恩会说："爸爸，我们男的坐前座，女孩坐后排。"他想让人知道，他是像我一样的一个"男人"。我很清晰地意识到，他是在模仿我的动作、行为和男性风格。男孩的正常发展就是这样开始的。

但是这里有个难点：这期间，如果父亲不在身边，如果他们见不到面、相隔很远，或是父亲虐待孩子，那么那些男孩对于什么才算是男人，就只能有一种模糊的意识。女孩子身边总有一个可以用来模仿女性行为和态度的对象（除非她们是由单亲父亲抚养的），和单亲母亲生活在一起的男孩却只能模模糊糊地摸索着建立他们的男性身份。这就是为什么在男孩子很小的时候，父母的离婚对他有这么大的影响。作家安杰拉·菲利普斯（Angela Phillips）认为，而且我也同意，西方国家同性恋的现象如此普遍，与男孩经历儿童发展的第一个危机时缺少积极的男性影响有关。[11]父母的主要目标之一是帮助男孩确认自己这一性别的使命、特征，理解做男人意味着什么。我们在后面讨论同性恋产生的先决条件时还将回到这一话题。

我很有福气，有一位了不起的父亲。在我很小的时候，他常和我在一起。我听说在我2岁时，我家住在只有一间卧室的公寓里，我睡的小床就在我父母的床边。我父亲后来告诉我，那时候他常常在半夜会听到一个小小的声音在轻轻叫着："爸爸，爸爸。"然后他会轻轻回答："怎么了，吉米？"我就说："拉住我的手！"父亲就会在黑暗中伸过手来，摸到我的小手，然后用他的手紧紧握住我的手。他说当我的手被紧握在他的手里时，我的手臂就立即松弛了下来，我的呼吸就变得平稳深沉了。我很快就又进入了梦乡。你看，我想知道的只是他在我身边！

从学龄前开始，我就对我的父亲有许多温暖美好的回忆。在我快3岁时的某一天，我在家里和母亲在一起，听到前门有敲门声。

"去看看是谁来了。"母亲脸上微笑着对我说。

我开了门，眼前站着我父亲。他拉起我的手说："跟我来，我让你看一样东西。"他带我来到屋子的一边，他在那里藏着一辆大大的蓝色三轮车。这是我一生中最美好的时刻之一。也是在那一年，我还记得我跟在父亲的边上快步跑着的情景（他身高193厘米），当时我心里觉得和他在一起非常自豪，我甚至还记得他握着我的那只手有多大。

我还记得和父亲在屋里打闹的快活时光。有许多母亲不理解，这样傻乎乎的打闹有什么意义，但它确实很重要。正像狼崽、小豹常常一起摸爬滚打一样，男孩子也喜欢一起打打闹闹。在我5岁时，我和父亲之间的踢打玩闹把我母亲都吓坏了。没错！是踢打！他体重81公斤，而我的体重才22公斤，但是我们俩就像在玩相扑一般。他会逗着我去踢他的小腿骨，然后，他总会用他的脚底挡住我的攻击。这使得我带着一种报复心去追赶他。然后父亲就会用他的脚趾来钩我的小腿骨。不管你信不信，这对我来说真是有趣极了。我们会玩得笑个不停，尽管我的腿上会添上几个伤口和肿块。我母亲会命令我们停下来，她不明白我为什么喜欢这样的游戏。这就是属于男人的游戏嘛。

今天的儿童保护官员会把这本书扔向和自己的孩子玩踢打游戏的男人，有人或许会说这种家庭“暴力行为”会导致犯罪行为。同样，许多人会下结论说，即使是在充满爱心的环境中实施体罚，也会教孩子去伤害他人。他们错了。不是屋里的打闹或有分寸的管教让男孩产生不轨行为，而是父亲的缺席，是因为父亲不在孩子身边。他们本来可以教孩子怎样成为男人，可以在孩子犯错时命令他们改正。

让我用自然界最近的一项发现来证明这一原则。除了我一直喜欢的狗以外，我最感兴趣的动物是大象。这些躯体庞大的动物富有情感，而且智商相当高。这就是为什么在看到它们因为文明的侵蚀而遭受痛苦时我心绪难平。

南非西北部的国家公园里发生了这样的情况：那里的管理人员报告说，近几年来，那里的幼年雄象变得越来越暴躁了——对附近的白犀牛尤其凶狠。在没有受到挑衅的情况下，一头象会把犀牛击倒，然后跪在犀牛上面将它压死。大象很少有这样的行为，他们很难对此作出解释。

但是现在，公园的管理人员认为他们找到了答案。显然，这一攻击行为是因为政府杀死老象以减少大象数目，结果几乎所有的小象都成了孤儿，失去了与成年象接触的机会。在正常情况下，成年公象会管束那些小象，并为它们起到榜样作用。在没有了这样的影响以后，“青少年犯罪”现象就在象群中蔓延滋长，使它们的邻居感到无比恐怖。[12]

我知道随意把动物的行为和人类比是有风险的，但是这里的类比实在是太显然了。请允许我再说一遍：缺乏早期监督和管教往往带来灾难性的后果——无论是青少年，还是大象。

监狱里关押的多数男囚犯，都有被自己的父亲抛弃或拒绝的经历。励志演说家、作家齐格・齐格勒（Zig Zigler）引用他的朋友比尔・格拉斯（Bill Glass）的话说，在他见过的数千名囚徒中，没有一个人真正得到过父亲的爱。在25年的时间里，比尔几乎每个周末都向那些被监禁的男人提供咨询服务。他说，95%的死刑犯痛恨他们的父亲。[13]1998年，联邦及州政府监狱共关押了1202107名罪犯，其中94%是男性。在3452名死刑犯中，只有48名是女性。这意味着98.6%的死刑犯是男性。[14]显然，如巴巴拉・杰克逊（Barbara Jackson）所指出的，"培养强健的儿童比挽救精神崩溃的男人要容易得多"[15]。

几年前，一家贺卡公司的老板想为母亲节举行一些特别活动。他们在联邦监狱里摆了一张桌子，所有想给母亲发送节日祝福的囚犯都可以免费得到一份贺卡。桌前排起了长队，以致他们不得不再次开车到厂里去取贺卡。因为这一活动的成功，他们决定在父亲节来临前再搞一次。但是这一回却没有人来领贺卡。没有一名囚犯想寄贺卡给自己的父亲。有许多人甚至根本不知道自己的父亲是谁。[16]这说明父亲对儿童是多么重要啊！

与此相对的是我和一家大型建筑公司总裁的对话，他叫比尔・霍顿（Bill Houghton）。多年来，他招收并管理着几千名雇员。我问他："当你在考虑聘用一个雇员，尤其是男雇员的时候，你的标准是什么？"他的回答使我惊奇。

"我注意的首先是那个人和他父亲的关系。只要他得到过他父亲的爱、尊重他的权威，那他就有可能成为一名很好的雇员。"他接着补充说，"我不会雇用一位反抗自己父亲的年轻人。他在我这里也会惹麻烦的。"我也观察到，一名男孩与他父亲的关系大体为他以后的发展确定了基调，父亲在家里就是这么重要。

撰写本章的时候，我的思绪一再转到那些独自抚养男孩的单亲母亲身上。我相信我在这里提到父亲的作用及离婚的影响时，有些单身妈妈听后会极为不安。请原谅我这么做。即使我不提到这些使人不安的情形，我知道你的处境也已经够艰难的了。对你来说，迫切需要解决的问题是："我该怎么办才能弥补这一点呢？本来应该有一位父亲在我孩子身边，教他怎样做一个男人的。"这个问题很不容易回答，不过答案还是有的。

尽管我分享了一些研究结果，但是我对单身母亲能教育好男孩还是有希望的。应该承认，虽然这一任务非常艰巨，但也有几百万的母亲克服了严重的局限和巨大的障碍，在这方面做得很好。我们在后面几章对这些情况还将做进一步讨论，但是暂且先让我明确指出，家庭生活几乎永远不会处于理想状态。我们每个人都要面对不同的挑战和问题。有的父母面临的是疾病，有的是贫困，有的是配偶酗酒，有的则是家里有残疾儿童或家长。在不同的情况下，各个家庭必须对面临的困难和问题作出评估，决定怎样最充分地利用有利条件。我在此奉劝那些单身家长，在处理你的家庭问题时应这样想：你在善意的抚养孩子的道路上会得到帮助。还有其他一些方法可以用来弥补家中没有父亲的情况，我在第 10 章提出了一些建议和想法，希望你看了以后会觉得有所帮助。

在继续写下去以前，我想邀请你读一封信，这是几年前一位刚刚失去丈夫的母亲写来的。我把这封信附在本章里，是希望父亲们能够有机会读一读它，并从中受益。它表明了男人在他们孩子的生活中起到的关键作用，同时也让我们看到，为什么只要有机会，你就要为自己的孩子做些事。下面就是卡伦·科廷夫人（Mrs. Karen Cotting）的来信：

亲爱的杜布森博士：

我听到您在广播节目中一直在鼓励听众给你写信。我们家以前一直没有写过信给您，现在我有个故事要告诉您。

我的丈夫克利夫（Cliff）是一家大型航空公司的飞行员，他已经在那里任职 11 年。去年 10 月，他有一次为期 4 天的飞行任务，第三天工作开始前他有些闲暇时间，因此他决定去慢跑锻炼一会儿。不幸的是，那是他最后一次跑步。慢跑时，他的心脏病突然发作。他才 38 岁，正是身强力壮的时候。他平时很注意营养，也经常参加体育锻炼。事先没有任何征兆，因此，当我接到公司运营部门的副总裁打来的电话时，我完全惊呆了。我们一家根本就没料到会有这样的悲剧发生。我丈夫正处在他生命的黄金岁月，我们的 3 个女儿都还不到 6 岁。上帝怎么会这样对待我们一家呢？他怎么会把我生命中最好的朋友和我们家的主心骨给夺走呢？在克利夫去世之后的几个月里，在我尚有气息的每一天里，上帝向我昭示了他的答案。

克利夫是个有爱心又体贴的人。他非常爱我们一家。我们的3个女儿，尼科尔（Nicole）、安娜（Anna）和萨拉（Saral），还有我，都是他的掌上明珠。每次看着他去上班，我们都感到难受，因为他每次出去我们就要分别2~4天。我们总是盼望着他的归来，每次回家，几个女儿都用充满兴奋的尖叫欢迎他（甚至我们家养的那头德国牧羊犬特斯也会以吼叫相迎）。在我所有的记忆中，给我印象最深的是，他和女儿们玩游戏常常玩得筋疲力尽。

关于我丈夫，一些我从前不了解的方面慢慢展开。在他的追悼会上，我们让每个人都来谈谈他或她对克利夫的回忆。我惊奇地发现，有那么多航空公司的职员来到了教堂。几乎每个人都说他是一个非常好的朋友，他总是在别人需要时伸出援手。我还知道了他在工作单位常常提起我，提起孩子们。我从来都不知道他如此大胆公开地把自己的信仰告诉给大家，我一直以为他在单位只谈公事或是高尔夫球。

他永远安息大概7个月之后的一天，我终于有勇气打开了他的飞行包。上面的日期是1999年10月9日，那是他最后一次出去慢跑。我一边哭一边想着他对自己作为飞行员是多么认真，每次出发前他都要做好充分准备，前一晚他总是把衬衫熨好，第二天一早穿戴整齐之后去查看日程表。10月9日那天他是准备好了去上班的。我在泪眼蒙眬中，听到一句低语："他也已经准备好来见我了。"这对我来说实在是太重要了。

每一天我的灵魂和肉体都在斗争。在他离开我们的这些天里，每天我都以泪洗面，心里痛苦地思念着他。在很多方面他都是我的主心骨。但是想到克利夫已经安息，我心里就得到了安慰。克利夫也为这荣耀的一天做好了准备。

我们一家一直从你的广播谈话和你每月寄来的杂志中得到鼓励和帮助。祝福你、你的员工和你的家庭。

诚挚的，卡伦·S．科廷[17]

我在这里分享这封信，想让读者中那些年轻的父亲看看这封信。如果你就是其中的一位，请允许我提醒你，我们不知道你在这个世界上将逗留多久。生命有可能是极为短暂的，不要错过今天与孩子交流的机会，不要让工作完全吸引你，不要把自己变成家里的一个陌生人。愿你留给后人的回忆（无论你是多活一个小时还是多活几十年），就像克利夫·科廷留给后人的一样，永远充满温暖和爱心。他的故事留在了书中，你的故事还有待继续写下去。

问题与回答

我知道离婚对孩子们是很残酷的，但是家庭崩溃瓦解的长期影响又是什么呢？孩子们能很快“恢复”吗？

我希望我可以告诉你，孩子在父母分手以后会很快地恢复，但是研究显示相反的结果。今天，无可争辩的事实是，儿童的情感发展与双亲温暖的、持续不断的相互交流是直接相关的，可能对孩子带来长期的影响后果。例如，一项重要的研究揭示，90% 的离婚家庭的儿童在离婚发生时都有过极为激烈的受冲击意识，包括极大的痛苦和恐惧。报告说，其中 50% 的孩子说有被人抛弃和拒绝的感受。确实，有近一半的父亲在离婚后的 3 年里从未去看望过他们的孩子。三分之一的男孩和女孩担心会被单亲家长再次抛弃，66% 的孩子经历过渴望与离去的父（母）亲相聚的想法，其强烈程度研究人员用“势不可当”来形容。最为明显的是，比起父母刚离婚的 18 个月时，37% 的儿童在父母离婚 5 年以后变得更为痛苦和不满。[18] 换言之，时间不能治愈他们的创伤。

上述数据来自朱迪斯·沃勒斯坦博士（Dr. Judith Wallerstein）的研究发现，她是家庭离异儿童问题方面最有名望的权威。她在 25 年前就开始了对男孩和女孩的研究，对调研对象的追访迄今没有停止。她最近出版的一本书显示，她的研究对象中有 40% 一直没结婚，而双亲家庭的子女只有 16% 不结婚。[19] 她发现，离婚家庭的孩子上大学的可能性较小，在 14 岁前更有可能吸毒和酗酒，社交能力较差。父母离婚的女孩较早有性体验。显然，家庭的崩溃对孩子的冲击是长期的，甚至是终身的。

还有一个因素值得我们注意。最近的研究显示，父母离婚和青春期的性乱交行为相关。俄勒冈社会学习中心的研究人员对生活在犯罪率高的地区的 200 名初中和高中男生的行为进行了追踪调查。他们发现，那些较早发生性行为的男孩往往经历过两次或多次“父母变化”的情形——离婚、再婚、重找伴侣，等等。只有 18% 的有乱交行为的男孩来自完整的家庭。与此相反，57% 保持童贞的孩子来自没有离婚史的家庭。[20] 另一个相近的研究发现，在女性群体中，家庭结构有过变化与未婚生子这两个因素之间存在明显的相关关系。[21] 其结论是，离婚和再婚对孩子产生的压力与孩子以后将非婚生子之间有直接关系。

我们在这里再次看到了离婚、单亲父母和家庭分离对儿童的巨大影响。我们这么说并不是在批评那些处在此类困境中的人们，但是我们也无法否认，完整的双亲家庭对孩子的健康成长是最有利的，而且对社会的稳定有直接的作用。

任何对男孩有所了解的人都知道，他们需要与父亲建立温暖且富有爱心的关系。有什么必要把这个问题拿出来重新讨论吗？今天人人都知道而且接受这一事实。

我是多么希望如此！令人遗憾的是，一些颇有学问的大学教授和心理学家试图削弱这种观点，他们否认父亲对男孩和女孩来说的或缺的地位。卡拉·曼蒂拉（Karla Mantilla）是一个激进的女权主义作家，她这样写道：“我对于那些盛行的说法——歌颂和肯定父亲的影响力，以及孩子需要男性榜样的作用——持相当怀疑的态度。我的怀疑态度来自我对我自己的两个孩子及他们的父亲——男性角色模式——的观察。”她继续说，“这种鼓吹孩子、尤其是男孩需要父亲的宣传，我想与全世界儿童的悲惨生活处境是有极大关系的。与近年来的这些父权论调不一致的是，我们越看重父亲所谓的‘管教’和‘严格’的价值，培养出的孩子（主要是男孩）就越缺少同情心、越不体贴。如果我们希望孩子成为更有爱、更温柔（而且不那么暴力）的人，那我们就需要着力于提供更有爱、更温柔的亲子教育。”[22]

两位来自叶史瓦大学的学者卡尔·奥尔巴克（Carl Auerbach）和路易·西尔弗斯坦（Louise Silverstein）1999 年在《美国心理学家》杂志上发表了一篇耸人听闻的文章。文章题目为《解构不可缺席的父亲》，这完全是一篇宣扬女权主义 / 男同性恋 / 女同性恋观点的文章。作者在文中宣称，离婚不一定对大多数孩子带来不可挽回的损害，而且事实上，一个从来不知道自己父亲的孩子不一定就受到最大的伤害。他们断言，如果有什么作用的话，父亲事实上在家中造成不利影响，因为他们消耗了家庭更多的资源。文章传递的信息就是："谁需要他们？"没有丈夫（或是伙伴）的参与的话，妇女完全可以把抚养男孩的工作做得更好。从这一点上来说，母亲被认为也不是不可缺席的。换言之，传统的家庭对儿童来说不仅是不必要的，而且孩子没有传统家庭的话，会更健康。[23]

这篇文章由美国心理学会主编的颇具声誉的杂志发表，作为一项可信的科学研究成果。我要特别提醒你这一点，因为作者宣称"我们阅读过的科学文献支持我们的政治态度。我们鼓励这样的公共政策，即支持多样化的家庭结构的合法性，而不是只支持由异性组成的、经婚姻结合的双亲这一种家庭结构"[24]。

父母对他们在报刊上，甚至是科学期刊上读到的关于家庭生活的文章应持警惕的态度。如果某一研究的结论对你来说听上去显得荒谬的话，那么很有可能它们就是荒谬的。有些颇具影响的专业研究人员，他们藐视传统家庭，而且还以编造出来的证据来否定传统家庭。就在前两年，我们在媒体上看到过这样的研究报告，声称对儿童的性侵并没有多大的伤害，什么父母亲对他们的孩子并没有多大的影响，什么任何帮助同性恋者纠正他们性行为的做法都会造成伤害，什么堕胎会减少犯罪，什么孩子在 3 岁前一定要专门接受大脑刺激，不然就完了，什么 10% 的成年人都是同性恋者。这些无根无据的数据，还有其他很多数据，都是由艾尔弗雷德·金赛（Alfred Kinsey）"创造"出来的。这些伪科学研究被那些自由主义者用来宣传并达到他们的目的。不要让他们的宣传操控你的养育之道。如果有人对你说，即便没有男人的影响和指引，男孩同样会健康成长，不要听他的！

第 6 章

父亲与儿子

BRINGING UP BOYS

BRINGING UP
BOYS

我17岁时得到了得克萨斯州的驾驶执照，这其实不是什么好事。我父亲刚买了一辆崭新的福特汽车，一天吃午饭时，他允许我把车子开出去兜一圈。后来证明这也是一个不明智的决定。在我驾着汽车兜风的时候，学校附近的路上正好走着我的几百名校友，这给了我一个绝好的炫耀机会。我心里还有一个冲动，想证明一个心里盘算过的“物理理论”：在我们住的这个小镇，几条十字路口的两边挖着很深的沟，那是为了洪水期排水用的。我当时心里想，只要我加快速度，我的车飞驶过水沟应该是没问题的。我是乔伊·吉特伍德的狂热粉丝，他可以和当年的摩托飞车手伊夫尔·尼夫尔齐名，我看到过他在州级比赛中驾车跨越障碍。要是乔伊能做到的话……我为什么不行？

显然，我并不知道驾驶这辆重达1.5吨的大铁块在马路上呼啸而过意味着什么。我慌慌张张地开着车来到了路口，歪歪斜斜地向第一条沟急驶而去。“砰砰！”汽车的尾部碰上了什么。然后我又用力向第二条沟飞去。“砰砰！”我的头向前一撞，汽车就像一个巨大的悠悠球一般上下震动。当时感觉我这一生要就此结束了，我的得州朋友吓坏了。他们说：“瞧！你看那家伙，他的车跟马路亲嘴了。”

几个星期以后，我的好老爸找到我说：“波（他就是这样叫我的），我刚把车送到汽车修理厂，他说车上的4个减震器都坏了。这真不可思议。减震器通常都是一点一点磨损的，我的车是新的，而它们已经全都碎裂了。你知道原因吗？”

能够救我的唯一一点，是我记忆的瞬间丧失。就在那一秒钟，我确确实实不记得我有没有撞上什么，于是我说不知道。他接受了我的回答，这一回我躲过了一劫。几个星期后，我在我家附近开着车，突然驾驶杆断了，车子撞到了路边上。幸运的是，车子没撞到人。几年以后我才弄明白，是我在那场“了不起的物理实验”中把4个减震器给弄坏了，或许同时也弄折了驾驶杆。天知道当时我还弄坏了什么。

就在我在心里想承认车子的损坏是我的责任的时候，我父亲居然忘了我的这桩罪过，以后再也没提起过。我也没再说起它。我父亲至死都不知道这是我闯的祸。在这里我想说，爸爸，要是你在天国望着我的话，我要告诉你我错了，我再也不会重犯这样的过错了。我愿意省下 6 年的零花钱来赔偿这一损坏。这是我唯一的一次“车子跟马路亲嘴”。

男孩子们总有一种能惹怒父亲的办法。他们会让最好的工具任雨淋着，或是把它们乱堆在工作台上。他们会把望远镜给丢了，把照相机掉在地上。他们当中有许多人都是冒失鬼，不负责任、调皮捣蛋。有时他们做的事在有理智的人看来完全是荒唐的，就像小杰弗里在全家慌慌张张到处找他的时候，他却躲在床底下。当然，我们做父亲的不应该对此抱怨。我们也做过男孩，我们也把自己的父亲气得发疯过，因此我们应该对自己的儿子宽容一点。尽管养育一个调皮玩闹的孩子有那么多挑战，但是生活最幸福的时刻就是当他们抱着你的脖子说“我爱你，爸爸”的时候。

我心中的英雄之一是麦克阿瑟将军，他对这种幸福有同感。作为最伟大的军事将领之一，他曾率领盟军在第二次世界大战中打败日本军队。他在战场上的辉煌战功解释了为什么直到他去世几十年以后的今天，他依然受人尊敬。

但是我对他的尊敬还有另一个理由，这可以一直追溯到他在 1942 年的一次讲话。那次他得到了好父亲奖状。他的获奖感言是：“没有什么比全国父亲节委员会给予我这一荣誉，更使我感动的了。从职业来说，我是个士兵，我对此感到无上的荣耀。但使我感到更自豪的是当一名父亲。一名士兵为了创造而不得不毁灭。但做父亲的只创造，决不去毁灭。前者可能导致死亡，后者则意味着创造和养育生命。死亡的队伍虽然很庞大，但是生命的队伍更为壮大。我希望在我离去以后，我的儿子对我的回忆不是战斗，而是家园。”[1] 我今天想到我的儿子和女儿时，也是这样的。

让我们再走近些去看看当男孩的父亲意味着什么。在前一章，我们讨论了父子关系的重要性以及为什么他们之间的联结对男性气质的发展是必需的。现在我想集中讲讲父亲影响家庭的两种基本方式，我先从榜样开始讲。如果说，品格培养是家庭教育的一个主要目标（对此我非常赞同），那么最好的培养方式就是通过父亲的行为和举止。看得见的以身作则，比说教、责骂、惩罚、收买和哄骗等做法要更加有效。男孩会专注地看着父亲的一举一动，注意他们的行为和价值观的每一个微小差异。你的家中或许也是如此。你的儿子会模仿你的许多行为。如果你经常发火、侮辱妻子，你的孩子就会对其母亲和其他女性采取同样的不尊重态度。如果你经常喝酒过多，你的孩子就有可能染上酗酒和吸毒等习惯。如果你口出脏话、吸烟或与同事打斗，你的孩子可能也会学你的样儿。如果你自私、吝啬、乱发脾气，在下一代身上你也会看到同样的表现。

幸运的是，相反的榜样也同样有效。如果你是诚实的、可信赖的、关心爱护人的、自律的，你的男孩在成长过程中也会受到这些品格的影响。因此无论是好是坏，他们大多数都会效法从你身上观察到的行为。

有人说："我宁愿看一个人如何行道，也不愿只是听那个人的布道。"这个说法包含着真理。孩子可能不记得你说过的话，但是他们的生活会通过你的行为受到影响或改变。试想一下你教育自己的孩子要诚实。没错，你应该把有关诚实的道理讲给他们听，但是你也应该寻找机会去实践这种正直的标准。我记得几年前发生在乔治亚州的一件事，洛克戴尔县高中的斗牛队经过激烈的争夺赢得了州篮球冠军，克利夫兰·斯特劳德（Cleveland Stroud）教练为他的球队感到非常自豪。但是，几天以后，在他重看比赛的录像时，他注意到在其中一段比赛中，有45秒的时间中多了一个队员在打比赛。他打电话给乔治亚州高中篮球协会，报告了这一违规情况，结果学校刚获得的冠军称号和奖金都取消了。在记者招待会上有人向他提问，斯特劳德教练说："有人说我们应该把这件事悄悄隐瞒，那只不过是45秒，而且那个队员也不是什么主力。但是，我们应该坚持诚实和做正确的事。我对我的队员说，人们会忘记篮球比赛的得分，但是他们不会忘记你们是怎么得到这成绩的。"[2]

你可以肯定，队里的每一个成员都会记住斯特劳德教练的品格。一封当地报纸刊发的信很好地表达了这一点："华盛顿有丑闻，华尔街有欺骗行为。幸好我们生活在洛克戴尔县，在这里，荣誉和诚实依然是人们生活的准则。"[3]

你的男孩和女孩需要看到你在做正确的事情，尽管那样做并不容易甚至会带来一些损失。

这也引出了你需要在其他品格方面为儿子树立榜样的问题。你是否有思考过这些？你是否明确知道你在家里要实现的具体目标？如果你还不确定男人是什么、生活的意义和方向是什么，那么，你的孩子就没有一个明确的榜样可以效仿。

在此基础上，你的目标应该是成为“一个爱家好男人”。美国价值观研究所的负责人戴维·布兰肯霍恩博士（Dr. David Blankenhorn）在他写的文章中指出，这一句话的意思几乎已变得模糊不清了。[4]在我们的文化中，它曾经被大众认为是荣誉象征。大体可以将它解释为“一个把家庭放在首位的男人”。看看构成这个短语的三个词吧。“好”，它指的是被广泛接受的道德价值观；“家”，指的是比个人自我更大的群体；“男人”，它表示一种有男性特征的样式。当代文化似乎不再将把家庭放在首位的男人当作典范了。我们可以在哪里见到负责任的男性样式？比尔·科斯比在电视上做了几年的榜样。但是还有谁在媒体上展现过爱家好男人的形象？这样的案例并不多。是的，不多，我听到更多的是任性的运动员或者色鬼或者是企业家，他们牺牲了一切，包括妻子和孩子，只是为了自己取得成功。在没有好丈夫、好父亲在身边的情况下，本来可塑性强的男孩就常常只能去模仿有很大缺陷的“榜样”了。

让我们再仔细看看“爱家好男人”这个概念在当今时代包含哪些内容。从历史的观点来看，我们可以先学习一下男人在家中的4个传统角色。

第一个角色是家庭的供应者。50年前男人的责任是“赚面包的人”，没有人会对此提出争议。今天人们对这一点不那么确定了，这是有点遗憾的。尽管大多数妻子和母亲都在外工作，但男人的责任仍然是满足家庭的经济需要。

父亲在历史上的第二个角色是家庭的领袖。随着女权运动的兴起，这一角色变得颇具争议。但是在20世纪60年代之前，它很少受到挑战。在那时，人们常说“两个船长沉掉一艘船”或“两个厨师烧坏一锅汤”。父亲是有关生存问题的最后裁决者。应该承认，这一“领头作用”有时会被一些自私的男人滥用，他们对妻子任意打骂，把孩子当作财产，这绝不是男人应该去发挥的作用。男人有领导责任，同时也有其权责范围。丈夫应该爱妻子如自己的骨肉，并愿意为她们奉献自己的生命。他们还得到警告不得以粗暴方式对待儿童，也不能对儿童不予关心。几千年来，这一系统总的来说是运转得很好的。

父亲应该扮演的第三个角色是保护者。他不但保护自己的家庭成员，也教导他们如何积极保护自己。当家人感到焦虑或受到威胁时，家人首先会转向他求助。

如果有其他人想伤害或侮辱他的妻子，丈夫就挺身而出。他的责任就是晚上入睡前确保家里一切安全，孩子在应该回家的时候回家。家庭的每个成员都因为他的存在而感到多了一些安全感。

最后，一位有影响力的父亲的第四个角色是家庭的精神向导。尽管他常常在这方面做不到位，但教育孩子树立正确的价值观是他义不容辞的责任。他也是家中道德准则的解释者。必须承认，多年来，男人完全尽到这 4 个方面责任的并不很多。但是在文化中大众广泛接受这样的诠释，也认为这一切是他们应该做的。

好吧，现在你可以向我扔石头了。我知道，有些读者一听到这些概念就已经准备好反驳我了。但是，倘若我们尊重事实的话，这些传统的角色定义中确实有着永恒的智慧。没错，这些都是老生常谈，但是几千年来，男人一直在承担着这样的责任。

令人遗憾的是，这 4 个角色的作用都受到后现代主义者及其媒体盟军的讽刺和攻击。其结果是，许多父亲对他们应该做些什么、怎样去做都糊里糊涂。有的在家里放弃了他们应有的权威地位，或是放任不管，或是以比母亲还要更女性化的方式来抚养孩子。他们被告知，他们需要更敏感，应学会表达所有情感——从愤怒到恐惧。事实上，他们是在要求男人更像女人，并要求女人更像男人。这一角色的颠倒使男孩更加困惑。

对一个男人来说，深刻地去感知事物或表达内心的情感思想并没有什么不妥，也不是非要摆出冷酷的样子才叫男人。但与此同时，在男性气概中确实应有这样一项——面临暴风雨时他显示出力量和信心。这责任很自然落到了男人肩上。就像一棵巨大的橡树为栖息在其枝条上的生物提供安全和保护一样，一个强健的男人应该为他的家庭成员提供安全、给予安慰。他知道应该尽自己所能爱护妻子和孩子。他的儿子需要这样一位值得尊敬并去模仿的男人。男孩们无法尊重一个懦弱的、完全依赖妻子的男人。这一切和你听到的是不是都相反？都已经过时了吗？请尊重天性吧！男人天生就是一个付出关爱、舍己爱人的人，当男人履行这一责任时，他们的妻子、儿子和女儿就会过上和谐安宁的生活。

传统男性的好榜样不容易找到，我过去写过一个，我想在这里引用一下。文章写的是我的祖父，他在我出生前一年去世。这篇文章被收录在我的《与男人直言不讳》（*Straight Talk to Men*）一书中，其题目和我们讨论的相关，值得在这里多费一点笔墨。

1969年圣诞节，我父亲的两个兄弟和一个妹妹一起相聚在加利福尼亚。在那次家庭大团圆的欢乐时刻，他们用了5天时间来回忆童年和那时的家庭生活。我们儿孙辈中的一位把他们的回忆用录音带录了下来，我有幸得到了全套带子。它提供了如此宝贵的资料，使我有机会了解到我祖父当年一家的生活和我父亲的青少年经历。

他们的谈话对我来说很有趣，我发现那一次聚会交谈中有一条非常明显的主线，那就是4兄妹谈到他们的父亲（我的祖父）时显示出的尊敬。他在1935年去世，那是我出生的前一年。即使34年以后，他们谈到他时依然肃然起敬。他的伟大品格和意志力仍然清晰地留在子女的记忆当中。我请他们解释一下是祖父身上的哪些品格使他们如此崇敬，但是他们说出来的都是比较模糊概括的话。

“他是一座力量之塔。”一个说。

“他的身上有那么一种高贵的气质。”另一个说，一边做了个姿势。

“我们都很敬畏他。”第三个这么说。

要想对复杂而又细微不同的个性作出总结概括是有难度的，他们找不到适当的词语来描述。只有在我们谈及具体经历过的事件时，他的个性才凸显出来。我父亲写的关于我祖父杜布森去世的系列文章就是最好的素材，我把它附在下面。在这通篇的描述中，我们看到一个了不起的男人，在他故去30多年以后，他对他的一家依然有着巨大、深刻的影响。

R. L. 杜布森最后的日子

这一场夺去他生命的疾病发作时，他69岁了，我们的家庭因此而四散。在他逝世多年以后，我每次经过“三州医院”时，都忍不住会向那扇窗口张望一下。在我眼中它不同于别的窗口，显出一种神圣，因为那是他忍受过如许痛苦的病房。那些充满痛苦的日日夜夜依然留在我的记忆中，时间流逝，却历历在目。

我们几乎整整三天三夜没有合眼，听着他艰难的呼吸声，我们就好像听见了他走向死亡的脚步声，好像闻到了死神的气息。爸爸处在深度昏迷状态。他沉重的呼吸声在整个走廊里都能听到。我们在那家老医院的门厅里来回不停地踱着步，倾听着那不止息的斗争，这时那声音变得越来越轻，越来越低。好几次护士把我们叫进去，我们作了最后的道别——经历失去他的极度痛苦——然而他的心脏又恢复跳动，那无眠的通宵值班守夜又开始。到后来，我们待在他旁边的一个房间里，本来是不准备睡的，几个坐在椅子上，几个靠在床上，到后来因为筋疲力尽都睡了过去。

凌晨3:55的时候，护士走了进来，叫醒我的一个双胞胎哥哥。罗伯特惊醒了："他走了吗？"

"没有，如果你们几个男孩想趁你爸爸还活着的时候再多看他一眼的话，你们还是来吧。"

这话很快传到大家的耳里，我们都起身来到他的病房，最后一次站在他的病床边。我记得我站在他的左边，我把他前额的头发朝后捋了一下，把我的手放在他那又大又红的手中。我感觉到他的体温在预告着死亡的临近：高烧40摄氏度。当我站在那里的时候，我内心突然发生了变化。我觉得自己不再是个成年人（那时我已24岁了），而又变成了小男孩。他们说，成年人亲眼见到父母去世时常会出现这种感觉。我觉得自己来到了路易斯安那州什里夫波特市的联合火车站，时间是下午很晚的时候了，我在等待着他回来。那种老式的堪萨斯城南方客车快进站了，我看见火车沿着曲线形的轨道开了过来。我的心中充满了自豪，我向站在一边的小男孩说道："你看见那个站在火车后面的大男人了吗？他一只手掌握着手刹车，另一只手拿着与工程师联络用的小哨子，那个大男人就是我爸爸！"他按下手刹车，我听见车轮吱嘎着停了下来。我看见父亲从最后一节车厢上跳了下来。我奔过去，扑到他的怀中。我紧紧抱了父亲一下，闻到了他穿的制服发出的火车气味儿。"爸爸，我爱你。"我说。

一切又回来了。我拍了一下那只大手，口里说："再见了，爸爸。"他的呼吸越来越短促。"我们不会忘记你那么辛苦地工作，就为了送我们5个男孩和1个女孩上大学：你一直穿着那列车员的制服直到它们都褪了色，你却给了我们一切一切……"

在4点差3分的时候，就像一艘巨轮慢慢驶出码头进入无边的大海，他的最后一声呼吸停止了。护士示意让我们离开，把一块布盖上了他的脸，这一动作使我的心无比痛苦，我们默默流着泪离开了病房。然后发生了一件我永远不会忘记的事。我走到门口，我的一只手臂搂在瘦小的母亲肩上，哭着说："妈妈，这真让人伤心。"

妈妈用手帕擦了擦她的眼睛，说："是的，吉米，但是有一件事妈妈要你记住，我们在这里刚说过晚安再见，但是有一天我们将在那里说早安。"

我相信她确实说了早安，那是在11年以后，我知道他"就在天堂门口"和她相会了。

他静悄悄地离开世界，带着尊严，就像他度过的一生。R. L. 杜布森的事业到了终点，同样地，我们大家庭的团圆也到了终点。原先的家再也不是原来的家了。我们在孩提时代所熟悉的古老的精神也一去不复返了！

这篇文章再次让我们看到R. L. 杜布森的哪些特质在他的家庭里产生了巨大的影响，它告诉我们他的儿子对他的感觉。我正巧了解了其中一部分特质，祖父的形象就如我前面提到的橡树那样——他是一个强而有力、品格正直的人。尽管直到去世前不久他才成为一名基督徒，但他一生都坚持原则，坚定不动摇。例如，他年轻时，曾和一个合伙人投资一大桩生意，到后来发觉那个合伙人不诚实。了解到里面有欺诈之后，他就干脆退出，等于把那家公司完全给了对方。那个合伙人后来把这家公司发展为南方最成功的一家企业，由此成了百万富翁。但是我祖父从来不后悔，他带着一颗纯洁的心走完人生。

当然，他身上还有其他令人钦佩的优点，其中有许多都传给了我父亲。这两个男人身上体现了许多男性气概，也是之前的讨论中我想探讨的。然后他们又把这些价值观传递给我。要是今天的男人能有半点我的父亲和祖父那样的男子气概，那么，那些迷失的、试图在街头帮派和流行文化中寻找榜样的男孩一定会大幅减少。

我进行这一讨论的目的，是希望作为年轻父亲的你能够为你的男孩树立这样的榜样，让他们通过效法你来确立自己的男性身份。只要你尽职地扮演我们描述的这些传统角色，发挥诸如此类的影响力，你的儿子就会观察到你是谁，然后在他们成长的过程中以同样的方式去行动。这就是为什么给父亲育儿指导时，经常会要求父亲从以身作则开始。

我在前面提到过，父亲影响自己儿子的方式主要有两种。如果榜样是第一种的话，那么第二种方法就是父亲应该给儿子具体的指导和传承。这样的题目可以写出好几本书来，不过我将集中讨论一个题目，即父亲应该具体地教给男孩哪些关于女孩和女人的知识，因为他们在其他地方不一定能够学到这些。

我在这里将以简单明了的方式向你提出一些建议，因为我假设你已经是有一个或几个男孩的父亲了。具体来说是：如果你以轻视贬低的方式提到异性，或者把女性作为性目标提及，这种态度就会直接影响到你们以后的恋爱和婚姻关系。要记住，你的目标是让孩子长大以后能组织领导一个家庭，并向他显示怎样才能获得他所服务之人的尊重。告诉他和朋友一起大笑和开心地玩儿是可以的，但是要劝告他别“犯傻”过头。那些老是“犯傻”的人是不会受人尊重的，而人们，尤其是女孩和女人，是不会跟随不尊重她们的男孩和男人的。还要告诉你的儿子，在任何情况下都不能打女孩。提醒他，女孩的身体不像他那么健壮，而且男性应该尊重女性，不仅不应该伤害女性，而且应该在女性受到威胁时保护她。在街上和一个女孩一起散步时，他应该走在外侧，靠近汽车行驶的一边。这表明他关心这个女孩，对她负责。和女孩约会时，应该由他来支付餐饮和娱乐费用。同样地（这只是我个人的意见），女孩子不应该先给男孩打电话——至少在双方关系明确下来之前不应如此。采取主动的应该是男孩——安排约会的时间地点，向女孩提出邀请等。教导你的儿子主动给女士开门，上餐馆时帮助她把衣服挂好，或是在入座前帮忙放好椅子。到女孩家里去接她的时候，他应该走下汽车，主动上前敲门，而不是按喇叭叫人。你还要教他，在正式的场合，当一位女士离开房间或座位，或当她回来时，他应主动起立。这是向对方显示尊重的方式。如果他对待她像公主一样，那么她也会对待他像王子一样。这是一个伟大的计划。

要积极对青少年进行禁欲教育，就像你教育他们不要吸毒、酗酒、做其他有害的事情一样。这些你当然能够做到！年轻人完全有能力理解，不负责任的性行为对他们自己并没有好处，它会导致疾病、非计划怀孕、被人拒绝，等等。今天在很多情况下，人们没有把这类情况告诉青少年。父母对性的问题感到难为情，而且，我觉得有必要指出，我们常常不愿意面对这一问题。这就造成了一种真空，给了那些提倡性自由的人们说话的机会。“你早晚会发生性行为的，那为什么不及时行乐呢？”这传递的是一个多么有害的信息。疱疹类病毒及其他通过性行为传播的疾病之所以在人群中迅速蔓延传播开来，校园里未婚先孕的现象之所以如此泛滥，原因就在这里。尽管性自由产生如此可怕的社会后果，但对那些由欲望驱动、正在寻求婚前性行为合理化的年轻人来说，这正好给他们提供了藉口。他们被告知，只要采用了正确的措施，“安全性行为”是可以的。作为父亲的你在家里必须对这一类说法予以驳斥。对你的儿子说，当一个人的生活是不道德的时候，是没有什么安全可言的——无处可藏！要一再提醒他们，强调那些违背了道德法则的人不仅损害他自己，而且也伤害了女性、欺骗了那个她将来想与之结婚的男人。告诉他们，不要拿任何不属于自己的东西——尤其是女人的贞洁。

同样，你要对你的儿子说，性行为本质上是“渐进性的”。亲吻和抚摸最终会导致更进一步的亲密行为。这是人的天性。如果男孩子决心做到遵守道德规范，那他们就必须在恋爱关系初期减少身体的过度接触。告诉他们，这就好比没有准备好开车上路的时候，就不要发动引擎。最后，要对他们明确指出，持守性道德不仅是正确的、合理的，它也是通向健康婚姻和家庭生活的关键。

根据孩子的年龄和成熟状况，及早开始这样的谈话。把这些教育内容计划好，随着孩子年龄的增长慢慢展开。你有没有听到过，成年男人带着确信的口气说“我父亲总是这么告诉我……”？这是因为，在儿童时代强调的东西往往会在人的脑海里永远留存，即使他们有时似乎并没有把这些话“挂在胸前”。总而言之，这样一类具体的叮嘱体现出你对孩子负责，显示你对儿子走向成年男人道路的肯定、承认和祝福。

如我所说过的，我必须承认，我提出的有些建议听起来好像老调重弹。但我觉得它们仍是我们应该遵循的，有助于两性之间的和谐关系，会给那些终将结为夫妇的人带来奖赏。迈克尔·古利安博士（Dr. Michael Gurian）说得好："每当你养育了一个有爱心的、聪明的、有责任心的男人，你也就在为女人创造一个更美好的世界。（今天的）女人不得不与'大男孩'相处，那些男孩子没有充分成长为男人，不懂得怎样去和（女人）互动，不知道他们对人类的责任是什么，而且没有强烈的服务意识。"[5] 今天的父亲有机会改变这种状况。

我知道我在本章提出的想法和建议，对我们成为"超级爸爸"添加了巨大的压力，但这就是生活。我在我们孩子小的时候也有这样的感觉。坦率地说，抚养孩子对雪莉和我来说是一种可怕的责任。我们知道我们也是能力不足的，而且没有人能够保证这一任务的结果一定会达到目标。因此我们开始时经常祈祷，祝愿孩子灵性健康。

然后我们在家里竭尽全力去做。看上去我们做得不错。今天我们的两个孩子在各方面都很好。这大部分要归功于雪莉，不过我也尽了自己的一份力。幸运的是，父母并不是必须样样做得都完美，才能把正确的价值观传递给下一代的。

问题与回答

我13岁的儿子已完全进入青春期。我怀疑他在独处时可能会自慰，但我不知道该怎么开口跟他谈。我应该对此表示关注吗？如果是这样的话，我该对他说什么呢？

我不认为你应该去干预他个人的隐秘世界，除非有特殊的情况表明你不得不这样做。我给出这样的劝告时也意识到，自慰是一个相当有争议的问题。同时希望你明白，有些研究《圣经》的学者和牧师会对我的看法表示不同意的。

首先，让我们从医学的观点来考虑自慰行为。我们不用担心这些。可以这样说，没有科学的证据表明这一行为对身体是有害的。尽管过去曾给过青年人各种严肃的警告，但它并没有引起人的失明、体弱、智力低下，或其他身体健康问题。要真是这样的话，那么所有的男性和约半数女性就都会变成瞎眼、体弱、头脑简单、疾病缠身了。95%~98% 的男孩都有过这一行为，其余 5% 的据称也是出于不敢承认。女孩中百分比较小，但仍有相当多的人也有此类行为，它被称为“自慰”，或更难听的“自我虐待”。

至于自慰的情感后果，只有四种情形值得我们引起关注。第一种情形是与个人无法摆脱的压迫性犯罪感相联系时。这种罪疚感有可能引起相当的心理和精神伤害。在“内疚意识”下做出此类行为的男孩和女孩可能到后来会相信，他们不再被爱了，他们会一千次带着诚意保证，不再去进行这一“卑劣的”事。然而过了一两个星期，或许是几个月后，由于荷尔蒙的压力逐渐积聚起来，几乎在每一个清醒的时刻都困扰于性欲。到最后，在某一个虚弱的时刻（我确实指某一刻），它又发生了。那怎么办呢，我的朋友？告诉我，一个年轻人在向上帝说了一千次的誓言后该说些什么话？

第二种情形是当自慰变得过分频繁而可能产生有害的影响时，这个更容易发生在“吃过禁果”之后。我相信，防止这种强迫性反应的最好办法是成年人不要去有意强调或谴责它。无论你做什么，你是不可能阻止青少年的自慰行为的。这是确定无疑的。你只会把它赶到黑暗中去——或是被子底下。没有什么真正的“药方”。冷水浴、各种体育活动、各式各样的活动、可怕的威胁都是没有效果的。压制这一行为的做法是一种必定会失败的战争——那为什么还要去发动它呢？

第三种情形是我们应该关心的情形，即当年轻人迷上色情内容时。今天青少年能接触到的色情内容有可能会捕获一个男孩的心，甚至影响他的一生。如果确有证据表明自己的儿子或女儿滑到了这样一条道路上的话，父母应该予以干涉。我将在下一章对这一危险展开讨论。

我们对自慰应表示关心的第四种情形指向的不是青少年而是成年人。这一习惯有可能在结婚以后继续存在，并成为丈夫和妻子之间健康的性关系的替代行为。我相信，这就是婚姻双方不应该互相剥夺或“骗取”时说的意思。保罗还写道：“夫妻不可彼此亏负，除非两相情愿，暂时分房，为要专心祷告方可：以后仍要同房，免得撒旦趁着你们情不自禁，引诱你们。”

作为父亲的你该就这一问题对你 13 岁的儿子说什么呢？我的劝告是，在青春期来临以后什么都别说。你这样做只会引起窘迫和不安。对那些年龄更小一些的孩子，比较明智的做法是把自慰这一题目放在我另外推荐的“为青春期做准备”

的谈话中。我建议，父母同 12 岁或 13 岁的男孩谈话，其方式可以与我的父母与我谈这一问题时一样，说得笼统一些。我们那次就在车上，我爸爸说："吉姆，我小时候，为自慰的事儿很担心。我真的觉得它很可怕，我觉得会受到谴责，因为我无法控制自己。因此我告诉你，我希望你在十几岁以后不会觉得有这样做的需要；但是如果你做了的话，你不必为它过分担心。"

那天晚上我父亲在车上对我说的话显示了多大的同情心啊。他是位很保守的牧师，直到他死，他一直坚持自己信守的道德准则。他对《圣经》的原则和诫命的态度就像岩石一般坚定。然而他对我是如此关心，从我的角度出发来消除那种犯罪感。我父母教给我的这种"理智"的信仰，是我从来没有觉得要去反抗我父母权威的主要原因之一。

这些是我的看法，它们可能有些参考价值。我知道我的建议会使有些人激怒并愤慨。如果你是其中的一位，请原谅我。我只能提供我能够提供的最好的答案。我相信在这一点上我是对的。

我儿子刚进大学学习，看上去他找到了一位他喜欢的姑娘。他圣诞节时回到家里，我们一起谈了他想建立家庭的事儿。但是，他对威胁着每一对新婚夫妇的高离婚率表示担心，他问我怎样才能降低在他和未来的妻子身上发生这类情况的可能性。你在这方面有什么建议吗？

对这个问题的回答可以有几百种，我下面提供的这一建议如果能够有效，我就觉得很满足了。你需要向你儿子解释女人和男人有怎样的差别，这样的差异对他的婚姻会有怎样的影响。我们可以用"不同的预期"来说明为什么许多男人在结婚时抱有的想法是错误的，他们以为妻子会成为其啦啦队长，她们会照顾好孩子，而且不会要求什么回报。他们认为，自己最大的、或许是唯一的责任是挣钱，是在事业上取得成功，哪怕它需要自己每天工作 12 个小时。女人的假设则是，她们的婚姻将是一次奇妙的浪漫经历，她们期待的是灯光烛影下的晚餐、雨中漫步、夜晚推心置腹的交谈。这些期望都是幻想，在磕磕碰碰几年以后最后将发生冲突。工作狂男人和灰姑娘女人常常互相毁灭。我一再看到这样的情形发生在我学医的同学身上，他们刚开始接受培训时所拥有的热情为自己的配偶所共享，但到第三年时，妻子（我们假设学生是个男人）开始意识到，她丈夫有了一个“情人”。这个“情人”不是另一个女人，而是他与医学开始了一场毕生的恋爱，而且，在他们今后共同生活的岁月里，他会一直为其所迷恋，痴心不改。当这样一个现实降临时，他们的离婚就为期不远了，一般就会发生在研究生高年级时。

我强烈要求父亲告诉他们处于青春期或大学期间的儿子，女孩子终归是不可救药的浪漫分子，对丈夫来说，仅仅在事业上取得成功是不够的。这在过去的几十年里我们已经看到够多的案例了。今天，我们期望丈夫们做得更好。如果他们希望婚姻牢固、家庭生活完美的话，他们就必须为保持婚姻关系留出时间和精力来，经常与妻子聊聊，把对方作为自己的心上人。

这是我给每一对已订婚的青年男女或者是新结婚的夫妇的一个忠告。简单理解这些“不同的预期”，可以令许多人避免今后离婚的痛苦。我想你应该让你的儿子明白这一点。

第 7 章

母亲与儿子

BRINGING UP BOYS

BRINGING UP
BOYS

好吧，妈妈们，现在轮到你们了，让我们来谈谈做男孩意味着什么，也谈谈你怎样与男孩建立好的关系。我对那些有幸被称为母亲的人抱有最崇高的敬意和钦佩。人类的经验中，在完成日常事务所需要的技巧和智慧方面，很少有职业能比得上做母亲这个行当。她必须是个住院心理医生、内科医生、教育家、护士、厨师、出租车司机、救火队长，有时还得当警官。而且，即使她在以上每一项责任上都取得成功，第二天她还得重新再来一遍。

要想理解一位年轻母亲所生活的世界，我们的男性读者或许需要和她们中的某一位一起，在某一天早晨来到儿科医生办公室。她膝上坐着一个发烧的烦躁的幼儿，在那里坐着等了45分钟，最后母亲和幼儿被带到了检查室。医生给患儿做了检查，然后板着脸对母亲说道："一定要让他静躺四五天，别让他去抓身上的皮疹。一定要让他把药都吃下去，你还要注意观察他的大便。"

"好的，我会做的，医生！还有别的建议吗？"

"还有，这种病有高度传染性，别让其他4个孩子靠近他，一个星期以后再来这儿。"

最令人惊奇的是，她们中的大多数都会把这一切完成好，而且她们是带着爱心，心甘情愿去做的。她们在这些方面都很在行，而且她们有一种对孩子的热忱。她们中的大多数愿意为保护自己所照料的孩子而奉献出生命。但是，尽管这样，有许多女性还是承认，抚养男孩对她们来说是一种特别的挑战。如我们在前面提到的，她们都记得做一个穿花边裙的小姑娘是什么感觉，但是她们对自己儿子的感觉、思想和行为只有模糊的概念。男孩常常把什么都弄得一团糟，喜欢戏弄兄弟姐妹，在屋子里赛跑，对要求他完成的每件事都会反抗一番。

我的一位同事提姆·欧文博士（Dr. Tim Irwin）介绍过他的观察：那些没有和兄弟一起长大的女人，常常对男孩的生理状况——对他们发出的声音、气味和模样等——感到震惊和奇怪。有的承认，她们对怎样和他们打交道完全"没有感觉"。一个很实用的建议是，帮助男孩子释放他们身上过多的能量，方法是让他们加入各项活动，包括打闹、大笑、奔跑、翻筋斗、吼叫等。足球、空手道、橄榄球也是其中的几项。母亲还需要做些安排，好让男孩的小脑袋和两只手总有事做。这一切都符合他们的兴趣。提到精力充沛的学步期孩子，我父亲曾经这样说："如果你让那个孩子感到很无聊，那么接下来他对你所做的一切，你都该承受。"有一次雪莉的父亲替我们看孩子，一个星期后，他带着南达科他州的口音感慨道："唉，这些孩子啊，你只能把他们放在外面。"说得没错！

我可以肯定，你已经注意到了男孩们的另一个特点。他们在大多数时间里根本不听你的。他们有一种非凡的能力，对那些不符合他们兴趣的事儿，会自动过滤。男人也差不多。我的妻子就弄不明白，我怎么能够一边在书房里听着闹哄哄的橄榄球比赛实况转播，一边著书立说，包括这本书。其实我并没有同时在看比赛和写东西，我会在脑子里把那声音关掉，在我想要去听的时候再把它打开，例如当屏幕重放精彩镜头的时候。在看了一会儿以后，我又回到我手头做的事上。这种"才能"把女人们给逼疯了。她们的丈夫可以在读一份办公室报告的时候，对旁边人说的话一句都听不见。一位沮丧的妻子在丈夫读的报纸下面点燃了一根火柴，可是直到火焰快蹿到他脸上才引起他的注意。她说，另一个能唤起他注意力的方法，恐怕就是赤裸着身体在餐厅的桌子上跳舞了。我甚至怀疑这样做是否奏效。

男孩也有同样的本事忽略他们的母亲，他们有时确实是听不到你说话。我建议作为母亲的你，如果想引起他们注意的话，就要走过去碰他们一下。在他们转过来望着你时，简单干脆地说清楚你要表达的。我在后面还要谈谈和男孩的沟通问题，但是现在我想谈的是男孩每个发展阶段的里程碑，先从出生谈起。

我们在前几章讨论了父亲在男孩早期发展中的重要作用，母亲也是同样的。"母婴联结"对母子关系（无论男孩女孩）的重要性，再怎么强调都不为过。这种联结关系的质量会对人的一生带来影响，甚至可以决定人的生死存亡。哈佛医学院的研究人员玛丽·卡尔森（Mary Carlson）最近对一家极为拥挤的罗马尼亚孤儿院进行了调查研究。在那里，婴儿一排排地躺在童床上，几乎没有人关心。护理人员超负荷工作，因此很少有人会去抱抱孩子，甚至是给他们喂食的时候。最使卡尔森触动的是，保育室里一片令人窒息的寂静。没有孩子哭叫，没有咿呀学语声，甚至没有呜咽声。在对 2 岁幼儿进行体检时，卡尔森发现，他们的血液里有一种含量很高的叫作"皮质醇"的压抑荷尔蒙，这么高含量的皮质醇对大脑是有破坏作用的（我们在第 4 章也提到过这一现象）。生长受到阻碍，儿童的行为水平只达到他们同龄人的一半。[1] 即使他们得以生存下去，他们也不会得到完全恢复。

如果母子关系脆弱，会有什么影响呢？哈佛大学对这一问题进行了研究。研究人员发现，早期的联结是极为重要的，它甚至和 40 年或 50 年以后的身体健康状况都有关系。令人难以置信的是，报告指出那些小时候和母亲没有密切关系的大学生当中，有 91% 到中年时分别患了动脉硬化、高血压、十二指肠溃疡等疾病，或是染上酗酒的习惯。而记得母爱的温暖、与母亲关系密切的男人当中，只有 45% 患有同样的疾病。更令人惊奇的是，父母表现冷漠、不关心孩子的受调查者中，100% 都在中年时患有各种疾病。总之，早期和母亲关系的质量对人一生的心理和身体健康是一种先导条件。若某些需要在婴儿期不能得到满足，那么在今后的人生道路上，就可能潜伏着麻烦和障碍。[2]

由于婴儿是这么脆弱，或许你们就可以理解为什么我坚持反对把婴儿放在日托机构，除非实在别无选择。在面对经常更换的照料人员时，婴儿可能显得没有什么特别，但是他们原本应该与父母建立情感联系，在父母的怀抱之中得到安全健康的发展。在过去五千多年来，这样的做法几乎从未受到什么挑战，但是今天的许多女性觉得，她们在孩子出生后不久除了尽早回到工作岗位之外别无选择。如果你是其中之一员的话，请允许我带着同情心和尊重的态度说，我理解你面临的经济和情感压力。如果不是真的走投无路，对年轻母亲来说，我要强烈建议，请你不要把自己的婴儿交给儿童护理人员，她们中的很多人工资收入很低，没有接受过培训，是不可能像你那样充满爱心地对待婴儿的。

我对这一问题的看法是以确切的数据为依据的。美国儿童健康和人类的发展研究院在这一问题上进行了迄今为止最为全面的研究，他们对美国十大儿童护理中心中的 1100 位母亲和孩子作了评估，孩子的年龄分别为 6 个月、15 个月、24 个月和 36 个月。《今日美国》（*USA Today*）刊登了初步的调查结果："全职工作的母亲担心，如果她们把自己的婴儿和学步孩子请别人来护理照料的话，她们与孩子的关系就会受到影响。来自联邦政府的消息指出，她们的担心是有道理的。在幼儿的最初 3 年里，他们在托儿机构待的时间越长，母亲和孩子的积极相互作用就会越少。”[3]初步的发现证实，让年龄幼小的孩子待在日托机构里，这意味着母亲与儿童交流的减少，而且孩子还可能减少对母亲的积极回应。换言之，母亲和孩子之间的联结会在某种程度上受到过早的日托体验的消极影响，尤其是母亲本来就没有婴儿那样敏感。

上面报告的数据是在研究尚未结束时公布的，在该项目于2001年完成时，研究人员宣布了更为令人不安的发现。他们指出，大部分时间在儿童护理机构度过的孩子与主要由母亲照料的孩子相比，在幼儿园出现行为问题的人数要多3倍。这些结果是以母亲、照料孩子的人员和幼儿园老师打出的分数为基础的。儿童在护理机构待的时间，与其攻击倾向、对抗和不服从等行为特征之间有直接的正相关性。他们在外面的托儿机构待的时间越长，行为问题就越多。该项目的主要调查人员之一杰伊·贝尔斯基博士（Dr. Jay Belsky）指出，一星期内在托儿机构待了超过30个小时以上的幼儿的表现是：“更为苛求、更不听话、更具攻击性。他们在以下方面得分更高，如打架、残酷行为、欺侮人、自私卑劣，以及说话多、提出的要求必须马上予以满足等。”[4]这对目前在美国的儿童护理机构的1300万学前儿童，包括600万婴儿和学步幼儿来说不是好消息。

这一研究的结果公布以后，在持自由主义观点的人们当中引起了轩然大波，他们多年来一直告诉我们，孩子在儿童护理中心发展会更好。他们对这一研究的方法进行了攻击，声称其研究结果是无效的。其他人则要求联邦政府为高质量的儿童护理项目提供更多的经费。他们认为提供更高质量的日托机构就是解决办法，而那些不得不依靠这类机构的父母们，也没有对此表示怀疑。但是，我倒有一个更好的想法——为什么不减少对父母的税收呢？这样的话，母亲就可以从事她们最需要去做的事情，即在家里和孩子待在一起。

在“公共议程”（Public Agenda）组织进行的一项研究中，5岁以下儿童的母亲有70%想离开工作岗位，71%的母亲称送孩子日托是“不得已”的选择。当问及什么样的儿童护理做法对幼儿来说是最好的时候，70%的母亲称至少一位家长留在家里是可取的方案，14%的母亲认为，夫妻俩上班时间能交错开最好，6%的母亲宁愿选择请一位亲戚来帮忙，只有6%的母亲认为最好的选择是一个高质量的日托中心。[5]“公共议程”组织的负责人德博拉·沃兹沃思（Deborah

Wadsworth）说："在提到把孩子交给一个她们不认识的成人去照看时，母亲们都充满了焦虑。"[6]

这对公共政策来说意味着什么呢？请让我再说一遍。美国国会应该为那些选择待在家里照顾孩子的母亲（或父亲）提供减税和其他经济奖励的措施。为什么他们到现在还没这样做呢？因为他们想从有两份收入的家庭多征些税，也因为他们被那些女权主义分子和其他持相近观点的人说服，让政策有利于就业的母亲。是时候应该让天平保持平衡了。我并不是对那些竭力去完成所谓"双重责任"工作的母亲没有同情心，她们也需要得到我们的爱和尊重。许多职场母亲之所以成为劳动者中的一员，是因为她们在经济上没有其他选择。

在我们的老大两岁时，我正在南加州大学完成我的博士学位论文，家里的每一美元都用在我的学费和相关开支上。尽管我们在丹妮小的时候不打算让雪莉去工作，但是我们没有别的选择。雪莉到学校去教课，我们的小姑娘每天早上被送到日托中心去。一天我们到那里时，丹妮开始止不住地哭起来："不！不！不！爸爸！"她这样对我说。在我抱着她向门口走去时，她紧紧抱住我的头颈，乞求我别离开。这个年龄的孩子一般都不喜欢和父母分开，但这一回情形有些不同。丹妮的眼睛里有一种恐惧的神色，我怀疑她上次来时一定碰到了使她极为不安的事。我只能去想象发生了什么情况。我抱着孩子转过身走向汽车，当只有我们两个人时，我说："丹妮，我保证你再也不用去那里了。"后来她确实没有再被送去那里。

雪莉和我讨论了怎样信守我们的承诺，我们最后决定出售并"吃掉"我们拥有的两辆大众汽车中的一辆，这样她就可以在家里待上一年来照料我们的孩子。当那笔钱用得差不多的时候，我已从学校毕业，我有条件让雪莉当上一位全职母亲。并不是每个人都具有我们这样的条件，而且当然，有数百万的单身父母没有别的选择。如果情况是这样的话，那你就在你有限的条件下作最优化的选择。如果哪一个亲戚或朋友可以在白天为你带孩子，同等情况下，也比送到日托的儿童护理机构要好得多。孩子需要的是，他与白天的看护人之间有一种连续性的关系。

关于婴儿和早期儿童发展所需的基本保障，许多研究得出的观点是一致的。婴儿有几种基本的情感需要：包括抚摸、沟通、持久关注、保育和安抚等。对今天许多孩子受到虐待、无人关心、他们的需要被人忽视的现象，我感到痛心。生活中没有比不被关爱的孩子或是感觉到自己不被关爱的孩子更悲伤的了。有时我真希望婴儿出生时头颈上挂着这样一块牌子，上面写着："小心！请小心对待我！请爱我。请保护我！在你的心中给我留个位置。"

尽管早期的母亲与儿童的联结是这样重要，但有一点是不同寻常的——从15个月大到36个月大这个期间，男孩开始和他们的母亲的关系拉开距离。比起女孩来，男孩在这时开始变得"消极"了，开始抵制任何试图把他们围起来或是管住的做法。他们对什么都说"不"，甚至对自己喜欢的东西都是这样。叫他们名字时他们会跑开，睡觉时会大喊大叫，他们通常对父亲的回应相对积极，但也不是很积极。无论你信不信，这对母亲来说都是个机会。她必须在学步期这些欢快而又充满挑战的日子负起管理的责任，管教的任务完全留给爸爸是不够的。对母亲的权威和权柄的尊重就是在这一阶段扎下根来的，失去这个机会以后要重建是很困难的。要记住，男孩绝对需要有人监督。他们还确确实实需要"文明礼貌"教育。没有坚定而又充满爱心的带领的话，他们往往可能向自私和带有破坏性的方向发展，这将对男孩自己和家庭其他成员带来危害。我们在第16章对管教问题还将进行更详细的讨论。

在这一分离和分化阶段，母亲要注意哪些方面呢？有一点是，母亲不要因为男孩的吸引力转向父亲而产生被拒绝和受创伤的想法。要记住，这些行为不是针对个人的，男孩的遗传因素决定了他会作出这样的反应。我记得我3岁时被母亲拥抱和亲吻有那么一种难为情的感觉。有一天我对她说我觉得这样有点"傻"。她的反应很智慧。她说："我也这样觉得。"我想要、也需要她的爱，但是我已经开始感觉到，不知什么将自己往父亲一边拉去。尽管大多数孩子还未能明确说出这种感觉，但这种情形的出现是健康的，男人的气质就是由此而形成的。母亲在儿子对这方面的需要最强烈时应鼓励丈夫和儿子在一起。把本书的这一节给你的丈夫看，尽管他们可能不会去看其他部分。男人在刚做父亲的那几年里往往是非常繁忙的，他们的头脑都集中在其他方面。在旁边轻轻推一下、提醒他就好，这比批评他、使他充满负罪感要好得多。

随着时间的流逝，男孩的性意识会变得越来越明显。不要认为他们是没有性意识的，即使在他们很小的时候。有的学步期、学龄前儿童会用手触碰或抚摸他们的生殖器，称之为自慰是不准确的。这使他们的母亲感到难为情和担心，但是它对儿童的发展和道德意识并没有什么影响。这只是表明男孩发现了“感觉很好的地方”。可以告诉孩子，触摸自己的身体有适当和不适当之分，但是在他做出此类行为时不应予以羞辱和惩罚。

在我 5 岁时，有一天夜里我和我的大姨一起躺在床上。她年纪已经很大了，平时思想比较古板。我快睡着了，这时她在看一本书。突然，她惊叫一声：“你在被子里面干什么？”相信我，我在被子里什么都没干。我甚至不知道在被子里能有什么事可干。我现在回想起那一刻都感到好笑，但当时她把我给搞蒙了。我不明白她担心的是什么。请你不要对你的男孩犯同样的错误。

男孩在比较小的时候，有时对女人和女孩会进行胡乱的猜想，他们想的并不是性交。他们当中很少有人懂得这些，但是他们常常对女性的裸体或其他与性相关的形象有某种模糊的想法。这是男性体验的一部分。

有人告诉我，一位母亲和她 7 岁的孩子一起在车上，突然，孩子开始问起了各种和性相关的问题。他想要母亲告诉他关于婴儿以及婴儿出生的具体情况。母亲对此有些无所适从，因为她觉得这类问题应该还有两三年的时间才会被提起。但是现在这类问题就摆在她面前，她无法回避了。她对自己说，好吧，那就让我们一起面对吧。她把一切都告诉了孩子。在她说的时候，孩子坐在那里，眼睛望着前方，一片茫然。在她讲完以后，男孩摇下车窗，然后把头伸了出去。他说：“哎……哎……哟，我都快要呕吐了，我不想记住这样的内容！”几个星期以后，在他的堂弟出生时，他告诉了自己的小弟弟小孩子是怎么来的。但是他还是不怎么明白。他说：“妈妈和爸爸，必须做那刺激的事儿。”①

10 岁对大多数男孩来说是讨人喜欢的时期。有人把这段时间称之为“天使”阶段，这时候的男孩最愿意合作，也最听话。过了这段时间就大大地不一样了。到 11 岁时，男孩一般会变得容易烦躁、喜欢争吵。他可能会惹母亲生气、戏弄自己的弟弟妹妹、一步步地拓宽对他的限制范围。这表明睾丸素在增加，青春期的剧变即将来到。然后进入 12 岁和 13 岁。在以后的 3 年里，那可是“守住你的

① 英文“spur”（刺激）和“spurm”（精子）发音相似。

家园的时候"！

已故的咨询顾问和作家琼·勒什（Jean Lush）曾在几年前作为嘉宾出席我主持的"爱家"广播节目，我们讨论了母亲和儿子这一题目。关于青春期早期，她当时是这样说的：

从我提供的咨询和我自己的阅读体会来说，我可以说……哎，我的天，13 岁可是个困难的年头。我来给你举一个我们家的例子。一位母亲注意到儿子情绪低落，就说道："嗨，你过来看看这些相片，帮我挑选一张我在圣诞节要用的。这些都是我的照片。"男孩走了过来说："这些照片我都不喜欢。你呼出的气有味儿。我到自己的屋里去了。"母亲说："啊，我的心都被刺痛了。"但是 2 小时以后，儿子走了出来说："我爱你，妈妈。"他吻了妈妈，然后去睡了。13 岁男孩大多是这样的。这个年龄的男孩常常显得很粗鲁，会刺伤人。他会对着父母尖叫，把门关得砰砰响，情绪波动很大。但是突然之间，他又会摆脱这一切，成了家庭中可爱的一员。十三四岁的男孩有时真是很难捉摸。

还有一个说法。小男孩获得他的男性气质时，几乎是"牺牲了母亲"。别忘了这一点。他不仅仅"牺牲"了她，而且是慢慢地把她给"气死"的。让我来解释一下。我想许多小男孩对未来成为男人心存惧怕。当然，并不是人人都是这样的。有的平稳过渡，但有的会焦急地问："我会成为一个好男人吗？"在这种情况下，母亲挡了他的道。如果她距离太近的话，孩子会感到自己被她吞噬了。毕竟她是个女人，母亲站在了他和他将要成为的那个男人之间。那些挣扎最激烈的男孩有时就是那些和母亲关系最密切的孩子。他们做些什么才能把她请出去呢？他们不得不"牺牲掉她"。"牺牲掉她"的一个案例就是那个说"你呼出的气有味儿"的小男孩。这是他建立自己男性气质的方式。这一过程对母亲来说是很难受的，她感到遭受了儿子的拒绝和伤害，但是这样一个过渡期是她们不得不忍耐的。那些突然经历儿子转变过程的母亲，她们往往会这样问自己："我什么地方做错了？我不知道该怎么办？这孩子变成了个小暴君。"我说，停一停吧。好的日子会来临的。[7]

但是，如果好日子没来怎么办呢？如果一个孩子在青春期的态度越变越坏，怎么办呢？我知道这样的情况在你的一个或几个孩子身上发生过，或总会发生的。它是受荷尔蒙的分泌影响的，即使在最有规矩的家庭里也会出现。当孩子身上出现敌意或反抗的现象时，你怎样才能阻止你的儿子（或女儿）大发脾气？怎样才能阻止他们做出愚蠢的举动来呢？我在其他书中讨论过这个问题，在这里还想介绍一下我最近的发现。美国青少年健康纵向研究组织对11572名青少年作了调查，以确定哪些因素对暴力行动、自杀、滥用毒品、早期性行为、青少年怀孕等有害行为有预防作用。研究人员发现，每天有4段时间中父母的在场是很有作用的——早晨、放学以后、晚餐时间以及就寝时间。当父母和孩子之间定时的接触与其他活动结合起来时，可以取得最为积极的效果。研究人员还观察到，那些感觉到和父母一直有沟通互动（温暖、爱心和关心的感觉）的青少年，他们犯错误的可能性最低。[8]

有些读者可能会问："我怎么可能在早晨、中午和晚上都和孩子在一起呢？我要做的事太多了。"这个嘛，要由你来决定这个时期到底什么最重要。青春期之后的几年你是否与孩子待在一起不会对孩子产生特别大的影响，但是现阶段是否能有时间和孩子在一起，会对你的孩子产生很大影响，其差别近乎生存和跳崖之间。

在我16岁时，我的父母也碰到同样的困难选择。我爸爸是一名传道者，很多时候都不在家，而我母亲则和我一起在家。在青春期那段时间里，我开始跟我母亲发脾气。我没有那种完全的悖逆，但是我确确实实有过那种倾向。我永远忘不了那个晚上，我妈妈跟我爸爸打电话。我听见她说："我需要你。"使我惊奇的是，我爸爸立即取消了4年的工作计划，把我们住的房子卖了，搬到南边11千米远的一个地方去当牧师，这样他就可以和我住在一起，一直到中学毕业。这对他来说是个巨大的牺牲，他在事业上从此一直没有更大的发展，但是他和妈妈都觉得，我的健康成长比起他们眼前的工作来说更为重要。在那几个年头里，我本来有可能遇到更严重的麻烦，但是父亲就在我身边。今天，我如往常一样，又一次满怀敬意谈到我的父母，其中的原因之一就是，在我走向崩溃的边缘时，他们关心我胜过其他。你会为你的孩子作出同样的牺牲吗？

你或许不需要在你的生活方式上作出这么巨大的改变，有时候解决的办法很简单。辛辛那提儿童医院中心的布莱克·鲍登博士（Dr. Black Bowden）和他的同事进行的一项研究，调查了 527 名青少年，了解他们的家庭、生活方式与心理健康和心理调整之间的关系。他们的观察再一次显示，那些父母与孩子每周有 5 次以上一起晚餐的青少年，吸毒、情绪抑郁或违法的可能性要低很多。他们大多数在学校里表现较好，和一些积极相互帮助的朋友在一起。即使不是经常一起在家里进餐，到快餐店就餐的家庭也有同样的效果。相反地，那些调节比较差的青少年，其父母和他们一起吃晚饭的次数每周只有 3 次，甚至更少。[9]

前面介绍的这两项研究得出的结论基本相同，这不是很有趣吗？父母的关心和参与是孩子成功经受青春期暴风雨考验的关键。下面介绍另一个对年龄更小一些的儿童进行的调查，哈佛大学教育学院教授凯瑟琳·斯诺博士（Dr. Catherine Snow）在长达 8 年的时间里对 65 个家庭进行了追踪调查。她发现，晚餐时间比起游戏时间、学校时间和讲故事时间来，对孩子发展更有价值。[10] 显然，“擘饼”（一起吃饭）的过程中蕴含着某种特别的力量。

这些发现意味着什么？一家人坐下来一起进餐，这之中有什么神秘因素吗？没有。相信这一点的父母是会失望的。鲍登的研究显示的是，家庭关系对青少年来说是重要的。当父母为孩子留出时间，当他们几乎每天都安排时间跟孩子交流沟通（此例是指在就餐过程中），他们的孩子在学校里和生活中就会做得更好。结论是什么？那就是，家庭给儿童和青少年带来了稳定安全感和心理健康。

尽管有这样明显的证据支持家庭共餐的做法，令人遗憾的是，只有 1/3 的美国家庭在大多数晚上会共进晚餐。我们在速食文化以及快节奏中生活，工作从四面八方向我们压过来，逼得我们在“奔波”之中吃饭。有些人在车上或办公室进餐的次数比在家里还要多，有时一边驾车一边啃着汉堡包或卷饼。幸运的是，我们有可能改变这一趋势。只要有决心有计划，我们就可以一天一次或两天一次家庭成员互相沟通。最重要的方面不是桌上摆的食物——我们可以自己烹调，也可以点外卖。重要的是，我们经常需要刻意安排出时间坐下来，大家方便交流沟通。

全家共餐可以成为家庭传统的一个中心点，强化每个成员的身份以及互相之间的亲密关系。我再来举一个我家的例子，我们在各个节日挑选各种不同的食品。

感恩节和圣诞节是火鸡，新年是红豆和火腿，复活节是熏火腿，美国独立日是野餐汉堡包（用火鸡做），圣诞前夕则是中国菜（别问我为什么要这样安排）。不同的传统节日有不同的内容特征，其意义远不止于挑选不同的食物。我们家里人人都盼望着这些节日的到来，在这样的日子里，家里总是充满了欢乐的笑声和自由愉快的气氛。孩子们喜欢每年举行的这些活动，这些活动把他们与父母联结起来。我希望，你们家也有相似的传统做法。

你的男孩越是感觉到自己归属于一个充满爱心和快乐的集体，就越不可能去反抗家庭。我这么说不是许诺，而是一种可能。

在我们的话题将要离开家里的餐桌时，我还想提及一个相关的健康问题。在我们谈论食物的重要性的时候，我们需要注意不要引起儿童肥胖症。哥伦比亚儿童医院在俄亥俄州进行的一项医学调查研究显示，今天的儿童体重增多了，比起15年前的儿童来，胆固醇和甘油三酯都要高得多。研究人员之一休·艾伦博士（Dr. Hugh Allens）指出："除非这类现象得到改变，否则，今天在美国的8000万儿童中，将有3000万最终死于心脏疾病。"[11] 这是一个多么可怕的预测啊。问题在于，今天高脂肪的食品代替了真正有营养的食品，而且即使享用健康食品，儿童因为没有足够的体育活动也未能消耗掉热量。在看电视、汽车出行、玩电脑游戏以及到比萨饼店大吃大喝等活动中，儿童不再像过去那样蹦蹦跳跳。因此，爸爸妈妈应该多和孩子一起游戏活动，诸如散步、骑车、捉迷藏或是远足。儿童正在形成他们将坚持一生的习惯，因此每天合理的饮食和体育活动将会对未来的健康产生很重要的作用。一旦你的孩子走上了健康、正确的道路，你就可以转过来，多注意活动活动自己的身体了。

好了，或许我在食物问题上花了过多的时间，但它是家庭生活的一个重要方面。我们将在下一章讨论母子关系的其他几个方面。

问题与回答

我不想承认自己不怎么尊重丈夫。他几乎没有取得过一点像样的成就，在家

里也没有威信。我曾想在家里不表现出对他的鄙视，但很难做到。如果我确实觉得他不值得我钦佩的话，我该怎么办呢？

我想你其实已经知道我的答案了，但是我还是想讲清楚。作为母亲，你对孩子和父亲之间的关系起着关键作用。如果你表现出对他作为男人的尊重，那么孩子就更有可能尊重和模仿他们的父亲。如果你认为他是个软弱无能者、智障者或失败者，那么他们的态度就会直接在父子关系的互动中体现出来。在我早期写的一本书中，我曾经复述过路易斯·雅布隆斯基（Lewis Yablonsky）写的一个故事，我觉得值得在这里重复一下，因为它对此形象地作了描述。这个故事出自他的《父与子》一书，写的是他那备受欺侮的父亲：

> 我至今还记得清清楚楚，我和两个兄弟、父亲和母亲坐在晚餐桌边，畏畏缩缩地听着我母亲骂我父亲。“你们瞧瞧他，”她用意第绪语在说，“他的肩都塌了下来，他是个失败者。他没有勇气去找个好一点的活儿，或是去多挣点钱来。他是个没指望的人。”他只是把眼睛盯着自己的盘子，从不去搭她的话。她从来没有说他好的地方，比如，他的执着不懈、埋头苦干。相反，她总是抓住他身上不足的地方，在他的三个儿子面前描绘出一个不知进取的男人形象，这个男人被他无法控制的世界压得喘不过气来。
>
> 父亲从不对母亲的唠叨指责还嘴，他的态度传递给儿子们的信息是，似乎那些指责都是有道理的。我母亲对我父亲的态度以及我父亲那副形象带给我的观念是：婚姻并不是什么幸福的事儿，或者说女人基本上没有人性。从我那受责备的父亲身上，我对自己担当起丈夫和父亲的角色没有任何动力。[12]

显然，雅布隆斯基的母亲严重损坏了父亲在孩子面前的形象，甚至使得他儿子不愿去走他的路。这就是一个女人在家里拥有的力量。从某种意义上讲，她成了孩子和他们的父亲之间的一个看门人。她可以帮助建立父子关系，她也可以把它破坏得无以修复。尤其是，男孩生来就有一种“像爸爸”的需要，但是，如果那个“老头子”看上去在家里是个处处受气的蠢货时，他们就会到别处去寻找“角色模型”。

我母亲在家里犯的过错是很少的，但在这方面有过一个大错误。这倒不是因为她不尊重我父亲，而是因为她在我刚出生时不许我爸爸来碰我。她从一开始就全面负责对我的照料，我是她的长子，也是唯一的儿子。她经历了十分危险的难产，好不容易才生下我。她喜欢当妈妈，全力以赴地投入看护我的工作中。她后来承认很后悔，在我小时候的那几年里，阻碍了我父亲和我之间建立联结关系。我妈妈弄得我爸爸觉得自己在育儿过程中一点作用都没有，为此她向他道歉。我长大的过程中，情况在发生变化，妈妈退让了。

总而言之，我希望你作为一位伟大的看门人，应促进孩子和他们父亲之间的接触和沟通。这对男孩来说尤其重要，因为他们会把父亲作为可效仿的榜样看待。

你提到说男孩和男人一般并不是天生的沟通交流者。“男孩”这个词确实是我生活中“男人”的写照！我有什么办法来使得他们之间互相交流、沟通呢?

每个家庭在家里至少需要一位高水平的交流者，看来你就是这样一个人。许多男孩有这样一种倾向，他们把自己遭受的挫折深深埋在心里，跟谁都不说，除非你主动引导他们说出来。有的孩子会自己缩回，把情感封闭起来。我希望你采取各种可能的手段,去了解你孩子的内心世界。交流沟通是目标,一切都有赖于它。

当家庭成员之间的联络崩溃时，他们就变得没有了组织，互相之间关系疏远了。要是丈夫和妻子之间不再说话，要是父母和儿子之间变得一片沉默，那他们之间就会产生误解和愤恨，互相之间建起了铁丝网，愤怒情绪占了上风。对许多家庭来说，这是家庭崩溃的开始。

我要向母亲们呼吁，你们应经常同你们的儿子（当然应该包括家庭的每位成员）说话。这一技巧是可以学会的。要经常努力使得交流沟通的渠道畅通无阻。要积极了解你的孩子和配偶在想些什么、有什么情绪。尤其要多注意你的孩子，因为他们很可能把各种各样的情绪都埋在了心里。当你意识到孩子正在发展一种封闭的感情时，要不失时机地尽快让这类隐蔽的情感表露出来。这是健康家庭生活的第一条原则。

我的生活中最为激动人心的事是：我把两个孩子带到了这个世界上，抚养他

们一天天长大。对我来说，很难理解那些仇恨母性、认为生养孩子浪费女人时间的人。还有什么比成为一个人的母亲更大的奖赏呢？

孩子是上帝的“赐福”，你的来信使我想起了我的一位医生朋友寄给我的信，那里面就谈到了这一点。他告诉我们，母性不仅仅是一种福气，而且是“神圣的”。我想你愿意读一下这封信，此信是 C.H. 麦戈文博士写来的：

亲爱的杜布森博士：

在我最近阅读奥古斯丁《忏悔录》时，我遇到了一个形容词：sacral（圣事的，骶骨的）。他用这个词来指某种 holy（圣洁的）或 sacred（神圣的）东西。作为一名医生，我们行业里的人都知道 sacrum 这个词指的是下脊骨或骨盆方位的一块骨头。我在想，是否有什么圣灵的影响或灵感加在那些给骨骼的各个部分命名的古代解剖学者身上。这引起我对神学和与这一块骨头相关的解剖学之间可能的联系作了一点研究。颇具天意的是，我相信，人类解剖学中关于女性生殖道的这一部分在拉丁语中竟被叫作 os sacrum，字面意思就是“圣洁的或神圣的骨头”。为什么古代的解剖学家（公元 400 年的加兰或 1543 年的维萨里）用这一特别的名称来命名这一块骨头呢？

词典告诉我们，sacred 这个词的意思是“属于上帝的，圣洁的，专门用于某一特别的目的，不受暴力或干涉的影响”。现在我们看到了 sacred 与 sacrum 的联系：它保卫着与出生通道连在一起的骨盆，这里是生命的发源地。这里有产生子宫中生命“种子”的器官，它们产生卵子，在与精子结合以后，躯体在子宫中发育，同样也位于骨盆中，从受孕的一刻起便保护着这一灵魂。

因此，骶骨是一块圣骨，它有着非常明确的目标。它给予在子宫内发育的婴儿以结构性的支持，这一行动随着婴儿的发育和体重的增加而显得越来越重要。

谢谢你，杜布森博士，谢谢你花费时间阅读此信。sacrum 这个词确实是神圣的。[13]

第 8 章

母亲不做“团团转的毛毛虫”

BRINGING UP BOYS

BRINGING UP
BOYS

伟大的法国博物学家让 - 亨利·法布尔曾对列队的毛毛虫（这样说是因为它们往往以统一的步伐前进）做过一次很有意思的实验。他将它们放在花盆的内壁，然后在它们转圈前进时仔细观察。在第 3 天快结束时，他在花盆的中间放了一些毛毛虫最爱吃的松子。但毛毛虫还是继续列队爬行了 4 天，队形依然没有散乱。最后，它们一个个都翻身倒地、饥饿而死，而此时距离它们梦寐以求的食物只有几英寸。[1]

这些毛茸茸的小虫使我想起了今天的某些母亲。她们中的很多人都是从早到晚，天天忙得团团转，疲惫不堪，筋疲力尽，却不知道到底该怎样才能将所有的事做完。很多人在辛勤持家，接送孩子，准备菜肴，打扫房子，在尽力设法维持婚姻、友情、家庭关系和信仰生活的同时，还从事着全职的工作。这实在是非常辛苦。令人伤心的是，这样一种我称之为“任务表恐慌”的过度疲劳、让人喘不过气来的生活方式，正是西方国家大多数妇女日常生活的特点。

你是否就是这样一个在无尽头的转圈里奔波不停、备受煎熬的女性呢？你是否发现，自己因为太忙而没有时间读一本好书，或者陪自己的丈夫好好散步，或让你的 3 岁孩子坐在自己的膝头讲故事给他听呢？你是否为了应付没完没了的任务表，而取消了每一次有意义的活动？你是否问过自己，到底为什么选择这样的生活？也许你问过，但这不是一个容易解决的问题。生活就好像一辆满载货物的火车，隆隆驶过城市，我们没有去控制速度——或者至少我们认为自己无法控制——因此，我们唯一的选择是下车。走下火车，让生活的节奏慢一些，这是非常困难的。旧的生活模式真的是很难替换。

上一次你的朋友不期而至来拜访你，是在什么时候？对很多人来说，这是太久远以前的事情了。曾几何时，一家人有一个约定俗成的活动——大家挤入一辆车，开车去某个朋友的家，整整一个下午，大家随便聊聊，享用着香蕉、乳酪、馅饼。这曾是我们生活中的一份小小的独特闲趣。

我永远都不会忘记，当我还是一个小孩时，听见敲门声就急匆匆跑去看是谁来了的那些时光。纱窗会打开一个小小的缝隙，然后一个熟悉的声音传进房间里来："有人在家吗？"妈妈会风风火火地倒上一壶咖啡，接着在下午的时光里我们会坐下来，和朋友东拉西扯——言之无物但又无所不谈。最后，朋友离别的时间到了，我们相互拥抱着说再见，请他们下回有时间再来玩。可悲的是，那样一种自然真挚的友情在今天这样快节奏的世界里很难再见到了。生活的繁忙和压力几乎完全破坏了以前家庭和朋友之间很常见的交往。我们很少——如果曾有过的话——不预先通知就去顺便走访朋友。而即使我们去了，他们也可能会为了陪我们而不得不取消一大堆约会。于是，我们便这样度过自己的日子。生活飞逝而过，匆忙地瞥一眼手表，却不明白我们为什么现在没有那么多亲密的朋友了。

雪莉和我前几年曾有幸和一位名叫珍妮（Jane）的80岁的老太太为邻，我们真的喜欢上她了。她看着我们来来往往，知道我们面临许多压力。珍妮一次次告诉雪莉说："宝贝儿，别忘了给朋友和家庭留点时间。你知道，一个人不要忙得顾不上别人了，这是很重要的。"她很孤独，她说出的正是她自己的需要。我们偶尔也会和她闲聊几句，并且一起共进晚餐。有一天，雪莉同她一起喝了茶，而且谈了整整一个愉快的下午。但是，要满足她的需要是困难的。我们像是正在高速公路的快车道上飞驰着，而珍妮呢，她像是正沿着一条乡间小道在悠然漫步。

珍妮现在已经过世了，但是她的话依然在我们的脑海中回荡。这些年，我们的日常活动真的比花点时间去爱一位特别的老太太、比与邻舍交流更重要吗？当我想到这一切的时候，我真想断开——脱离，从所有压得我喘不过气来的繁忙事务中抽身退出。如果能回到25年前，和我们家两个带来恩典的小家伙待上一整天，我愿意付出一切。当然，如果以较慢一些的步伐前行的话，其代价是很大的。那样的话，我就无法建立起一个名为"美国爱家协会"的组织来——我觉得这是我的使命。我也不会写出几本印有我名字的书来。我们将我们所有的都毫无保留地给了出去，在保持完整的家庭生活、了解孩子们的世界这两方面做得还不错。但是当我回想往事时，我不禁要问："我们能否找到一个允许雪莉和我平衡得更好的折中方法呢？"我不知道。

我们不是唯一提出这个问题的家庭。哈佛大学的政治学教授罗伯特·D. 帕特南（Robert D. Patnum）在他的重要著作《独自打保龄：美国社区的的衰落与复兴》（*Bowling Alone: The Collapse and Revival of American Community*）中谈到美国社会不断上升的一种趋势，即过劳和孤独。他在过去25年中采访了将近50万人，得出了这一结论，即我们之间的社交关系正在变得越来越疏远。我们的社会关系结构已经垮塌，这使得我们个人生活和社会生活都变得乏味和枯竭。我们对邻居的了解越来越少，和朋友的交往日渐稀疏，甚至与家人之间的关系也都有了距离。我们经常参加聚会的组织越来越少，像青年商会（Jaycees）、施里纳俱乐部（Shriner）、驼鹿俱乐部（Elks）以及其他服务性质的俱乐部等。其参加人数寥寥无几，唯有通讯录的会员名单越变越长。现在打保龄球的人和过去一样多（因此帕特南的著作以此为标题），不过他们中更多的人是独自娱乐。自1980年以来，参加保龄球社团的人数已下降了40%。在政治上，我们仍然是对公共事务相当熟悉的观众，但是我们当中越来越少的人在真正参与这一“游戏”。[2]（在2000年美国总统大选期间，候选人用极其引人注目的不同观点来讨论美国的未来，即使这样，在亚利桑那州只有31%的合法选民参加了选举投票，在加利福尼亚是39%，在夏威夷是40%。[3]）在宗教生活方面，“美国人现在去教堂的次数比30年或者40年前少很多，我们所去的教会与外面社区的接触也大大减少了”[4]。

帕特南说，在日益增长的孤独背后，最重要的因素是双职工家庭数目的增加，由此而使得男人和女人与他们传统的社交人际关系网疏远了。瞧！除了工作和维持家庭日常生活之外，简直没有时间做其他事情。电视、互联网以及其他电子通信形式也削弱了各代人之间的联系，妨碍了家庭传统的传承。把这一切统合起来考虑的话，可以说它们抹去了我们生活中的许多意义和欢乐。简而言之，帕特南指出，美国的“社交资本”正在收缩，从而导致人与人之间越来越多的分裂以及相互信任的普遍崩溃。[5]

其他研究证实了相同的趋势和结论。过劳和孤独像流感一样存在，纽约、新泽西州以及康涅狄格州的“牛津健康计划”发现，在美国每6个职工中就有1个工作过度——因工作需要甚至无法正常休假。民意测验专家说：“与日本、加拿大、英国、德国以及意大利的25天或者更多的带薪休假日相比，美国人已经是工业世界中休假最少的人了，平均每年只有13天假期。”研究表明，那些被调查的人当中，有32%的人说他们工作和吃午餐是同时进行的，而另外32%的人说，他们一旦到工作单位就再没离开过办公楼。大约有34%的人说他们的工作压力如此之大，以至于他们在工作中没有休息的时间。19% 的人说他们的工作使他们感觉自己比实际年龄要老一些，而 17% 的人说工作使得他们晚上失眠。还有 17% 的人说，即使遇到紧急情况也很难抽出时间或离开工作岗位。8% 的人说，他们相信，如果生一场大病的话，他们将被解雇或降职。[6] 我们的工作观简直就是往死里干。

从我的观点来看，我觉得帕特南等人的发现的重要性是不言而喻的。当今多数西方人的快节奏生活方式不仅导致了人与人之间更加疏离，而且它也是家庭关系崩溃瓦解的罪魁祸首。丈夫和妻子没有时间在一起，而且他们中很多人几乎不了解自己的孩子。他们被无穷无尽的任务清单压得没有时间与亲戚、朋友或者邻居见面聊天。比起以前的写作，我写此书花的时间是最长的一次。在为本书写作所做的调查研究中，我不断地面对同一个令人难过的现象：父母由于过度心烦意乱、精疲力竭而无法保护关心自己的孩子。

民意测验专家乔治·巴纳（George Barna）也发现了这一趋势的迹象，他写道："现在，对于一个十几岁的青少年来说，专门花时间和家庭成员进行交流变得不那么常见了。他们和家里人在一起的大多数时间或许可称之为'家庭与时间'：即家庭和电视、家庭和晚餐、家庭和作业，等等。每个家庭成员的生活常常被安排得如此紧张，因此家人想要在一起做些特别的事情——如谈谈生活、参观什么地方、玩游戏，以及进行思想交流等——都不得不事先约定时间。而这样的活动已经很少了。"[7]

我发现，今天的孩子和年轻人缺少过去那样的家庭生活——或者几乎完全没有。我的岳父母乔·库比施塔（Joe Kubishta）89 岁，阿尔玛·库比施塔（Alma Kubishta）90 岁，而我女儿和她的朋友们至今还喜欢去他们家里。为什么？因为那儿的一切都非常有趣。他们有时间玩桌游，一起欢笑，享受美食，谈论年轻人感兴趣的一切。没有人步履匆忙。如果有人打电话来，他们总有时间和对方聊聊。他们家的一位常客名叫查理，是一位喜爱他们夫妇的单身汉。后来他不得不搬走，但他之后还会不惜驱车 100 千米，把一枝种在他后院的蔷薇送到他们家。他只是想让乔和阿尔玛别忘了他。这两位我也深爱的老人，为我们这些晚辈带来的温馨愉悦的感受，在其他地方已经找不到了。这是多么悲哀啊！

几年前我在白宫的一次会议上演讲，与会的另一位演讲者是来自哈佛大学的精神病学家阿曼德·尼科里博士（Dr. Armand Nicholi）。和我一样，他那天的主题也是关于美国家庭的状况。尼科里博士解释说，把我们隔离开来的疲惫生活所带来的破坏力，和离婚的影响几乎相当。美国的父母和孩子在一起的时间要比世界上大多数国家的父母都少。其结果是：没有人在家里满足孤独的学龄前儿童和“挂钥匙”儿童的需要。尼科里博士强调指出，父母和孩子关系的中断与我们现在观察到的精神问题的增加之间有不可否认的联系。“如果这一趋势继续下去的话，”他说，“严重的民族健康问题将不可避免。”[8] 如果离婚、虐待儿童、猥亵儿童以及忽视儿童等事件持续增多的话，美国所有医院 95% 的病床都将被精神病患者占据。[9]

当然，家长的繁忙和家庭成员之间的彼此孤立不是新问题。自第二次世界大战以来，父母们一直在努力调节生活压力，但是他们的方法发生了变化。在 20 世纪五六十年代，大多数母亲会不惜一切代价将家庭放在首位。这就是为什么她们中有那么多人选择在家里照顾自己的孩子。她们还是家里的“管理者”，把一切安排得井井有条、干干净净。然而，随着性解放的到来，拥有更自由观点的母亲开始重新考虑她们的选择。

刊登在1981年5月《服饰与美容》（*Vogue*）杂志上的一篇文章发表了一些革命性想法，后来它被人们普遍接受。它被德博拉·梅森（Debroah Mason）称为《新的健全心态——母亲的解放》（*The New Sanity - Mother's Lib*）。根据梅森的说法，20世纪80年代的母亲是第一代觉得自己没有必要非得去满足对母亲角色“不切实际”期望的女性。那些认为“母亲是孩子的全部，孩子是母亲的全部”的“圣人”思想是不合理的，她们决定废除它。在该文中，梅森采访了菲利斯·切斯勒博士（Dr. Phillis Chesler），后者鼓励母亲通过更多地和孩子“分开”，来追求和保护自己的个性。切斯勒相信“无处不在的母亲”的观念是一种“现代的愚顽”观念，并极力主张母亲应同其他人一起分担父母责任，这些其他人可以包括祖父母辈、姨妈婶婶、兄弟姐妹以及邻居等。“我的儿子阿里尔生命中常常有四五个对他来说很重要的成年人，”她说，“在两年的时间里，我的助手就像是他的第二母亲。”

这篇文章还力劝母亲们在感情和性问题上对自己的孩子持更为开放的态度，这与当时盛行的思想一致。“原来一直流行的观点是，当了母亲后你就应该放弃性生活——你不应该在孩子面前做这样的事，你不应该为了它而不去陪你的孩子，”她写道，“有这样一种思想，你当了母亲之后，性生活就可以变得轻松、放纵，甚至有那么点儿无所谓。但是女性在学习（作出改变）……例如，已婚母亲可以告诉自己的孩子，父母卧室星期六早上10点之前禁止入内。单身母亲允许自己有自由来邀请男士共度良宵。”[10]

对这篇文章阐述的为母之道的内容，我太多不敢苟同。从孩子身上解放出来并不那么容易，或者也不可取，切斯勒博士的意见对那些解放了的母亲来说尤其有一种悲哀的味道。让我们一起来想想，那位已经成为阿里尔“第二母亲”的切斯勒博士的助手，她离开后，将男孩留给了生母，而生母无心照料孩子，我们一定会猜到将会发生什么。至于星期六早上10点以前不准进入父母房间，我不知道如果那样规定的话，该由谁来为孩子们准备早餐？他在看什么电视节目？当母亲和一个也许是男友的人在睡觉时，谁来防止孩子做出危险的举动？简而言之，该文揭示了20世纪80年代开始所出现的矛盾，以及由此而来的不合逻辑的结论。有的女士自认为她们的孩子不需要太多的关注也能过得很好，认为母亲进一步放手时，孩子们实际上会做得更好。愤怒的母亲当时告诉我，她们讨厌抚养孩子的责任，并且不希望小家伙在自己的身前身后转来转去。

请理解，对这类挫折和压力我并不是没有同理心。事实上，她们是被我上面描述过的那种你死我活的竞争生活给拖垮了。正如我在前一章提到的，现在许多女性出于经济的或情感的原因必须出门工作，但是，我在这里要用最强烈的语气说明，母亲这个角色依然和过去一样，对孩子的健康成长是必不可少的——孩子们无法抚养自己长大。在整个童年期，我们需要投入大量的时间和精力在孩子身上，任何试图从孩子身上“解放”自己的做法都将以牺牲孩子为代价。

幸运的是，有越来越多的迹象表明，母亲们对20世纪八九十年代这种让她们和丈夫更忙碌、更多消费的假设提出了疑问。另一家女性杂志《时尚》（*Cosmopolitan*）在2000年6月刊登了一篇文章，说是对传统观念进行了重新思考。在我看来，历史上这本杂志向来是赞成极端自由主义观点的。下面是其文章节选：

> “青年才智”（Youth Intelligence）是纽约一家从事市场调查和趋势研究的公司。最近一次调查结果显示，3000名已婚和单身妇女中有68%的人说，有条件的话，她们愿意辞去手头的工作。而一次对800名妇女的民意测验显示出同样让人吃惊的统计数字：三分之二的回答者宁愿变卖房屋，也不愿意攀爬企业职位的阶梯。“这并不是什么一时的幻想——这些女士真诚渴望家庭生活，而且许多人会坚持朝这个方向到底的。”“青年才智”的主席简·白金汉说。[11]

在此文中，我们发现了一个与切斯勒博士和《服饰与美容》杂志编辑赞同的观点截然不同的世界。20年来变化多大啊！

1981年，切斯勒博士不喜欢相夫教子的母亲形象。2000年，《时尚》杂志表示母亲希望留在家里，它们之间的对照使我思绪万千。如他们所说，一个女人的天花板是另一个女人的地板。诚然，《时尚》杂志的文章主要是关于女性如何过上轻松生活，而不是关于孩子和丈夫无私付出的。但是全职母亲的思想贯穿文章的始终。长期担任《时尚》杂志编辑、女权运动先锋的海伦·格莉·布朗（Helen Gurley Brown）在1982年写了一本书，书名为《拥有一切》（*Having It All*）。此书延续了她一贯的想法，声称女人干什么都可以，不必去做什么艰难的选择。在新千年，布朗的后继者的想法是多么有趣啊——生活的多种角色已经让女性吃不消了。

20世纪90年代中期，我们的社会曾出现过逐步回归传统家庭的迹象。根据康奈尔大学的社会学家当时的研究，纽约北部的117对中等收入夫妇中，约有四分之三的家庭为了孩子相应地减少了工作量。她们抽出更多时间照顾孩子，必要时通过降低生活标准来减轻收入减少所带来的压力。调查中有两倍的女性说，在她们的第一个孩子出生后，她们离开了工作职位，让丈夫以事业为先。男性大多在自己从事的职业上继续努力向前，直到他们在事业中达到“相对弹性和自主”的水平。[12]许多家庭似乎开始认识到，有什么东西被打破了，需要调整一二。

有女性报告说，她们受够了双职工家庭的忙乱辛苦、筋疲力尽的生活。她们中有部分人认识到，在扣除交税、儿童保育以及相关开支之后，收入所剩无几。在《巴伦》（*Barron's*）杂志中有一篇文章估计，女性薪水的80%都用于与工作相关的开销上，并得出结论说："从连裤袜到交通费——有时候是为买一辆二手车——当她们为这些买单的时候，工作变成一种昂贵的嗜好。"因此，《巴伦》说："（男性和女性）不断为他们月供的房贷筹措资金，他们并没有真正享受更好的消费生活，而是承受了'长期生活方式的改变'。"[13]

《职业女性》（*Working Women*）中有一篇题为《超级女性的女儿》（*Superwoman's Daughters*）的文章说："她们不想要你的工作，她们不想要你的生活，所有那些二十来岁的女性唯一想要的是改变美国的工作方式。"它指出，如果不考虑这些二十多岁的女性是怎样被抚养长大的话，就不可能理解她们为什么会离开工作岗位。"几代人被剥夺了他们作为小孩应该得到的东西，现在二十几岁的人小时候和父母在一起的时间少得可怜。因此，更年轻的女性似乎决心不在自己的孩子身上犯同样的错误。"文章继续写道，"当'婴儿潮'时期出生的女性看见她们五十多岁的母亲深陷繁重的家务活儿时，（小家伙们）看见自己（或他们的朋友）成为父母无暇照顾的牺牲者。其中40%以上的孩子是由离婚或分居的家长带大的。那个时候传统的至理名言是：'如果父母快乐一些的话，孩子们也会快乐一些。'而孩子们的说法则相反：'我成长的感觉好像有家和没家一样。'旧金山25岁的保姆辛迪·彼得（Cindy Peter）说：'我的父母在我两岁时离异了，而我一年只有一次或两次能见到我父亲。'"[14]

20世纪90年代出现的转变，是非常令人激动的趋势。令人遗憾的是，它现在好像已经停了下来。西方国家享有的空前繁荣和事业机遇可能很难让女性不动心。不管出于什么原因，回归家庭、成为全职母亲的趋势至今还没有高涨，同时我们还看到，家庭的传统结构也还没有得到恢复。我们将在下一章讨论更多近来的发现。

美国的享乐主义价值观在其文化之中有很深的根源。但是，如果它的影响范围能大大缩小的话，家庭的未来就能得到很好的保护！离婚会减少，更多家庭会更和睦。孩子们将重新获得他们应有的地位，而他们的幸福感也会大幅提升。我们还没有实现所有这些目标，但是我相信我们会的。我对此深信不疑：大多数当代母亲更关心的是她们的家庭，而不是她们所追求的事业。婚姻和亲子关系依然凌驾于其他一切之上，尤其对于在繁忙、机能失调、职业为主的家庭中长大的一代来说更是如此，他们希望为自己以及他们所爱的人争取更美好的生活。

在结束时，让我再一次着重指出，我们和孩子之间所出现的麻烦，与“任务表恐慌”、孩子和父母之间的日趋分离以及孤立是直接相关的。此外，男孩在这样的环境中所受的痛苦往往比女孩更多些。为什么？因为当男孩没有受到悉心指引和管理时，他们更有可能脱离正道。他们在感情上生来就更为波动、更缺乏稳定。他们更容易沉沦于混乱无序、无人监管、缺乏管教的环境。男孩就像汽车，在旅途的每时每刻都需要有一个司机把握方向盘，需要或左或右温柔地轻微调整。他们在 16 年或 17 年甚至更长的时间里需要有人指引。如果让他们完全靠自己作出选择，他们往往会偏离中心隔离带或跌入壕沟之中，行为不端或遭遇危险。然而，今天却有 59% 的孩子放学后回到一个空荡荡的家里，或者被托管给其他人。这对任性的男性来说无疑是灾难或危害，随着男孩的长大，他们更有可能遇到麻烦。今天，当文化在和家庭争夺对我们孩子的控制权时，我们决不能对照顾和训练孩子漫不经心。

作为母亲的你同丈夫的共同任务是，把这个可爱的小男孩当作原材料，造就出一个完整的男人来，一步一步、踏踏实实、丝毫不放松。永远不要设想哪一时刻你可以只顾“做自己的事”，而不会对他和他的姐妹带来严重的后果。我认为，在一段时间内，这是你的重中之重的任务。并不需要你永远这样做下去。在不知不觉中，还爬在你脚边的那个孩子就会成长为一个年轻人，背上背包，向着成人世界迈出自己蹒跚的第一步。之后就轮到你了。无论怎么说，你应该会有几十年的健康体魄和活力投入你的伟大事业中。但是现在，还有一个更高的召唤。我感到有责任把它告诉你，无论我的话是否中听。把生命中的一段时间花在抚养我们的孩子身上，这要高于其他一切责任。此外，当孩子小的时候你作出这样的优先选择的话，他们长大后，你将会得到最大的回报。

我希望你知道，我不是想告诉你如何驾驭你的生活。你和配偶能够分辨什么对于你们的家庭来说是最好的，没人能告诉你该选择哪条路。有些女性在情感上宁愿选择事业而不想做一个待在家里的妈妈，尽管她们有条件这样做。她们怨恨每一个指责她们只顾事业的人，而我并不责备她们。这是个人的决定，是她们自己的事，与任何人都无关。但是，我真的认为应该有一种能避免永远生活在混乱中的方法。面对混乱对成人来说本就很难，对儿童来说简直是一场浩劫。依我看，做什么都要比追赶那条无休止围着花盆转的领头毛毛虫要好。

问题与回答

我是喜欢待在家里和孩子们在一起的女性，但是单靠丈夫的薪水我们难以生活。你能否提供一些建议，我该如何才能避免破产，就是避免你说的那种“跳下火车”的情况呢？

可能有办法解决这一问题。《在家创业》（*Homemade Business*）一书的作者唐娜·帕托（Donna Partow）夫人提供了如何在家里开办自己业务的具体建议，其中包括台式印刷系统、宠物化妆、缝纫、咨询、起草法律文件，甚至包括参加邮购销售。在家创业的三个准备步骤，第一步是选择合适的业务。试着列一个“个人技能和兴趣”的详细清单以确定你的能力，并找到你可能喜欢做的事情。第二步是做你的“家庭作业”。请求图书管理员帮助你调查你所选择的领域。查询书籍、杂志以及报纸上的文章，与在这个领域有经验的人交谈，加入某个工业组织和网络，订阅有关的工业刊物。根据帕托夫人的说法，第三步是争取尽可能多的支持，让你的孩子、配偶以及朋友站在你这边。建立起一家小企业是有压力的，所以你需要得到尽可能多的鼓励。然后，集中你的资源并着手付诸实施。[15] 以家庭为基础的业务，可能会让家庭生活和事业都得到最好的结果。

如果你要告诉我，根据你的情况，这一方案无法实施。那么，让我先告诉你科罗拉多州斯普林斯的范·温格顿（Van Wingerden）家庭的事。他们有 22 个孩子，其中 12 个是收养的，10 个是母亲林恩亲生的。他们一家是我有幸遇到的、给我印象最深的家庭之一。他们拥有一个草莓农庄，所有到一定年龄的孩子都要在那里劳动。不管你信不信，范·温格顿夫人亲自在家里给这些孩子上课。这个家庭的组织结构很有特点，十来岁的孩子都有责任轮流承担日常任务并照料弟妹。拜访他们家是一件快乐的事，范·温格顿一家证明了，对于那些有决心的人来说，很多事情都是可能的。

这个问题非常重要，我希望你找到了问题的答案。我相信你会的。

我感觉我们好像正在让自己的孩子加速成长。同龄孩子的父母好像在心急火燎地把他们的小孩变成十几岁的大孩子。他们真的为 10~12 岁的孩子安排“约

会”，并把适合成年人阅读的读物给他们看。我对这种让孩子们飞速度过童年的做法很抵制，你认为做得对吗？

我完全同意你的观点。过去的父母对童年正常有序的发展过程有很正确的理解，那时的孩子有很多时间自己玩耍，对哪些行为适合某一年龄的孩子，都有明确的文化“标记”。例如，男孩穿短裤一直到十二三岁。现在，这些标记已经不复存在了，或者已经转移到地下去了。电视上描绘的孩子比他们的父辈要有见识和成熟得多，不管情不情愿，他们几乎是旋风般地从娘胎里冲向幼儿园，冲向成人世界。这样一种快速的成熟使得孩子没有一个支持他们发展成长的坚实基础，因为要成长为健康的人是需要时间的。如果你的孩子急速跑过这个过程，他们就会不得不应付他们年轻的头脑还没有准备好的性及同龄人的压力等问题。儿童成长过快还带来另一个问题：在你把他们当作成人对待时，那么，沿途再想为他们的青春期行为设定限制就变得困难了。你已经把你的孩子当作同代人了，那么你怎么能对这个反叛者设置宵禁令呢？

此外，这么急急向前赶，到底是为了什么呢？我认为你让孩子尽情享受童年时光，并让这一发展过程以它自己内在的节奏前进是对的。

我 16 岁的儿子想要在附近的国家森林公园进行一次旅行，有人指导，为期 3 个星期。男孩们将要尽自己努力在这片土地上生存，并按照大自然的习性学会与大自然打交道。不过，我不舍得让他去。一想起他在外面某个地方，在他遇到困难时我无法给予帮助，就让我感到害怕。让他待在家里好像要安全得多。我应该拒绝他的要求，对吗？

我确信你是知道的，在两年之内的时间里，你的儿子将离家去上大学或是从事别的什么，也许当兵，那时他将完全在你可控范围之外。当他还在你的照顾之下时，为什么不让他去尝试一下独立生活呢？你对他的影响逐渐减少，要比一下子突然放开要好些。

在我年轻时，我也曾和母亲有过同样的争执。那年我 16 岁，夏天时他们同意让我到一条捕虾船上去劳动。船长和全体船员都是一些无法容忍废话的利落家伙，那是男人的世界，我被吸引住了。我母亲极不愿意答应这事儿，因为她知道，在墨西哥湾那儿待上 4 天可能是有危险的。在她开口拒绝之前，我说："你还要我做你的小男孩多长时间？我长大了，我要去。"听了这话，她的态度变温和了。事实证明，那是一次很有意思的经历。在那段时间里，我懂得了，不管我喜欢不喜欢，那就是工作的感觉，而且我开始明白了成人世界是怎么回事儿。我回来时又脏又累，但是自我感觉非常好。我母亲后来承认，这件事她做对了，尽管她在那段时间里一直都在担心。

是的，我认为，你应该让你的孩子到野外去走走，尤其是在有人指导的情况下。逐步"放手"的效果是最好的。现在是开始的时候了。

你对毛毛虫的描述非常符合我家的情况，我们过的是一种令人疲惫的生活，但好像就是找不到慢下来的办法。我有时甚至会因为我们辛勤工作以及我们为自己留出的时间那么少而感到抑郁，你能否给我们一些建议？

慢下来是一个艰难的选择，我来分享一些可以帮助你和你丈夫的信息。你记得据传闻在克林顿政府初期自杀的文斯·福斯特吗？在 1993 年 7 月 20 日他死去的那个悲惨夜晚之前，他还是总统的顾问。就在他自杀前的 8 个星期，福斯特应邀为阿肯色州立大学法学院毕业的学生演讲，这是当时他对学生们讲的话：

> 让我们谈谈家庭。你们已经充分证明了，你们是愿意置个人生活于一边、从事长时间工作的人。但是它使我想起一个观察：从没有人听见人们在临终之时说"我希望自己能用更多的时间工作"。请记得，要有智慧地平衡你的职业生活和家庭生活。如果你们有幸有了孩子，你们的父母将提醒你，在不知不觉中，你的孩子将长大成人并离开你的身边。我可以做证，这是真的。我们和孩子们一起读故事、钓鱼、玩捉迷藏的机会就那么多。尽量不要失去其中的任何一次机会。[16]

文斯·福斯特的话现在从遥远的地方传回到我们这里。当你在攀登成功的阶梯时，别忘了自己的家庭。和孩子一起在家中的那些年月很快就会逝去的。尽你所能抓住这些时光吧，无论它是需要你改变工作、搬到小一些的房子里去，还是放弃令人兴奋的升迁机遇。失去了孩子等于失去一切。这是真的！

第 9 章

同性恋的起源

BRINGING UP BOYS

BRINGING UP
BOYS

几年前，我收到下面这封信，来自一位非常苦恼的少年。他写道：

亲爱的杜布森博士：

我犹豫了很久，现在终于决定给你写这封信。

我是个13岁的男孩，我听过你的磁带《预备青春期》，但没听完全部的讲话。不过关于性的那部分我都仔细听了。

言归正传，我不知道自己是严重还是不严重，有没有必要纠结？我不知道该怎么说。在我不长的人生中，我的行为和外表都不像个男孩子，倒更像个女孩子。我小时候总是涂指甲，喜欢穿女孩衣服，等等。我还有一个表哥，他会带我们（几个小表弟）到他的房间去，并让我们看他的生殖器。

我害怕自己身上有那么点儿问题，要写出自己做过的那些事对我来说真是难于启齿。我不想当同性恋，可是我害怕，真的好害怕。这种感觉很难写清楚，请允许我进一步解释。

当我上到高年级时（我现在念七年级），小孩们总是说我是同性恋，而且还取笑我。真的令人很难受。我还自慰（我猜想是这么回事），但是有点儿过头了。当我小时候（不算太小），我不止一次地试图去吮吸自己的阴茎（坦白跟您说）。这听起来很糟糕，读起来好像更糟糕了。我祈祷自己没问题。

最近，我还做过这样一些事情，比如看（大概是色欲，我多少次希望自己不是这样）穿着性感内衣的自己。每当我穿上它的时候，我有一种类似于性爱的感觉。

昨天在浴室里（在镜子前），我飞快地扭动自己的裸体，弄得我的生殖器上下蹦跳不停。当我写到这儿的时候，我就又有那么点儿刚才提到过的感觉。在这样做过之后，我马上说我错了，但到了浴室却又一次这样做了。我又不断地祷告，这种感觉糟糕极了。

我和我的一位牧师说过，那一回我告诉他，我可能喜欢男人的身体甚于女人的身体。这事说出口真难为情！他说他认为我没什么不对劲的（我不知道还能怎么说，他显然认为这会过去的），但是我感觉非常糟糕，我想知道为什么。

上面提到的牧师是我经常去寻求劝勉和指点的人之一。

我担心，如果我是同性恋者的话（我实际的担心比写出来的更严重），我会下地狱。

我不想做同性恋。

我也从没有朝这方面努力过。

如果我有什么不对的，我愿意改掉它。

请帮帮我。

马克（Mark）

我被马克的信深深地触动了。尽管我们从没见过面，但是我很理解他的处境。他代表了世界上许许多多像他这样的十几岁青少年，他们开始意识到体内出现了什么可怕的东西——到底是什么，他们还不理解——它引起巨大的混乱和困惑。这些孩子往往在很小的时候就意识到自己和其他男孩“不同”。他们可能很容易哭、不太爱运动、有艺术气质，而且不喜欢其他小朋友喜欢的打打闹闹。他们中有些人更喜欢和女孩子在一起，而且连走路、说话、穿着，甚至“思考”都带着女性的味道。当然，这就受到了“真男孩”的排挤和奚落，他们不客气地取笑他们，称他们是“同性恋”。即使父母了解了这类情况，他们通常也不知道如何给予帮助。当荷尔蒙在青春期初期涌起的时候，一种全方位的性别意识危机就有可能把他们压垮。这正是马克写信时所经历的。这也说明了，为什么即使是有正常的异性恋倾向的男孩，也会常常害怕自己会因某种原因“变成同性恋者”[1]。

可怜的孩子！马克极为需要专业人员的帮助，但是他不太可能得到。他的父母显然不知道他的痛苦，而他所信任的牧师告诉他这一切会过去的。情况有可能并非如此！马克显然处于我们可以称之为“准同性恋”的状态中，除非有懂这方面的人可以给他和他的家人指点与帮助，否则的话，他将来去尝试同性恋生活方式的可能性非常大。

我们对这种心理上的失调有多少认识呢？第一，我们必须确认它是一种心理上的失调，尽管美国精神病协会（American Psychiatric Association）否认此说法。该专业组织承受了来自男女同性恋（其中有些人是精神病医生）的巨大政治压力，他们宣称同性恋是“正常的”。这一争论持续了许多年。最后，该协会于1973年作出决定，把同性恋从《诊断和统计手册（DSM）》中去掉了。这不是建立在科学的基础上，而是受到民意调查的影响，该调查是由全国男同性恋和女同性恋组织发动并提供资金的。投票结果是5834对3810[2]。美国心理学协会紧随其后。[3]今天，对这一“政治正确”的解释持不同看法的心理学家或精神病医生，甚至那些想方设法帮助同性恋改变的人，都会受到不断骚扰，受到玩忽职守的指责。

第二，这种心理上的失调不是人们有意“选择”的。关于解释同性恋者是为了追求性快感或某种其他目的而选择了同性恋身份的说法，他们非常痛恨。这是不公平的，我不会因为他们被这种说法激怒而予以指责。在现实生活中选择同性恋的身份，可能意味着最终会落得众叛亲离、被异性恋者所鄙视、患上诸如艾滋病及肺结核等通过性渠道传染的疾病，甚至大大缩短寿命，在我们当中，又有谁会愿意去选择一条这样的道路呢？[4]不，除了极少数的个案以外，同性恋不是人们有意“选择”的。相反，像马克这样困惑的青少年发现，他们面对的是自己基本一无所知的东西。

第三，没有证据表明，同性恋是由遗传形成的，尽管这与你可能听到或读到的说法正好相反。当今世界上，没有哪位受人尊敬的遗传学家声称已经发现了所谓的“同性恋基因”或其他基因遗传信息。这并不是说，某些敏感、易受环境影响的生物倾向，或者遗传的某种气质完全不可能存在，但是识别此类因素的努力迄今没有取得正式的结果。尽管缺少证据，男女同性恋组织及他们在主流媒体任职的朋友一直在对公众说，问题解决了——同性恋者“天性如此”。《时代周刊》（*Time*）和《新闻周刊》（*Newsweek*）在封面上大肆渲染“颇有希望的发现”。《时代周刊》的文章标题为《寻找同性恋基因》（*Search for the Gay Gene*）[5]，而《新闻周刊》则提出“是DNA使得某些男人成为同性恋者吗”？[6]奥普拉主持了好几个关于这一主题的节目，而巴巴拉·沃尔特斯不久前曾说过："有一种日渐兴起的主流观点称，有些人生来就是同性恋者。"[7]尽管完全是错误的，但这一具有政治煽动性的信息（或者根本是假的信息）却产生了影响。根据2000年2月的哈里斯民意调查，被调查的人中有35%相信同性恋是"遗传性的"[8]。

有进一步有力的证据证明事实并非如此。例如，既然一对双胞胎拥有相同的染色体，或者说DNA，那么遗传作用在每一对染色体中是完全相同的。因而，如果其中一个"天生"是同性恋的话，那么另一个应该必然也有这一特点。而事实并非如此，当双胞胎之一为同性恋时，另一个为同性恋的可能性仅为50%。[9]一定有其他原因在起作用。

此外，如果同性恋真的遗传的话，那么它会渐渐从人类的基因库中消失，因为那些拥有此基因的人不大可能生育后代。任何不会传给下一代的特征最终会随着携带它的个体一起死去。

同性恋不仅仍然存在于世界各国，而且，它在某些文化中还有蔓延之势。如果所出现的情形是遗传特征的结果的话，那么它在岁月的长河中应该是个"不变量"。然而，在历史上曾有过像"罪恶之地"和"俄摩拉城"以及古希腊和罗马帝国那样的社会，在那里同性恋曾风靡一时，而不是"不变量"。历史记录告诉我们，正如使徒保罗所述，文化的堕落，导致了各种性变态。遗传特征在人类家庭中的表达，应该是个"不变量"，而不该像文化那样，经常有生命周期，时而上扬，时而下挫。

第四，如果同性恋是一代代遗传下来的，那它将是不可避免、不可改变、不可抵抗和无法治愈的。幸运的是，事实并非如此。预防是有效的，变化是可能的，希望是有的。而男女同性恋组织及媒体又一次说服公众相信，同性恋就像一个人的种族基因一样是生而有之无法改变的。这完全不对。就我们所知，已经有800个原来的男女同性恋，现在已脱离了同性恋生活，并在新的异性恋世界里找回了自己。

我在美国爱家协会的同事约翰·波尔克（John Paulk）就是其中一员，他现在把自己的生命奉献给关心和帮助那些愿意改变的人。有一阵子，他曾深陷于同性恋者的圈子中，走在"同性恋光荣"的游行队伍中，而且还穿戴着异性服饰。

最后，约翰得到了治癒，而且自1987年以来，他一直过着正常的生活。他和一个原来的女同性恋者安娜结婚，而且有了两个很漂亮的孩子，过着幸福的生活。尽管他曾有过短暂的复发，在一家同性恋酒吧中被人发现，这曾让他的批评者们着实高兴了一阵子，但约翰并没有回到他以前的生活中去。对那些想要脱离同性恋生活方式却不知该如何去应对的人来说，这样的榜样例子有成千上万。如果我不承认克服同性恋行为是困难的、那些想改变的人常常为此付出了巨大努力的话，那我就不够诚实。反之亦然，说那些想要改变的人是没有希望的，那同样不诚实。令人信服的研究表明事实正相反。

心理学家乔治·里克斯（George Rekers）说，有相当多的证据表明，改变性行为的倾向是可能的——无论是通过精神病治疗手段，还是非精神病治疗手段。他写道："在相当多的病例中……性别认同的紊乱完全得到了解决。"[10]

2001年5月，哥伦比亚大学精神病学的罗伯特·L.斯皮策（Robert L. Spitzer）教授掀起了一场轩然大波，当时他在美国精神病协会的会议上公布了自己的研究结果。1973年，斯皮策博士在美国精神病协会的决议起草中担当先锋角色，声称不再把同性恋视为精神紊乱的一种。在哥伦比亚大学的会议上，他指出"有些人可以从同性恋者变为正常性行为者，我们应该承认这事"[11]。这不是他的批评者们愿意听到的。我们为斯皮策博士欢呼，赞赏他对"不可避免论"的谬见进行反省和揭露的勇气。

现在我们再回到马克的故事，在他以及其他经历着准同性恋冲动的男孩身上发生了什么？我们还需要思考，是什么引起了他们的性别认同紊乱？我们可提供什么样的帮助？要解决这些问题，让我们来读一读下面我为家长和老师找到的最好的信息资源。这在临床心理学家约瑟夫·尼科拉斯（Joseph Nicolosi）所著的《预防同性恋：父母指南》（*Preventing Homosexuality: Parent Guide*）一书中可以找到。我相信，尼科拉斯博士是今天同性恋预防和治疗方面最重要的权威，他的书提供了实用的建议，并对同性恋的形成起因作了深入的透视。我希望每一位父母，特别是那些有理由对自己的儿子表示担心的家长都来读一下此书。它的目的不是去指责，而是教育和鼓励父母。

尼科拉斯博士允许我对他的书做部分引用，它们对许多问题提供了答案。这里是其中一部分内容：

准同性恋行为有一些很容易识别的明确征兆，这些征兆很早就在儿童的生活中显现。大多数都被人冠之以“跨性别行为”的名称。可以从5个方面来“诊断”一个孩子是否有“性别认同紊乱”。它们是：

1. 经常表示其想要成为或坚持他属于另一性别。

2. 男孩偏爱穿异性服饰或模仿女性的打扮；女孩坚持穿典型的男性服装。

3. 在假装演戏中一贯明确偏爱跨性别角色，或一直幻想成为另一性别者。

4. 有参加异性的固定类型游戏或娱乐活动的强烈愿望。

5. 与异性成为游戏伴侣的强烈倾向。

大部分跨性别行为都始于学龄前那几年，在2~4岁。若你的小孩只是偶尔穿一次异性衣服，你不用担心。可是，当你的小男孩继续这样做，同时开始出现一些其他令人担忧的习惯时，你应该注意。他可能开始使用妈妈的化妆品，他可能避开邻居家的男孩，而且不像他们那样蹦蹦跳跳，而是喜欢和他那些玩洋娃娃和玩具屋的姐妹在一起。后来，他可能开始用很尖的声音说话，他可能摆出夸张的姿势，甚至学女孩走路的样子，或喜欢长头发、耳环和丝巾。[12] 在一次对60个4~11岁有女孩子气的男孩的调查中，其中有98%的人喜欢穿异性服饰，83%的人说他们希望自己生来就是女孩。[13]

事实是，男孩的女性行为和成年之后的同性恋之间有着紧密联系……男孩身上有些令人不安的警示标志以及感受，例如感觉自己和其他人不同、低人一等，以及内心深处烦恼的感觉。父母们常常会忽视这些警示标志，而且过了太久之后才为孩子寻求帮助。情况之所以变成这样的原因之一是，他们没有被告知自己孩子性困惑的真相，而且也不知道该怎么去做。

或许你关心自己的孩子以及他/她的“性发展”。可能你的儿子或女儿说过这样的话："我一定是同性恋者。"或"我是双性恋者。"你已经在他的房间里发现了同性恋的色情图片，或他在互联网上接触这类东西的证据。你已经在她的日记里发现了关于两个女孩亲密内容的描写。我可以提供给你的重要的信息是，根本没有诸如"同性恋孩子"或"同性恋少年"之类的事。但如果置之不理的话，研究显示，这些男孩有75% 的机会变成同性恋者或双性恋者。[14]

你们要明白，大多数同性恋小时候并未呈现明显的女性化，这一点很重要。更多的时候，他们显示出的是"非男性化"倾向，这让他们从其他男孩子中被区分开来，因此令他们感到痛苦——不爱运动，有点儿消极被动，无攻击性，而且对蹦蹦跳跳的游戏活动不感兴趣。他们中有不少可能被认为有天赋——聪明、早熟、善于建立社交关系且富有艺术才能。这些特点有一个共同的趋势，那就是他们把自己与同龄的男性分开，促使他们在正常的性别认同发展中产生扭曲。

因为这些男孩中的大多数并没有明显的女性化，他们的父母丝毫不怀疑有什么不正常，因此他们没有想到要去寻找治疗方法。许多患者告诉我："要是——在我还小的时候——只要有人懂得这些疑惑、这种无归属感——帮我一把就好了。"

但是不要弄错了。一个男孩可以是敏感的、友善的、爱交际的、有艺术才华的、举止文雅的，同时依然可以是异性恋。他可以是个画家、演员、舞蹈家、厨师、音乐家，同时是个异性恋。这些内敛的天赋和艺术才华是人类天资的优秀部分，也帮助他们界定个体身份，因此我们没有理由令他们感到气馁。他们都可以在正常的、异性恋成年男性的环境中发展。

我认为（还有数量日渐增多的研究人员也认为），父亲在一个男孩发展成为男人的正常过程中扮演着重要的角色。事实是，爸爸比妈妈更重要。母亲生育了男孩，父亲则造就了男人。在年幼时，男孩和女孩在感情上都依赖母亲。用精神分析的语言来说，母亲是爱恋的第一目标，她满足了孩子的第一需求。[15]

女孩可以在与母亲的认同之中继续得到成长。但男孩还有另外的发展任务——和母亲区别开来，并且与父亲取得认同。这大约开始于18个月大的时候，小男孩不仅将发现其中的区别，他还必须作出决定："我要成为哪一个？"为了作出这一性别认同上的转变，小男孩开始将父亲当成男性的楷模。根据拉尔夫·格林森的观察，男孩会在这个早期阶段，一般在3岁之前，决定自己长大后要像父亲那样。[16]这是一个选择。隐含在这一选择之中的是，他将不会发展母亲身上女性化的特质。根据罗伯特·斯托勒的看法，"成为一个男人的第一要点是，'别去做女人'"[17]。

在此期间，男孩的父亲必须完成他的任务。他需要为他儿子在男性特质方面做好榜样并给予肯定。他可以和儿子一起玩激烈的游戏，父子游戏的方式与他和女孩一起玩游戏的方式显然不同。他可以帮助儿子学会扔球接球，他可以教会他将方木桩敲入桩板上的方洞里。他甚至可以带着儿子一起淋浴，这样男孩就会在不经意中注意到爸爸的性器官，就和他的一样，只是稍大一些。

在我与成年同性恋者打交道的时候，我总是避免通过鼓励父母，特别是父亲去肯定儿子的男性特征来进行长时间的治疗，有时这个过程是痛苦的。但是对青少年来说，在这个领域及其他范畴里的亲子教育本可以避免带给人终身的不幸和情感的疏离。当男孩开始和自己的父亲有情感连接，并且开始了解父亲身上拥有的令人兴奋、有趣快活和充满活力的特质时，他们就会接受自己的男性特征。他们会发现一种自由——也是一种力量的意识，因为他们感到了自己与母亲的不同，感觉到了自己步入男性世界过程中的种种变化。如果父母用这样的方式鼓励自己的儿子，那么他们就会帮助孩子发展男性特征，并走上正常成长的宽广大道。在15年里，我曾经和几百位同性恋男子谈过话。我从没有遇见哪个人提到过他和自己的父亲有过亲密的关系[18]。

有许多父亲深爱自己的儿子，并且希望把最好的给他们，可是不知为什么（可能是父亲和儿子的性格不合），男孩在父亲身上看到的却是一个负面的或不适当的角色榜样。爸爸"和我不是同一种人"或"不是我想成为的那种人"。男孩需要看到一位有信心、自信和果断的爸爸。他还需要他的支持、敏感和同情关怀。妈妈需要稍稍后退一步。我的意思是，别为他包办一切。让他自己多动手去做。不要既当妈又当爹。如果有问题，让他去问爸爸。她应当尊重丈夫，帮助父亲抓住一切可能的机会去表明他对儿子有兴趣，而不是排斥儿子。

但是这一正常的性别认同过程有时会发生错误。已故的著名研究员欧文·比贝（Irving Bieber）发现，准同性恋的男孩有时是他们父母的不幸婚姻关系的受害者。[19]在一个父母吵架打斗的环境中，父亲可以“报复”母亲的其中一种方法就是在感情上遗弃自己的儿子。

有的父亲对很多事情都有兴趣，可就是不管自己的儿子。他们醉心于自己的事业、旅游、玩高尔夫球，或一些对他们来说显得相当重要的活动，却没有时间留给自己的男孩——可能因为和父亲没有相同的兴趣爱好而难以产生关联的“那个儿子”。或许这个儿子所喜欢的活动更具社交性，他较少具有男性气概。

我甚至见过这样一些父亲，他们不一定是因为个人的兴趣而把自己对整个家庭的爱抽离了。我见过一位父亲—— 一个不成熟、不称职的男人，在儿子出世前，一个劲地对妻子说他不想要男孩——对自己的儿子排斥、拒绝、不理不睬，却溺爱他的女儿。显然他是受到了“家里有了另一个男人”的想法的威胁。这个父亲将自己的不快表现得如此明显，以致儿子两岁时（毫不奇怪地）穿起了女装，并且和一堆洋娃娃为伍。

由于种种原因，有的母亲想要延长儿子的幼年期。这个时期母亲和儿子的亲密关系是原始的、完整的、排外的，母子之间的这种关系是一种紧密的联结，它进一步印证了精神病专家罗伯特·斯托勒所称的“幸福共生”关系。但是母亲可能倾向于坚持让她的儿子长期处于一种相互依赖的不健康关系中，特别是在她和配偶处于一种并不那么满意的亲密关系时。她会将大量的精力花在儿子身上，让他以一种对他无益的方式来满足她自己的需要。在弥补疗法（心理学家给同性恋者的治疗所起的名称）中，女性化的男孩渴望得到“三个A”，它们是父亲的慈爱、关注和认可（Affection, Attention, Approval）。

如果（一位父亲）希望他的儿子健康成长，他必须打破母子间的纽带。这在孩子幼年时是正确的，男孩3岁之后就不再符合他的需要了。在这种情况下，父亲要成为男孩的楷模，让他知道在保持独立性的同时，也可以跟这位女性——即孩子的母亲——保持亲密关系。通过这一方法，父亲成为母子之间健康关系的缓冲器。

我们记得心理学家罗伯特·斯托勒说："男子气概是一种成就。"[20]他的意思是，男性的健康成长并不是自然而然就会发生的，它需要良好的父母教育，它需要社会的支持，它需要时间，从1岁半到3岁之间是至关紧要的几年，但最理想的时间是在12岁之前。一旦父母发现了孩子面临的问题，大家一起携手帮助孩子解决，并且向那些相信性别认同可以改变的精神治疗医师寻求指导和帮助，那么就大有希望了。[21]

再说一遍，这部分内容引自尼科拉斯博士的著作。关于上述主题，这部著作是最有洞察力的资料。其主要观点是，同性恋首先不是性的问题，它关系到其他许多方面，包括孤独、排斥、肯定、亲密、认同、人际关系、父母教育、自我仇恨、性别困惑以及对归属感的渴望。这揭示了有同性恋经历的人为什么通常会更情绪激烈，也揭示了为什么同性恋会常常对持异见者（那些被归类为同性恋反对者或给他们推广同性恋思想带来麻烦的人）表示愤怒。换位想想那些在"另一个世界"长大的人的遭遇，我们就可以理解。

当然，在尼科拉斯的著作中还有更多有用的信息。如果身为父母的你有一个女孩子气的男孩或者男性化的女孩，我敦促你去找这本书来看看，然后马上寻求专业人员的帮助。不过你一定要当心你所咨询的人，在这种时候得到错误的建议可能是最不幸的，会加剧正在发展的趋势。从精神健康病理学这些年的发展历程和方向来看，我相信，现阶段大多数精神病专家、心理学家以及咨询人员会采取错误的方法——他们会说你的孩子是同性恋者，你需要接受这一事实。作为父母的你就会被人推着去认为儿子女性化的行为是健康和正常的。而这绝对不是你和你的儿子所需要的！你所需要做的是接纳这个孩子、肯定他的价值，无论你在他身上发现了什么情况，同时和治疗师一起去改变发展趋势的方向。在决定寻求这样的帮助的时候，你必须知道，对许多处于准同性恋时期的男孩来说，迹象可能更微妙，比如不能和同一性别的同龄人产生联结关系，产生另类感和自卑感，或对自己的性别感觉别扭。有时需要拜访一位专业人员以确定孩子是否处于某种危险之中。

我们必须提到性别认同障碍的另一个主要原因，那就是早年遭遇性侵害。一项研究表明，30% 的同性恋者说，在他们还是孩子时就受到性侵，其中有很多人遭遇此类侵害甚至不止一次。当这样的经历发生时，它会具有相当的破坏性，在某些年龄段发生的话，甚至可能严重到改变人的一生。暂不谈这些非常明显的性侵行为，如今甚至有人极力提倡打破男人和男孩之间同性性行为的禁忌。试图改变社会上性别认同观念的运动正在通过男女同性恋的文献出现在众人面前，甚至开始出现在主流的新闻报刊中。例如，《旗帜周刊》（*The Weekly Standard*，2001 年 1 月 1 日）刊登了一篇题为《恋童癖陋习的反思》（*Pedophilia Chic Reconsidered*）的文章作为封面故事。这是一篇很重要的文章，资料翔实，作者是玛丽·埃伯施塔特（Mary Eberstadt）。下面我引述其中的一段文字：

> 关于反对儿童和青少年性侵犯的社会舆论明显退缩了。为成年人对孩子的性行为所作的辩护——更准确些，是男人对男孩的性行为——现在却更公开化了。不仅如此，它开始大张旗鼓地出现在许多地方——治疗师、文学及学术圈里，还有主流出版社、刊物及杂志和书店——而这些观点在不久前还属于不可思议、让人无法接受的，而且在很多情况下，是要受到起诉的。

该文最后以此作为结束：“如果对未成年人的性侵犯都不算错的话，那还有什么事情能是错的？”[22]

男女同性恋运动试图将与未成年男孩的同性性行为合法化。是否有进一步的证据显示这个趋势？有的。我们是从影响力日益扩大的“北美洲男人 / 男孩爱情协会（NAMBLA）”看到这一点的，该协会毫无廉耻地提倡成年人和孩子发生同性性关系。它的口号是：“在 8 岁之前体验性事，不然就晚了。”尽管这一卑鄙可耻的组织还没有被大多数男女同性恋出版物所认同，不过它也没有受到他们中大多数的责难。这告诉了我们很多真相。

在美国深受欢迎的童子军活动中，女同性恋者成功渗入女童子军组织，据说在女童子军里有 33% 的员工是女同性恋者。[23] 男同性恋者也以此为榜样，极力渗入男童子军。很多情况下，他们参与男童子军运动的目的不是要对少年进行性侵犯，而是利用童子军活动对孩子进行教育灌输。这样就解释了为什么后来那个关于童子军的案子被争论得如此激烈，以及为什么会一直申诉至美国最高法院。这一案子的审理结果是反对与支持 4：5，对同性恋现象的支持和反对力量势均力敌。[24] 尽管案子最后输了，但是有关公司社团已经找到了理由，表示不再对童子军提供资助[25]，甚至有些非营利慈善机构分会都停止向这一急需资助的组织提供资金。[26]

还有其他证据表明他们想打开更容易接近男孩的通道，这可以从许多国家在设法降低孩子可以与成年人同性性交的合法年龄中看出来。这一做法导致了西方国家许多激烈的立法斗争。我最近收到了一封信，这封信是“关爱信托”（Care Trust）家庭保护组织的领导者、我的英国同行林登·鲍林（Lyndon Bowring）写给我的。他是这样写的：“在伦敦，我们眼下到处都是好斗的同性恋议员强烈要求改进的呼声。我们的议会正计划同意 16 到 18 岁之间的少年和成年人进行同性恋性行为的年龄标准。除了政府作出奇迹般的裁决以外，我们不可能成功地说服他们不要那么做。我们正在竭尽全力阻止它，地球上几乎到处都有类似的斗争在发生。”

哎，遗憾的是鲍林先生和他的同事输掉了这场斗争，在英国，法定年龄被降到了 16 岁。[27] 在加拿大是 14 岁[28]，瑞典 15 岁，法国 15 岁，在德国、冰岛、意大利、圣马力诺以及斯洛文尼亚是 14 岁，而在西班牙、荷兰、马耳他以及葡萄牙是 12 岁[29]。请仔细看，后面的那几个国家是 12 岁，12 岁的人中，大多数还未到青春期呢，就允许他们和成年人发生同性恋性关系，岂不是太骇人听闻了？而且，他们的父母无法在法律上防止这种侵犯行为。凸显在我们面前的问题是：“为什么男女同性恋组织如此卖力地开展运动以降低性行为责任的年限呢？”答案非常清楚。

这个以孩子为目标的最骇人听闻的证据出现在一篇文章中，它是由在《同性恋社区新闻》（*Gay Community News*）工作的迈克尔·斯威夫特（Michael Swift）写的。它在国会辩论中由前国会议员威廉·丹内迈耶（William Dannemeyer）宣读，此文被收录在“国会记录”中。

这篇文章激怒了许多美国人，普通大众以及国会议员对其嗤之以鼻。这些话代表的是个人的观点，还是更广泛的社会观点呢？我不知道。可以肯定的是，并非所有的同性恋活动家都认同这样的观点。然而，显而易见的是，我们的男孩需要得到保护，以使他们免受性侵犯，无论其性质是同性恋还是异性恋。我们要在他们还年轻的时候日夜守护着他们。不要让他们单独到公共浴室去。要对在夏季野营中、在课外班里或者在街坊邻居中你托付的对象格外留心。任何对孩子的性侵犯行为，无论来自家庭成员还是来自隔壁邻居的男人，无论是同性间的还是异性间的，都有着同样有害的影响。

我对作为父母的你再提出一个建议，尽管这个建议遇到一些争议。我认为，让十来岁的男孩照料你的孩子，不管是男孩还是女孩，都不是个好主意。我也不会让我十几岁的儿子去照看小孩。为什么我不这样做呢？因为处于青春期的男性身上，有太多的性冲动因素，它会渗透其生活的每一个方面。男孩身上的性驱力在16岁和18岁之间达到其一生中的顶峰。在此影响之下，“好孩子”也可能会毫无恶意的、在好奇心引诱之下进行体验和摸索，这会对你的孩子造成严重的伤害。我可以肯定，我的读者中有许多人并不认可这一情形，而且可能对此感到震惊。在绝大多数情况下，我警告的这件事儿可能不会出什么问题。但是，在当前这样的情势下，不怕一万就怕万一，我坚持认为应采取预防措施，否则风险太大了。我和太多这样的父母谈过话，他们为当初相信某人不会有事而感到后悔。我提出这个建议的时候，知道你们中有些人会感到迷惑，可能还会因此而生气。但这个结论是在我多年所了解的众多不幸事件的基础上得出的。

现在让我们回到同性恋问题上来，我关心的不仅是对孩子们的性侵犯，还包括社会文化向他们灌输了些什么。记得我是在11岁时，突然间听到大家都在谈论一个我一无所知的话题。而现在，大家好像决心要告诉每一个5岁孩子关于成年人性行为的事情。我们的公共学校好像也正在坚决地朝着这一方向前进。

就我们在本章讨论过的情况而言，你能明白这种普遍的教育如何让那些正经历性别认同危机的小男孩感到无比困惑吗？而其他文化影响，如电视和电影等，极力主张男孩和女孩去“考虑同性恋”，并且去尝试角色换位行为，这些又会造成什么结果？再加上父亲的缺席或退出，我们就可以明白，为什么同性恋现象呈上升趋势，为什么越来越多的孩子和十来岁的青少年声称自己是同性恋。[30] 随着家庭结构的继续解体，我们正处在另一种流行疾病的基石上，就像历史上曾发生过的一样。

爸爸妈妈们，你们听见了吗？这种变化对孩子们来说是最大的威胁。它对于那些处于好奇阶段的男孩来说尤其危险，他们不知道这些道德败坏的谬论对自己究竟意味着什么。我要问：“有什么比花时间保护你们的孩子，并出现在他们最需要你们的时候更重要的事情呢？”我想没有。

在结束本章的时候，我将再次提到马克以及其他一些女孩子气、性别困惑或一直对同性别的同龄人感觉不舒服的男孩子们。当父母的，你们没有时间可以浪费了，为那些显然处于困境中的孩子寻求专业人员的帮助吧。父亲们，开始去应用尼科拉斯博士所概括的原则，一定要这么去做，给予你的孩子他们最需要的，那就是你。

问题与回答

我所在的群体倾向于对大多数社会问题采取包容态度，他们说：既然同性恋是遗传的、是不自觉的，它应该被肯定和接受。这对于我来说极为重要，因为我的儿子 17 岁，他宣称自己是同性恋者。你能对以上立场以及我该如何厘清我们家庭中的这一情形给予建议吗？

让我通过两个问题在另一个层面上来回答你的问题。这两个问题是：“假如……会怎样？”以及：“那又怎样？”

假如同性恋可以毫无疑问地得到证明，如同性恋活动分子所宣称的那样，其起源是与遗传、生物以及神经学因素密切相关的，会怎样？然后我们还想知道，那又怎样？如你所说，同性恋运动团体让我们相信，他们的行为是由遗传所设定的，他们自己无法控制。他们说同性恋行为在道德上是无可厚非的。这些言论是站不住脚的。绝大多数男人遗传继承的是对女性的强烈欲望，他们的自然倾向是在婚前及婚后尽可能和许多漂亮的女孩做爱。婚前的禁欲及婚后的单配偶是由法律规定和承诺实现的。如果男性都按遗传确定的那样顺从肉体感觉去做的话，大多数人都会在 14 岁之前就进行乱交了，那样做是符合生理需要的，但能说这类行为就是道德的吗？当然不道德。

假如恋童癖者（对儿童实施性行为者）声称他们对孩子的强烈欲望是遗传的，会怎样呢？他会有一个很好的藉口。他的性器官和驱使他的睾丸激素是遗传的结果。即使他的性反常行为源于早期的经历，他也会说不是他有意选择要成为现在这样子的，但是，那又怎样？是否就能因此减轻他对孩子的性侵犯造成的伤害呢？社会就应该接受、保护并允许恋童癖者享有特殊的公民权利吗？他们因为“遗传基因”所做的伤害儿童事件而受到审讯，被证明有罪，而且被判刑，难道这样的公义审判也算歧视吗？不，他们同性恋倾向的起源与行为本身是无关的，后者是被社会认定为不道德的、应受指责的。

假如最后证明酒鬼确实遗传的是对酒精化学的高耐受力，会怎么样呢？这可能是事实，因为有些人种的酗酒现象比其他人种要高出许多。可是，那又怎样？那是否意味着酗酒对那些家庭和整个社会带来的伤害就算不上是问题了？不太可能。

我希望这一点很清楚明了。因为遗传的原因而有做一些不道德事情的倾向，并不能就将这些行为合理化。我们体内会有许多种影响因素在起作用，但这不是讨论的重点。我们每个人都应该对自己的行为负责，不要去找什么藉口或理由。

我希望这样的讨论是有帮助的。至于你家的情形，我对于你正经历这样的困难而感到遗憾。既然你儿子已 17 岁了，你已经无法帮他寻找他所需的帮助了。但许多认为自己是同性恋的 17 岁青年，后来都返回了异性恋世界，我建议你保持与儿子的关系，告诉他任何时候他都可以回来，你将一直在那里等着他。

第 10 章

单身父母和隔代抚养

BRINGING UP BOYS

BRINGING UP
BOYS

多年前，雪莉和我刚结婚的时候，有一天傍晚，她独自待在家里。门铃突然响了，她起身去开门。门廊上站在一位穿着寒酸的十八九岁的年轻女子。门一开，她就赶紧机械地开口推销起各种家用刷子，那样子就像在背书一般。

雪莉听她讲了一会儿后礼貌地说："我真的很抱歉，我们不需要更多的刷子。谢谢你上门推销。"

女孩低下头说："我知道，别人也不要这些刷子。"

当她转身准备离开时，豆大的眼泪从她眼中泉涌而出。

"等等，"雪莉说道，"告诉我你叫什么名字。"

"我叫萨利（Sally），"她回答说，"我有一个儿子，我在尽力养活他。可是太难了。"

雪莉邀请这个年轻女人进屋，并对她作了进一步了解。端上一杯咖啡后，萨利说起了她的经历。她是个单身母亲，16岁时从高中辍学。当时她怀孕了，然后和一个还未成熟的男孩闪电般结了婚。但他很快就抛弃了萨利，留下她和孩子，而且几乎没有给予任何经济资助。绝望之中，没有推销技巧的她干起了挨家挨户推销刷子的工作。

我那天晚上回到家时，雪莉告诉了我这事儿，并表达了她对这位新朋友的关心。于是我们按照萨利留下的地址驱车来到她住的地方。她住在一条繁忙大街上的公寓里。我们沿着一侧的楼梯上了楼。听到敲门声，萨利抱着她那刚开始学走路的孩子萨米（Sammi）开了门，并请我们进了屋。闲聊了几句后，我问她晚上吃些什么。她带我进厨房，指了指空空如也的细面条罐子。就是它。我打开橱柜和冰箱。房间里几乎没有什么吃的东西。

我们让萨利和萨米上了我们的汽车，然后驾车到附近的一个商场。我们买了好几袋食品，然后把他们送回家。几个星期后，我们带着萨利参加聚会，而且还帮她找了一份在儿童医院的工作，当时我就在这所医院的儿科部工作。她的生活逐渐稳定了下来，后来搬出了洛杉矶地区。

从我遇到萨利和萨米到现在已经过去好多年了，我还时常想起他们。回想起第一次遇到他们时的情形，我一直记得那种境况：贫穷、孤独、养育一个或几个孩子的责任感。在这些重压之下，这样的困难是多么难以想象啊。我简直不能想象一个处在这样情形之下的年轻母亲怎样应付每天的生存挑战。她们必须给小孩以安全可靠的护理，每天工作 8 小时甚至更长时间，接送孩子，到食品店购物，然后回家下厨，洗碗筷，换尿布，帮他们完成作业，为学龄前孩子洗澡，讲故事，擦眼泪，还要帮睡觉的孩子把被子盖好。接着，在也许长达 16 个小时的辛劳和照顾孩子的责任之后，还要处理其他家务活儿。

周末有干不完的活儿。盥洗、熨烫、打扫以及清理火炉之类的重活，必须在这些“休假”时间内做完。而要是汽车抛锚、冰箱坏了，或屋顶漏水，有谁来帮忙呢？最后，一位母亲还必须想办法处理她自己的需要——她需要被爱、被关怀，也需要知识、需要学习。毕竟，她不是一台机器。我坦白告诉你，一个单身母亲，尤其是那些年轻而又贫苦的单身母亲身上的担子是世界上最最沉重的担子。那些像母亲一样竭尽全力照料孩子的贫苦单身父亲也一样值得我们称赞。不过我们这一章的重点将集中在母亲身上，这是因为她们在抚养男孩的过程中会面临特殊的问题。

美国爱家协会每个月收到大约 25 万件来信、来电以及电子邮件，其中有一些是单身母亲写来的。下面是这些充满热情的来信中的一封：

我结婚已有30年了，可我的丈夫最近去世了。现在我需要你的帮助。告诉我，我一个人该怎么做？我需要学会怎样自得其乐，知道该说些什么，做些什么以及不去做什么。告诉我，我该如何面对一座空荡荡的房子，怎样面对没有人需要我、没人要我去照料、没人和我携手共进的生活？我怎样才能学会再次享受生活？我嫁的第二个人是曾和我约会过的人，他是我最好的朋友、我的爱人、我的伴侣。我怎样才能再次找到爱？任何和我约会的男人都不想谈到我的丈夫，但是我不能将这30年丢在脑后，我不能否定它们曾发生过。告诉我，我该上哪儿找答案，那些答案真的存在吗？

你真诚的凯丽（Kelly）

这位女士将学会重新生活，但是创伤复原和心情好转需要时间。我和大家一起读这封信，并举出其他一些例子，是为了让我们所有人对那些遭受因死亡、遗弃或离婚而失去爱的人们的痛苦多一点同情心。这是人生中最具伤害性的经历之一。

我们在这里所描述的包括美国及全世界的许多人，而这支队伍还在迅速壮大着。根据2001年5月公布的人口调查数据，核心家庭（指父母与未婚子女组成的家庭）自70年代初以来一直在持续减少。一点不假，现在这个数目正以“自由落体”的速度下降。科罗拉多州斯普林斯的地方报纸《公报》（*The Gazette*）以72号大字体的醒目标题大声疾呼道：“警惕！核心家庭在消失。”[1]《波士顿先驱报》（*The Boston Herald*）上刊登了唐·菲德（Don Feder）所写的专栏文章，标题为《融化中的核心家庭》。[2]“霍华德家庭中心”（Howard Center for the family）的艾伦·卡尔森（Allan Carson）指出：“我们正在朝着后家庭社会发展。”[3]令人伤心和难过的是，这些判断都是符合事实的。五千多年来，传统的婚姻制度在全世界几乎每一种文化中占主导地位，但此刻它正在我们眼前解体。

报道中最令人惊异的是：由未婚伴侣组成的家庭在过去10年中几乎增长了72%，其中大多数有非婚生育。单身母亲的家庭增长了25%以上，而单身父亲的家庭则增长了大约62%。[4]有史以来第一次，小家庭下降到只占全部家庭数的25%。[5]33%的婴儿为未婚女性所生，相比之下，这个比例在1940年仅为3.8%。[6]从其他的调查研究我们得知，自1960年以来，同居的比例已经增长了1000%。[7]我们还看到像女演员朱迪·福斯特（Jodie Foster）这样，在二三十岁就选择独自哺育并抚养孩子的未婚女性，数量也在增加之中。[8]

实际上，反对离婚和同居的旧禁忌正在消失，我们的文化正在抛弃对终身婚姻的委身态度。真的，我怀疑大多数年轻人是否真明白为什么以前的人那么坚定地维护家庭，为什么他们对那些公开同居的人不予支持。那是因为，这些做法违背了植根于文化中的道德准则，这一信仰体系现在几乎要消失了。这些社会变化显示了堕落的日趋蔓延，这将带来非常深远的影响。

在这些趋势的基础上，我们可以预测，半数以上在20世纪90年代出生的孩子，至少有部分童年时光是在单亲家庭的环境下度过的。[9]美国单亲家庭的比例已经是世界领先了[10]，而这一数字还在急剧增长。如果今后婚姻制度真的废除了，或在很大程度上变得无足轻重的话，会发生怎样的情况呢？它将预示着每个孩子都将有几个“妈妈”和“爸爸”，也许有6个或8个“祖父母”，以及十几个兄弟姐妹。对孩子们来说，那将会是一个漂泊动荡的世界——他们中许许多多人将在寄养家庭中或大街上生活（就像今天拉丁美洲的数百万人一样）。想象一下这个不稳定的世界吧。这个世界中的人都只想着他们自己以及自我保护。总之，家庭的消亡将产生一个对于孩子来说极为凄凉的混乱世界。

假设全国性的危机已经浮出水面，有人会认为，联邦政府将竭尽全力支持婚姻制度，并尽一切可能恢复其健康和活力。而实际情况却恰恰相反。我们的政治领袖对他们漠视家庭制度丝毫不感到羞愧，当布什总统的白宫国家政治顾问玛格丽特·拉·蒙塔涅（Margaret La Montagne）在一次C-Span的采访中，被问及她如何看待人口调查报告中所反映的家庭问题时，她答道：“我对此要说的是，你知道的，‘那又怎么样呢’？”[11]她的评论在其无知方面也是创纪录了。国内的家庭在纷纷解体，而蒙塔涅实际上却在说：“谁在乎呢？”让人揪心的事实是，这位女性身处政府最高部门，每天为世界上权力最大的人提供建议和咨询。不幸的是，她轻率的言论反映了对家庭藐视的态度，而这代表的是华盛顿很多官员的共识。从你最后一次听到我们的某位杰出领袖谈论婚姻的压力或者希望政府施以援手的言论，到现在已经过去多久了？

在没有领袖和其他人的帮助支持的情况下，家庭还在不断分裂瓦解。由此产生的结果是，我们的孩子成了受害最深的人。芭芭拉·达福·怀特海（Barbara Dafoe Whitehead）在她广受称赞的《丹奎尔是对的》（*Dan Quayle Was Right*）一文中，谈到了家庭分裂后男孩和女孩所经受的压力：

> （单亲家庭）中所有这些不确定性对孩子们来说可能是有破坏性的。任何了解孩子的人都知道，他们是极为守常的生物，他们喜欢事物保持不变。举一个再明显不过的例子：据我们所知，有些孩子可以多年一成不变地把花生酱和果酱三明治作为午餐。孩子们对于家庭、朋友、邻居和学校都更喜欢稳定的关系。而当家庭破裂时，这一切都会发生改变。小说家帕特·康罗伊已经发现，“每一次离异都是一个小小文明的消亡”。

没有人比孩子对此更为敏感。[12]

旧金山的加州大学的辛西娅·哈珀（Cynthia Harper）和来自普林斯顿大学的萨拉·麦克拉纳汉（Sara Mclanahan）进行了“全国青年纵向调查”，研究父亲缺席的现象。研究人员选定了6403个年龄在14~22岁的男孩，并随后跟踪他们至三十来岁。这里是他们的一些特别发现：

1. 单身母亲独自抚养的儿子更有可能发生暴力行为，显然他们和自己的父亲待在一起的时间太少了。一个非婚生子蹲监狱服刑的可能性为普通孩子的25倍。

2. 儿童保障津贴和其他公共政策在教育上没有特别有效的结果，男孩长大后依然有可能走上犯罪道路。这种情况发生，说明单身母亲的经济状况似乎并非主要因素，原因在于父亲的缺席。

3. 第三个结论甚至更令人惊讶。研究中有少数与单身父亲一起生活的十来岁男孩，其犯罪的可能性并不比那些在完整家庭里长大的男孩更大。原因何在？也许是因为那不结婚却独立抚养孩子的男人常常是慈爱的父亲。[13]

哦，对于单身母亲来说，这可真是个令人伤心的消息。我希望我能说，找一个丈夫会是根本解决方案。但不幸的是，调查证实，家长的再婚往往只会对男孩更糟糕。根据上面提到的研究，生活在继父母家庭中的男性面对监禁的可能性是那些来自完整家庭孩子的3倍。[14] 对于生活在继父母家庭中的青少年来说，走上犯罪道路的可能性和没有同父母生活在一起的孩子相差无几。很明显，继父与孩子为了争取亲生母亲的时间、注意力以及财物不断竞争，这就造成了冲突和痛苦。

混合家庭也会造成一些非常独特而难以解决的挑战。我可以告诉你《布雷迪·本奇一家人的故事》（*Brady Bunch*）① 是个神话——你以为各自带着3个孩子的爸爸妈妈能组成一个没有冲突或竞争的大家庭吗？这样的事情是不会自然出现的，尽管许多混合组成的家庭最后适应了新环境。至少在刚开始的几年时间里，

①20世纪70年代，美国著名的家庭情景剧。

一个或几个小孩通常会将继父母看成是篡位者。他们对自己已逝母亲或父亲记忆的忠诚度是极为强烈的，因此对他们来说，张开双臂欢迎一个新来者是一种背叛行为。这就将继父母置于难以摆脱的困境中了。

此外，由于父母一方离去而形成的权力真空，孩子往往会成为“替代的配偶”。我不是指在性生活方面，我指的是，该男孩或女孩会和抚养方之间开始一种更像是同龄人的关系。与这个帮助角色所对应的权力地位是很有诱惑力的，而少年一般不愿意就此放弃。

重新组合的家庭甚至还有更为严重的问题，这个问题主要是关于新丈夫或新妻子如何对待非亲生孩子的方式。每个人都会无意识而又自然而然地钟爱他自己的亲生骨肉，而跟对方的孩子通常只是保持一般的关系。当双方孩子之间发生打斗和霸凌现象时，父母们几乎总是偏袒自己的亲生孩子。自然趋势是，组合家庭分裂成两大阵营——我们与他们。如果孩子感觉到父母之间的这种紧张气氛，他们将由此而获得凌驾于其他兄弟姐妹之上的权力。除非有办法公开这些问题并加以解决，不然可怕的争斗总会发生。面临这样的挑战，很显然，第二次和第三次婚姻成功的可能性要比第一次低得多的原因就很清楚了。将家庭成功组合在一起是可能的，而且数百万人已经做到了。但任务是很艰巨的，如果你选择这条道路的话，你可能需要一些帮助才能实现。那就是为什么我强烈建议，那些计划准备再婚的人尽可能早一点寻求专业咨询。虽然咨询会产生一笔花费，但相比再一次离婚的代价则要小得多。

还有一个我不太愿意向单身母亲提及的头痛问题，她们可能已经因为我前面描述的情况而泄气了。但是这个我必须说。根据加拿大研究人员马丁·戴利（Martin Daly）和玛戈·威尔逊（Margo Wilson）的研究，再婚家庭中的学龄前儿童遭受身体和性侵的可能性是完整家庭中的孩子的40倍。[15] 怀特黑德（Whitehead）指出，大多数性侵是由第三方实施的，如邻居、继父的男性朋友，或另一位非亲属，但是继父更有可能攻击非亲生的孩子，而不是自己的亲生骨肉。[16]

既然再婚在解决男孩寻找男性气质影响的问题上存在不确定性，那么单身母亲必须要找到解决这一挑战的方法。她怎样才能教会他们剃须、系领带，或者以男人的方式思考？她能告诉他有关男性性行为的事吗？她该做什么以帮助他们组建未来的家庭呢？她怎样才能找到能临时替代缺席父亲的角色榜样呢？这些都是非常重要的问题，而有些办法可能是有帮助的。

作为单身母亲的你必须付出全部努力，为你的男孩寻找父亲的替身，直到像乔这样的好男人出现。一位叔叔、邻居、教练，或音乐指挥，或学校教师都可能担当这一角色。每个礼拜只需 1 个小时，让你的孩子置身于这样的男人的影响之下，这就足以产生很大的不同。让他们参加“男童子军”、英式足球或者“小联盟”。尽可能找几个“大哥哥”来。让你的男孩阅读传记，并带他们看主角是强壮的男子汉（但是要有道德）的英雄电影。无论如何，你要经过选择来解决问题，不要使你的男孩在生活中没有成熟男人的影响。如果他们没有可以作为楷模并且能起到教育作用的男性榜样，他们就有可能走上邪路，成为团伙成员，也可能变得像母亲一样女性化。正如我们所知道的，对男孩来说，让他们一味模仿自己的母亲是不健康的。

还有一个好主意，就是向在家庭教育方面有使命感的机构组织求助，他们会很乐意帮助你。有成百上千个能提供各种帮助的服务组织和非营利性组织。我自己偏爱美国爱家协会，我们制作了许多了不起的节目，其中广播录音的系列广播剧《奥德赛历险记》（*Adventures in Odyssey*）是高质量之作，现在这个系列节目被制作成了磁带和 CD，受到孩子们喜欢。现在有 470 个颇有价值的节目被灌制成集，每个节目都教授男性化的和女性化的角色塑造、家庭生活以及道德和伦理准则。《奥德赛历险记》是我们机构出品的最好节目。还有许多其他机构，也都可以在孩子长大过程中提供帮助。

现在让我再为单身母亲提出一些希望和建议。尽管研究表明单亲家庭的孩子遇到问题的概率要大一些，但是大多数还是好的。如果你是一位看重孩子教育的伟大母亲，他们就将正常健康成长。

让我们简要地谈一谈对孩子的管教，在第 16 章我们会作更详细的讨论。你应该使用与完整的家庭同样的方法来训练和指导你的孩子，有时单身母亲会因为没能给自己的儿女足够的支持、为离婚带来的痛苦环境而感到内疚，因此变得过于随意、宽容、软弱无力。这对孩子们来说是有害无益的，对男孩来说尤其有风险。他们比完整家庭的孩子更需要管教。权威而又慈爱的母亲给对一切都感到不安的孩子带来了安全感。积极介入并加以引导，需要惩罚时给予惩罚，在他们需要得到安慰时拥抱他们。让他们明白你知道你在做什么、在往哪里走，即便有时你自己可能还没有方向。

我前面提到过有因父亲离去而产生的权力真空、进而变成母亲的“替代配偶”的孩子。不要让这种情况发生。想要马上成为大人的男孩仍是个孩子，不应该让他承担成人的责任和忧虑。别告诉他你内心所有的担心和焦虑，即便他能够应付。否则他迟早还要再次扮演已经退出的父母角色，也许是在青春期，你要在他偏离方向的时候对他说不，或者予以阻止。实际上，想成为“替代配偶”的也可能是女孩。女孩希望成为这样的角色并没有什么不寻常。无论如何，不管是对男孩还是女孩，这都不是个好主意。让他们自然而然地成长—— 一天一天长大。

下面提供的一些想法，是关于单身母亲如何提高她们儿子男性气概的。黛布拉·戈登（Debra Gordon）所著的《弗吉尼亚人的引航员》（*The Virginian-Pilot*）中有一段是关于“天然的攻击性”的片段，小标题为“妈妈的男孩”。这段内容可能对你有帮助。节选如下：

> 这个圣诞节，苏珊娜·罗兹（Suzanne Rhodes）做了件她以前发誓决不会去做的事情——将玩具枪放在树下。罗兹有4个男孩，年龄从9到15岁不等，她早就决定了不给他们买枪，也决不会把枪带进屋。
>
> 她奉行的是20世纪八九十年代“政治正确”的无性别歧视养育方式：给男孩们买中性的玩具，如积木和智力拼插玩具。当孩子们的朋友佩带着玩具手枪来她家时，她让他们将玩具枪放在门外。
>
> “虽然这在以前无所谓。以前外面还有好多孩子手里拿着香烟呢！”这位切萨皮克母亲说。
>
> 可是今年，在和孩子们一起参观了南北战争的战场，看了一些关于本国战争的书籍和电影后，罗兹改变了自己的想法。
>
> 罗兹还有一个6岁的女儿。她丈夫是海军军官。“我对此想了许多，”她说，“他们在外面玩战争游戏，不是为了杀戮而厮杀，而是显示自己作为男孩的攻击特性。战争游戏和男人上战场打仗，这两者之间是有联

系的。我想你绝不能让男性不这样做，因为男人和女人完全不同，就像苹果和橙子一样。”

而当你谈论母亲怎样带大男孩时，会出现让人两难的问题。一种理论是说孩子的性别认同是因环境和榜样塑造的，所以应该追求无性别歧视的养育方式，给予孩子中性的童年。另一种接受男孩和女孩天生不同的理论，并建设性地引导和处理男孩天生的攻击性——如一位母亲所说的“打斗基因”。那我们到底该选择哪一种呢？[17]

依我看，最好的答案是后者。

隔代抚养

现在我们来谈谈另一些人，这些人最有可能给予你所需要的帮助。我指的是孩子的祖父母或外祖父母。他们有责任感，要去影响他们的孙辈，而且他们大都非常乐意这样做。美国爱家协会最近出版了一本在这方面很有帮助的书，它可能会激发一些新想法。它出自埃里克·威根（Eric Wiggen）之手，书名为《隔代抚养的礼物》（*The Gift of Grandparenting*）。下面是其中的部分节选，我希望它不仅能激励父母们向他们的父母寻求帮助，也激励祖父母辈更多地和孩子打成一片。以下是埃里克·威根深思熟虑的话语：

除个别人以外，大多数去探望祖父母或外祖父母的年轻人——是因为他们想要——往往是非常需要——长辈的陪伴。我9岁时在棋盘上打败了我的祖母。在我19岁时，她成了我可信赖的朋友。她给我写长长的信，告诉我家里发生的事情。当我从大学回到家里的时候，我们一起有说不完的话。你知道这是为什么吗？因为祖母愿意听我说！我很快发现她很喜欢我讲的内容，而且她比我父母有更多的时间听我说话。对你十几岁的孙辈或者单纯的年轻成人来说，也许你可以给他们的最重要的“娱乐”就是倾听他们说话。[18]

有一位圣人曾这么说，步入老年的人放慢步子、弯下腰，以便他们能再次以童心看待事物，以便他们在孩子们正迈开脚步蹒跚着向前时握着他们的手。人行道上的小虫、白菜叶子下面的蜗牛，从被雨水淋湿的泥土中拖出蚯蚓的知更鸟——这些就是小孩儿和他们的爷爷奶奶、外公外婆会留意的事物。[19]

我们的孙儿生活在不完美的家里，由不完美的父母所抚养：我们的儿子娶了媳妇，女儿嫁给了女婿，他们都是不完美的。虽然我们在抚养孩子的过程中都犯过错，可是好消息是，作为祖父母辈，我们可以期待上帝使用我们。当我们的孩子——现在的父母——长大的时候，因为我们的不成熟，我们可能让他们失望过。但是，通过享受我们的孙辈带来的快乐，是在给予我们职责弥补我们培养孩子中的那些不完美。[20]

我们必须首先坚定地重新取得做领军者的权力——如果不是整个社会，至少是在我们自己家里。这一步并不会像看上去那么激烈，因为风向已转回，而“老将出马”将再次成为风尚。[21]

提到隔代抚养，专栏作家伊夫林·沙利文（Evelyn Sullivan）对中密苏里州立大学700多名学生的一项研究作了综述。他引用了中密苏里州立大学家庭研究教授格列高利·E．肯尼迪博士（Dr. Gregory E. Kennedy）的话——他发现，在父母离婚后，这些学生觉得在他们的生活中，祖父母辈的角色，比他们在完整的家庭里时“变得更重要了”。肯尼迪博士的研究发现，无论父母是否离婚，大多数祖父母辈确实和他们的孙辈之间有着经常的联系往来。值得注意的是，大多数学生觉得与外祖父母的关系要比与祖父母的关系更亲近一些。这是由于离婚时孩子往往判由母亲监护，那么这对外祖父母来说就显得很重要了。[22]

作为祖父母辈，我们希望帮助引导我们的孙子孙女顺利跨过进入成年期的门槛。我们认识到这些在大多数时间里都很快乐的青年，在那些最艰难的岁月里——从青春期到稚嫩的成熟期——却遭受着痛苦。我们可以在以下几个方面尽力做好：在我们必须对他们的行为给予批评时，态度温柔一些；当我们照看他们时，我们要给予指导和示范；正如我们不会对另一位成人的假发或发型提出疑问一样，我们应避免对刚进入成年的孩子作出个人评论，他们的心灵可能在学校的批评指责和家庭的冲突离异中已经受到了折磨和践踏。但总而言之，我们所能做的就是：支持和鼓励、倾听和祷告。因为我们有爱心。[23]

今天的祖父母辈不仅需要支持自己的女儿和儿子，有许多还接受了照料看护孙辈的重任。多年前他们抚养过自己的孩子，而且认为他们作为父母的任务已经完成了。然而，当他们对重要的孙辈责任只应该起到辅助作用时，他们却面临两个困难的抉择：要么接受再抚养一代孩子的职责，要么看着孙辈继续承受抚养不当及缺乏照顾之苦。家庭的作用本不该是这样的，它显示了婚姻家庭解体和非婚生儿女现象带来的另一方面影响。我需要另写一本书或好几本书，来对此作更深入探讨，它也需要我们有一些新的思考。

我还没有直接、大胆、公开地和在基督徒家庭中成长起来的人交谈过，所以我不能对这一讨论下结论。你们在本章已经读到单身母亲面临的挑战。我希望你考虑一下你可能给予帮助的方法。读到这本书的男人们，当你打算出去钓鱼或到户外玩球类游戏的时候，把你认识的由单身母亲抚养的男孩和你自己的儿子一并带上，怎么样？让那些没有父亲的孩子知道你关心他们。回答他们的提问，并教他们怎样投球、怎样断球、怎样防守。

至于结了婚的母亲，我希望你们能向萨利那样的单身母亲伸出手来，帮助她完成抚养孩子的任务。帮她照看婴儿，使她有时间能脱出身来放松一下。与那些生活拮据的人分享你的财物，并让她们加入你的假日活动中来。给她鼓励和帮助，可能你的一点儿付出就会将一位处于悬崖边上的母亲救回来。我相信，你会因为关心一个孤苦的人而得到回报。

至此，我们将再用两个简单的思考来结束这场关于单身父母和隔代抚养的讨论。这牵涉到抚养工作完成后的“放飞”这一困难任务。那将是极易激起情绪的时刻，尤其对那些没有丈夫或孩子父亲帮助、独自带大孩子的母亲来说，她们曾日日辛劳、流汗、祷告、哭泣、节俭、储蓄、烹饪、打扫、教育，带着自己的孩子经历过无数坎坷。突然之间，孩子童年结束之时，她存在的理由、生活下去的激情也随之不存在了。她的孩子长大了。在她的儿女离家之后，她内心的空虚可能像一个深渊。在经过所有这些磨砺后，她又是独自一人了。

我在美国爱家协会的办公室靠近美国空军学院的峡谷的另一边。从那儿我可以看到练习生正在为日后成为飞行员或机长苦练。我特别喜欢看滑翔机划过长空。那些优美的黄色滑翔机要想飞起来，唯一的办法是拴在动力飞机上，让它把它们带到能碰上气流的地方，然后让它们脱钩并自由滑行，直到它们自己回到地面。

有一天我在观看这壮观的景象时，认识到了飞行和单身父母抚养小孩之间的相似之处。那就是你的孩子有需要被“动力飞机”牵引的时候，如果不提供这样的帮助，或者如果这样的帮助不被接受的话，“滑翔机”永远都无法离开地面。可是，不可避免的是，年轻的飞行员被放开、独自在蔚蓝的天空自由飞翔的那一刻终究要来到。要学会成功飞行，这两步操作都是必需的。如果身为父母的你在他们年幼时不为你的孩子做这些事，他们可能一生都在“地上”。另外，如果他们已经成人却还和你绑在一起的话，那么，他们永远都无法体会到独自飞行的激情。放飞不仅是给你长大的儿子以自由，还意味着同时让你也有空间展翅高飞。这才是这个神圣计划的全部。

现在，我要介绍一部黑白老电影来结束这场关于单身父母和隔代抚养的讨论。这部影片可以带给我们启发。影片的主角是金格尔·罗杰斯（Ginger Rogers）和罗伯特·赖安（Robert Ryan），片名是《亲切温柔的伙伴》（*Tender Comrade*）。事情发生在1943年，当时大多数丈夫和父亲都去打仗了，罗杰斯是许多独自抚养婴儿的妇女中的一位。一天，她收到了来自陆军部的电报，它是以这样可怕的字眼开始的：“我们很遗憾地通知您……”她的丈夫不幸在战场上牺牲了。金格尔立即跑到楼上的婴儿房，在那里，她的宝贝儿子正躺在婴儿床里。她将他抱起来，沉默了一会儿之后，她满含泪水对着宝宝说出了这些感人肺腑的话：

> 醒一醒，克里斯。我不得已才这样把你叫醒，很抱歉，可是，我得找个人说说话。我不能和楼下的人说，因为他们正在举行婚礼。你是我唯一可以诉说心事的人。我想，无论如何这只是你我之间的私事。我设想，从现在起的几年后，我将告诉你我是怎样站在火车边上的。（她的声音消失，在背景中可以听见她和丈夫在火车站说话的画外音。）
>
> 小家伙（将爸爸的照片给婴儿看），这是你的爸爸。克里斯，这是你的儿子。你们俩再也见不着了。只有通过我，你们才能知道彼此的事情。所以现在我就来作介绍。克里斯，这是你遇到我之后才想要的孩子。这是你爸爸，小家伙。我认识他的时候，他比你大不了多少。哦，也许

大几岁吧。你的眼睛和乱糟糟的头发和他一模一样，你知道的，你的头发从不老实待着。它确实遗传自你爸爸。称他是你爸爸好像有些可笑，他自己还是个孩子呢。（她的声音消失，背景中传出她和孩子父亲回忆童年生活的声音。）

我是和他一起长大的，所以我知道你以后会遇到的所有事情。你7岁时，有个姑娘用炉渣敲你的头；在你10岁时，你会准备给她剪头发；在你15岁时，你第一次带她去舞会，伤了她的心。你瞧，小家伙，我都知道。（她的声音消失，背景中出现父亲讲述他为儿子做的所有美好计划的画外音。）

记住他，儿子。在你有生之年都要记住你父亲。他是个优秀的男人，我的克里斯。他从不发表演讲，可是为了你能享受比他更美好的未来，他战死沙场。你一定会有比你的爸爸更好的前程。他为你的未来设想了很多很多。永远别忘记，小家伙，永远别忘记。他没有给你留下什么钱，他没有时间，克里斯。他没有给你留下百万美元，或乡村俱乐部，或长长的、亮闪闪的汽车，小家伙。他只给你留下了一个最适合你成长的世界，这是他用生命为你买来的。那是他的遗产，一个来自你爸爸的私人礼物。（她的声音消失，背景中可听到父亲谈到战争是怎么回事的画外音。）

还有一件事：只要你活着，就决不能让任何人说他死得毫无价值，因为要是你允许他们这么说了，你就是在允许他们把你父亲叫作傻瓜。别让他们说他死了都不知道是为什么死的，他是为一件美好的事情而死的。小家伙，如果你背叛了他，如果你从嘴里说出这样的话，如果你让人逼着你说出来，或骗你说出来，或打得你说出来，那你还不如死了的好。所以紧紧握住属于你父亲的荣耀，甜心，用那细小的手指钩住它，抓住它，我的孩子克里斯，把它从你爸爸的手中接过来，并高高地举起它，骄傲地举着它。

（她站起身和那幅父亲的照片说话。）别担心，克里斯。他长大后会是个好小伙子。晚安，克里斯（对照片说）。晚安，克里斯（对婴儿说）。[24]

问题与回答

嗨，杜布森博士，我的名字叫克里斯蒂娜（Christina），我今年9岁。我非常爱我的爷爷和奶奶。当我在爷爷奶奶家里时，我写了一首关于我喜欢去他们家的小诗。下面就是：

有一个我喜欢躲藏的地方，
有一个充满爱的地方，
那是我奶奶的庭院，
万籁俱寂时我悄然伫立，
聆听树叶的沙沙声和悄悄的说话声。
有一个我喜欢躲藏的地方，
有一个充满爱的地方，
那是我奶奶的庭院，
那是我奶奶的庭院。

谢谢你，克里斯蒂娜。我喜欢你的诗，你的爷爷和奶奶一定很特别。我希望你继续写下去。你很有天赋，我爱你。

我有7个非常好的孙子孙女，可是当我们在一起的时候，我不知道该怎样和他们沟通。毕竟现在距离我年轻的时候已经过去很多年了。我该怎样才能在谈话中吸引这些孩子，让他们聚到我身边来？我该对他们讲些什么呢？

孩子们喜欢谈论笑话和有趣的事情。她们喜欢玩游戏、猜谜语和看图画。当你以这些或其他有趣的事进入他们的世界时，而且如果你不暴躁又不苛求的话，他们会向你敞开大门的。你所要做的是把你的时间和注意力给他们。那么你会赶都赶不走他们了。

现在来谈谈你该对你的孙辈们做些什么：你可以作出的最重要的贡献之一，

就是用你们家族早期的历史，你们家族所走过的坎坷道路，以及是什么使你们有如此独特的经历来教育他们。教育顾问和作家切利·富勒用古老的非洲歌曲中的歌词来描述这一责任，其中有这样的诗句："一位老人死去，就像是一所图书馆烧成灰烬。"[25] 你就是孙儿辈的"图书馆"，能够将他们与他们的过去相连。我认为，让他们有一种家庭的认同意识是你的责任和义务。

我的曾祖母在我小时候曾帮忙带过我。我还只有三四岁的时候，我记得她给我讲关于她在边疆生活的故事。她告诉我她是怎样整个晚上坐在她的小木屋里，听到山上的狮子从山坡上跑下来寻找猪。她会告诉我那些引人入胜的经历，帮助我明白那时的生活与今天有怎样的不同。我们一起共度的时光将我们彼此联结。她当时给我讲的故事在我的记忆中依然栩栩如生，它们帮助开启了我对历史的热爱，这是一个至今还吸引着我的学科。

我建议你可以将你的孙儿孙女聚集起来，给他们讲你过去的故事——你向他们的祖母求爱的故事，她当时的容貌，以及你为什么会爱上她。然后告诉他们，信仰对你的作用。我想，你将会发现那些小家伙们会乖乖地听你的！

第 11 章
“天生的竞争者，让我们开始吧！”

BRINGING UP
BOYS

如果你有个儿子，我敢打赌他准是个天生的竞争者。他热爱挑战，没有什么比取胜更能使他兴奋的了。即使他还缺乏接受大千世界挑战的技能，但他仍然会着急地去尝试。只要你了解这是他男性气概的一面，就会很容易理解他的其他行为。

我最喜欢的故事之一，是一位名叫比尔·多兰（Bill Dolan）的男人告诉我的。他说：“我还记得那天晚上在餐桌前，儿子汤姆不愿意喝牛奶，让我逮个正着。我说：‘你得喝完牛奶才准离开。’他说：‘我不想喝牛奶。’我说：‘别废话，在离开餐桌之前，你得把牛奶喝下去。’于是我们陷入了僵持。后来，我忽然想到，我了解这孩子，我有办法。于是我去拿了个玻璃杯，倒上牛奶。对他说：‘我来和你比赛，看谁喝得快。’他说：‘行。’喝完了那杯牛奶后，他却放下杯子说：‘来，让我们三局两胜吧。’”[1]

这种竞争性的冲动在各个年龄段的“男孩”身上都很明显。我几次提到了我的岳父乔·库比施塔，他已 89 岁了，但是仍然喜爱胜利的喜悦。他每周打四五次高尔夫球，与比他年轻的同伴比赛，他每次都要记下输赢。他尤其擅长一种叫作红心的扑克牌游戏，当他在海军服役时，只要不值勤就会玩这个游戏。雪莉和我刚结婚时，他教我这种游戏，每次我们在一起时都玩，但乔从不透露他取胜的秘诀。我花了 3 年时间才弄明白他是怎么打败我的。乔常常大笑着说：“来，我们再玩一把。”现在我有了一个属于自己的小秘密。当乔有一手好牌，不动声色地企图取胜时，他的脖子会变红。我只要观察他的脖子，就知道他要做什么了。你看，乔并不是唯一爱赢的男人。

如果不考虑男人的竞争天性，对他们所做的一些事情我们就永远无法理解。否则我们怎么能解释，上千年以来为什么他们会不断发动血腥的军事战争？从亚历山大大帝、尤利乌斯·恺撒、拿破仑到阿道夫·希特勒，这些统帅率领千军万马，征战四方，死在异邦，既不是为了保卫他们的祖国，也不是为了某一特别的事业，就是为了征服镇压弱小民族。他们这么做是为什么呢？那些统帅的动机显而易见：他们将带着战利品凯旋。但那些普通的前线将士们又为了什么呢？他们忍受着物资的极度匮乏、收入低微、食物粗劣、毁灭性的疾病，以及无时无刻不存在的伤亡威胁。作为回报，除了微不足道的荣誉和同辈的尊敬之外，他们大多一无所得。令人惊讶的是，对他们来说那就足够了。1862年，在斯通沃尔·杰克逊（Stonewall Jackson）将军把北方联军几乎都赶进拉帕汉诺克河之后，南部联邦统帅罗伯特·E.李（Robert E. Lee）说道："我想战争如此恐怖倒是一件好事，否则怕是我们会爱上战争。"[2]

男性对征服的渴望，导致了无数战争，同时也激发了许多造福人类的冒险事业。它带来了15、16世纪新大陆的发现，以及那个时代建立的其他丰功伟绩。离现在更近一个的例子，是出自一本由阿尔弗雷德·兰辛撰写的题为《熬：极地求生700天》的精彩之作，该书记载了1914年的一次南极探险。全体船员乘坐的船叫作"忍耐号"，最后被困在冰海之中，船只被巨冰压碎而沉没。人们站在旁边的一块浮冰上，目睹这只唯一能带他们回家的交通工具从视野中消失。[3]这一真实的故事描写了他们为重返英国而进行的殊死搏斗。这是一本必读之作（我曾为该书的一个版本作序）。

当时，欧内斯特·沙克尔顿船长为这次探险做准备，他在当地报纸上登出了广告，他是这样写的："招募的人员须完成危险的任务，工资微薄，气候严寒，数月会漂在茫茫大海之上，危险无处不在。能否安全返航无保障。如获成功则意味着荣耀和盛誉。"结果读者对此广告反应极为强烈。超过5000位男士应征，仅27人入选。一名偷渡者竟通过偷渡加入了该旅行。我们再一次要问，为什么有这么多男人甘愿冒如此大的风险去参加这一危险的探险活动？我想我们是知道答案的。[4]

可能你的男孩也具有这种竞争和冒险精神。如果作为家长你能理解他这种天性，并对此作出回应，那么你和儿子的关系会更和谐默契。首先，你不仅应该教会他怎么去赢，还应该教会他怎样做到输得体面。做到这一点的一个好办法就是，仔细监督他参与的团体体育活动，把运动作为教育他的一种激励手段。教练和父母都必须效仿优秀的运动员精神、良好的自制力和团队精神。他们不仅应该以身作则，而且应该把这些传授给孩子们。成年人不能允许其中成绩好的男孩嘲弄年纪较小、动作不够协调的男孩。在青少年的生活中，不该允许竞技场上存在残忍行为。尽管通常会出现这种现象。其次，成年人应不遗余力地反对“不惜一切代价去赢”的观念，这种观念在有组织的儿童体育活动中已经变得司空见惯。一些父母和教练在可塑性较强的青少年面前的所作所为，简直令人感到羞耻。这些坏风气使得全国各项锦标赛都处于危险之中。

最近，《纽约时报》的头版刊登了一篇文章，报道了一些参加橄榄球、棒球和篮球比赛的孩子家长令人震惊的行为。作者写道，裁判员在裁决过程中由于遭受谩骂而不得不中止比赛的次数，已创下历史纪录。只要裁判的判决不利于他们的儿女，这些父母们就会大叫大喊、嘲弄怒骂，甚至吐唾沫。他们的行为被称为“场外的愤怒”。一名不久前挂哨离去的裁判说，他已经厌倦了那些观众的叫骂声，观众叫嚷着“滚出赛场，你这肥佬”、“你瞎了眼了”、“你这么干就是为了捞钱”以及“就是因为你，我的孩子伤透了心”。青少年比赛中，约有 15% 的比赛存在着某种来自父母或教练的言语辱骂，而 5 年前这种现象仅占 5%。这样的发展变化是令人感到羞耻的。[5]

作为父母，你的态度将影响你儿子未来的行为。如果他看见你的行为像个被宠坏的孩子，向主裁判或其他裁判员大喊大叫，嘲弄其他选手，出现不满意情况时就大发脾气，那么，你儿子的表现就会像你一样粗鲁无礼。你必须记住，起初参加团体体育运动时所希望达到的目标。在这个年龄，取胜并不是最重要的，教会孩子正确对待他的愤怒、失望和挫折才是最重要的。这并不是说，你应该小看或忽视他在面临失败时的情感。实际上，你绝不能低估孩子在至关重要的活动中表现不佳时的感受。问题的焦点不在于他的失败，而在于如何处理因失败而感受到的难堪。这对他来说是刻骨铭心的。让你的儿子谈论他的经历，帮助他理解，人的一生中总是会有胜利和失败的。做父亲的可以分享自己有表现出色的时候，也有面临失败挫折的日子。通过这样做，父亲将亲自展示他是如何走过高山与低谷的。鲁德亚德·吉卜林（Rudyard Kipling）在他伟大的诗歌《如果》（*If*）中，把失败和胜利都称作“骗子”[6]。这是一种智慧，因为一个人的成功并不像它看上去的那样辉煌，而失败也不及它当时感觉的那样可怕。

作为父母的你，对这些痛苦时刻的反应方式，既可以使它变为对孩子有益，也可以使它变为不利。我的朋友迪克·科索斯（Dick Korthals）告诉我一个他参加驯狗比赛的故事，它说明了怎样正确回应失败。作为竞赛的一部分，裁判命令参赛犬“静止不动”，然后，在其主人离开表演场后，要求它们在8分钟之内姿态保持如雕塑一般。裁判将根据主人回来前它们保持姿势不变的情况给它们打分。在比赛进行到约4分钟时，迪克注意到尽头有一条名叫杰克的健壮的德国牧羊犬。它看起来开始无法继续保持姿势，渐渐瘫倒在地。等它的主人回来时，可怜的杰克已完全趴在了地上，头埋在两只前爪里。杰克立刻察觉到主人眼中的失望，胸部贴着地面向他爬去。人人都以为那个主人会因为它的表现不佳而责骂它。但恰恰相反，他俯下身去，把杰克的头捧在手中，然后微笑着说：“没关系，杰克，下一回你会做得更好的。”这真是令人感动的一刻。

这也给每个父母上了一课，它不仅关系到体育，也关系到其他方面。孩子们总有某些时刻会使我们失望。这些因他们年幼而在所难免。发生这类情形时，我们的反应往往是向他们咆哮：“你为什么那样做？”或者：“你怎么会这么笨？”但如果我们明智一些的话，我们会记住他们只是不成熟的小人儿，就像我们小时候一样。有许多时候我们应该带着爱和温情说：“没关系，儿子，下回你会做得更好的。”

此外这里有一个小小的劝告，它可能会引起争议：我认为，要求男孩与女孩一起在团队体育运动中竞争是个巨大错误。社会学家乔治·基尔德（George Gilder）解释了其原因。他认为，男女同校的体育使身体较弱的男孩士气低落，灰心丧气，同时也对女孩没有帮助。这种观点反映了美国的许多学校教育的特点，男女同上体育课的现象很普遍。基尔德说：“这真是愚蠢的做法，甚至会使一些人类学家诧异万分，他们本来是在丛林深处做研究，也许，他们现在该从那儿出来，来观察研究时下美国人的奇异行为。”[7]对此，我举双手赞同。

我再赶紧补充一句，女孩同男孩一样需要体育运动的机会，近年来美国向女孩和妇女打开运动之门的努力是经过周密考虑的。联邦政府提供的Ⅸ号基金资助要求在男女之间公平分配资金，这是一个有益的、成功的举措。然而与此同时，在这一过程中男性丧失了一些宝贵的东西。千百年来，体育一直是男子竞争的领域。在体育馆中和运动场上，他们为自己的竞争天性找到了宣泄口，并为男性身份和个人自豪感找到了源泉。这些渠道当然仍可供他们使用，但他们的世界已经被侵入，在某些方面被超越了。实际上男女两性已开始试图彼此超越对方。

1999 年美国女子足球队赢得了世界杯冠军之后，《新闻周刊》在 7 月 19 日的封面上以头号字体大标题宣称《女孩为王》。杂志刊出的特写照片是体格强壮的布兰迪·查斯顿（Brandi Chastain）在她战胜中国队那一刻，突然脱掉运动衣，双膝跪倒，紧握双拳，发出胜利呐喊的样子。杂志的封面故事解释了标题：“在近郊的足球场上，四面八方传来了新的战斗口号：女孩为王。”[8] 它还描写了由佳得乐公司赞助的广告，表现“我能做得更好”的主题，他们让队中的另一选手米娅·哈姆（Mia Hamm）与 NBA 球星迈克尔·乔丹同框出现。广告画面是两位超级巨星在一系列体育竞赛中摆好架势，从网球到武术，米娅同迈克尔较量，寸步不让。俄勒冈大学的一名教授里克·伯顿（Rick Burton）如此评论这则广告：“从画面上看到的是美国体育界最伟大的偶像和这位女性在一起比赛，而后者在说：‘嘿，我能打败你。’”[9]

我在美国女足胜利时参加了庆祝，事实上，我和妻子观看了电视转播的比赛并为之喝彩。米娅和她的队友因她们的成就值得我们赞誉。然而比赛报道的方式使我有些不安。把男性和女性对立起来是个误区。宣称“女孩为王”，那我们就要问，她们现在在统治谁？是男孩吗？无论那意味着什么，它都暗示男孩已“退居次席”。我们的政治文化正在以各种方式不遗余力地告诉青年男子，他们是差劲儿的。

如果我能做些什么的话，我该怎样改变这种状况呢？我不知道。我对此感到矛盾。我有一个女儿，她参加过田径赛和其他体育竞赛，我承认这些活动对女性有相当的价值。非常遗憾，10 年或 20 年前她们还无法参加有组织的体育运动。但我只是希望男性能有更多的机会展示他们的男子气概。过去男子独享的领域一个接一个地消失了，今天完全由男性占据的领域几乎荡然无存。甚至参加战斗也不再是男子独有的职责，我们文化中如此多的领域已经变得没有了性别差异。无怪乎男孩们对做男人意味着什么，只剩下了模糊的概念。

最后让我介绍一篇由雷蒙德·洛维特（Raymond Lovett）写的自传体文章作为总结，它于几年前发表在《绅士》杂志上。我把它保存在我的文档中，因为它帮助我理解为什么男孩如此痴迷体育和竞争。我希望你能花一些时间阅读这篇文章。

淘汰

“别把球打给我。请别打给我。”我心里默默地喊着，我的胃因为恐惧而扭成一团。我渴望奇迹发生，真希望我能控制击球手的方向。“我打赌他会向左击球——别，哦，千万别。”我对那副借来的、不怎么靠得住的手套嘟哝着。我真希望我能不用接球就混过这一局。

最后我被选中了，我再次被分配在右外野。今天，就算我们这边只有7个人，我还是很没面子地被安排去打右外野。就算中间手缺人，他们也认为这样的安排对我更好。对我的技术的判断，与其说是有意贬低，倒不如说是恰如其分，这一事实反倒增加了我的恐惧。

“别往这儿打，鲍比，请用另一只手击球。”我想对肌肉发达的鲍比·伯德曼说，他是场上唯一能两边击球的选手，此刻由他决定往哪边打。他选择了左侧。他左手击球时通常会向右外野打一个很高的球，接下来的几分钟里我感到一阵恐惧，因为不用多久就要轮到我接球了。

他打出了第一个球。我看着球离开球棒并紧盯着它。这个球很高。我听到了嘲笑声。

“这是一个全垒打，你直接把球打给他。”

“来吧，雷莫。”

“保护好你的脑袋，雷莫。”

“往后退，往前跑，朝右，朝左。”有人戏弄着说。

现在球在往下落。我想我能接住这个球的，我把那双型号偏大的手套握在胸前，左手往手套里使劲儿戴了一下，以准备好迎接球落在我的手中。球在向我的后方移动，我跟着它一起移动，一步一步往后退。我停住了，准备接球。在最后一秒钟，球再次移动。我向后一跃，手套碰到了球。球向上弹了一下，随着我做了一个后滚翻，我把手套握在胸前，球滚落到我的手套中。我跳了起来。

“我接住了！我抓住它了！”

"扔出去！把它扔出去！使劲扔！"

伯德曼几乎已在3号位。我为自己开了个好头，然后我竭尽全力地把球扔向内野：低手投球。然而当球在离一垒位还有些距离的时候就开始减速往下坠。当一垒手接触到球时，伯德曼正穿越本垒。笑声很响，说话声更响。

"你看见那球了吗？"

"投得真棒。"

"好臂力。"

"嘿，雷莫，给我扔一个球。"有人用假嗓子向我叫喊。

"我……接……住……它了……"但笑声把我的话给湮没了，满心踌躇的我此时再也说不出话来。

"没错，你当然接到了。"一垒手叫喊道。

我确实接住了球。但是嘲笑我的人，包括我自己在内，对我丢球这件事都已习以为常，他们有意装作看不见我接住球的事实。

他们了解过去我在右外野的表现。我太伤心了，我也无法为自己辩解。

"还是改扔套环吧。扔套环才是他能玩的游戏。"

"给我再滚一个，雷莫。"

我越伤心，就越努力去试。而我越努力，却打得越糟。我埋怨我的姐姐，是她们教我用她们的方式投球：低手投球。我无法改掉她们教给我的这个习惯动作。我越是使劲，看上去就越像个女孩。每一次我尝试高手投球都会招来更多的嘲笑。我用全身的力量投球，我的胳膊肘紧贴在肋部。可这看起来更带女孩子气。我需要在无效的努力和继续低手投球之间作出选择。我选择了继续使用低手投球，并和它一起度过了那个充满嘲笑和讥讽的漫长夏天。

他们嘲笑我时，我真想回击。有时候我真想把他们给杀了，我要让他们每个人都遭受肉体的痛苦，直到讨饶为止。但我敢怒却不敢争。那群人的嘲笑打击是如此之大，使我陷于无力还手的境地，丧失了行动的勇气。我觉得那打击是如此之重，以致我难以伸出拳头，哪怕是有力的一拳也不行。

我把内心的伤痛转化成一种报复的力量，我要做给他们看。明年如果我入选本地球队，我将会是“南方强击手”队中的新星。

赛季结束时，我花了39分钱给自己买了一个粉红色的球。从落叶飘零的秋季到白雪皑皑的冬天，我把这只粉红色的球投向空中，接住它，再投出去。一个备受嘲笑的右半野手，就这样被内心对成功的渴望所激励鞭策而不断练习。

在家里，我发现了我手臂的动作问题。关键在于要把我的手臂收回来。如果我把手臂收回，那我就能扔得更远。我学会了用一种弧形的动作投球，身体和手臂一起动。我天天坚持练习。这一天终于来了，我学会了，我能高手投球了。

我的球技令我欣喜。我继续进行假想中的比赛，之后我想象我成了明星。在家里，我想象我在每一场重要的联盟赛中都完成出色的接球，我想象我救出全垒打的球，想象中作为对我臂力的考验，我打出去的球能让对方跑得最快的选手出局。本垒就是我家房子靠山墙那边两扇窗户之间的一块板。因为我在想象中无数次练习击中跑向本垒的奔跑者，以至于那块地方在冬天之后被污迹给弄脏了。

除了学会作为投球手和接球手的新技术之外，我还得到了属于自己的手套。当时，我们去看望我的堂弟，我在叔叔院子里看到了它，把它捡起来。它是浅褐色的，手指之间几乎没有填充料，而掌中的填充料更少，它也没有网状蹼。事实上，它既像一只垒球手套，也像一只松松的滑雪手套。但它看起来还能用。当我要求父亲向叔叔要这只手套时，父亲拒绝了。我说我愿意付钱。他再次拒绝了这个请求。

“当你学会怎么打球时，你会得到一只手套的。”

绝望之中，我一时充满了勇气。我叫来叔叔，向他要手套。他把手套送给了我。

回家路上，我买了亚麻籽油。在给我的手套上油时，我感到一阵狂喜：现在，没有什么能阻止我了。我抓起那只粉红色的球，奔向想象中的芬威赛场（职业棒球联盟赛中最负盛名的场地之一）。油浸透了我手上那只劣质皮革手套。粉红色的球不断击痛我的手，它在帮助我的手渐渐适应不怕被硬球打疼，就算打疼了又怎么样呢？也不会阻止我成功。我能投高手球，能漂亮地接球，我手臂强壮，而且现在我有了属于自己的手套。在屋檐下，我用涂了油的手套抓住那粉红色的球，我开始想象自己在扮演“南方强击手”队中的明星角色。

我想象着我首次上场的每一分钟。我要买一顶棒球帽。我骑车出去时，把手套挂在车把上。我会准时到场。我先热身练习，我会赢得速度赛。我不会在场上犯错误，我会接住向我打过来的球，我会用准确有力的投球炫耀我的臂力。我要与其他选手交朋友。没有人再会嘲笑我，我不必再经受右半野的考验。

那段时间没有任何东西能逃过我的想象。我想象那湛蓝的天空，我站立的方式、位置，我凶猛的平飞球以及我迅速的全垒跑。我感觉到朋友们的友情、玩笑，以及对我的技巧和勇气表示的钦佩。我想象自己穿着 8 号球服，第 3 位击球。有一刹那我甚至看见我们首场比赛的记分：4 个球我击中了 3 个（两个二垒打和一个一垒打），4 个 RBI 打点本垒得分。我知道那天我会穿什么，早餐我会吃什么。我能闻到赛场上春天的气息，看见中边野地面潮湿，重要的是，我会很享受。

3 月 1 日，我开始注意有关比赛的公告牌。3 月中旬，我的同班同学麦克和亨利开始谈论有关球队和首场训练的事情，但他们不跟我交流。我问了一个问题，他们也不理会，要不他们就只顾彼此问答。他们故意视我而不见，使我再次冒出在右半野的那种挫折感。

4 月 4 日，星期一，放学后，我看见麦克和亨利骑着自行车迅速驰过，手套挂在车把上。

“你们上哪儿去？”我喊道。他们没听见。我感到一阵恐惧：难道是今天吗？

我再次跑进学校，三步并作两步跑上楼梯，狂奔到公告栏前。我在一大堆通知里搜寻。啊，找到了，在那儿！一张小小的橘色文档卡，用图钉钉在一块贴满纸条的告示板当中，上面用铅笔写着：

预赛

南方强击手队

14 岁及以下

星期一下午 3:30 南公园

教练：B. 卡明斯

我怎么能漏过这个通知？我感到一阵恐慌。我要去！我要去！我拼命跑了两千米回到了家，中间只停下一次喘了口气。情急之中，我怎么都找不到我的手套。正要放弃时，我想起我每晚都是把它放在我的枕头底下。我记得乔·迪马乔（著名棒球手），当他还是男孩的时候，也是和他的手套每晚睡在一起。与你的手套一起睡会增强你的愿望，使你成为一个更棒的接球手。我抓起手套，直朝赛场狂奔。

我疲惫不堪地跑到赛场，幸好只迟了几分钟。我穿过右门进入球场，接近右场时，我降低速度，变为慢跑。当我踏进边线时，我停了下来，本来满心期待却突然变得心里空空焉。我向本垒望去，看见了教练。亨利、麦克和其他选手正在热身。

我感到一阵孤独、恐惧、虚弱无力。我在右半野的失败经历再次将我压倒。一阵自我怀疑的念头吞没了我的希望，浇灭了我的热情。沙地右翼手独处一隅的孤独感难以摆脱。我站在那里，试图忘记过去。但我做不到。去年夏天失败的恐惧与我冬天勤奋练习时所树立的信心在交战。

我摇了摇头，奔跑起来，想摆脱我印象中的右场手形象。这是新赛季！我向着我的过去呐喊。

我应该向教练打招呼吗？不。除非他正眼瞧我。我脱下夹克，把它放在板凳上，便奔向左边野。

“嗨，孩子，你上哪儿去？”教练问道。

“那儿，场地上，去练习。”

“你想参加球队的选拔吗？”

“是的。”

“你打什么位置？”

“我？我在那儿。外场，主要是外场。”

他看着我，没说什么。可他的眼神逼着我继续说下去。

“在那里，”我指向右外野，“我是一名右外野手。”

“是吗？”他说。

教练看了我一眼，随后，我回到了右外野。

教练打出又高又远的球，那是我看到过的、向外野手打出的最高、最远的球。以前我从来没有接住过这么高的球。我能行吗？他向每个候选人打出 6~7 个球，我开始观察其他接球者。几乎每个男孩都轻而易举地接住了球。其中一个孩子摔倒了，但其余的人都接住了教练打出的球，并顺利投给二垒，他们举臂欢庆。现在，轮到我了。

我站在那里，等着教练打给我的第一个球，此时我真希望能躲在自家屋檐下。他击球了。球很高——又高又急，我判断着。我向里跑，不停地跑，越来越快，全速奔跑。我扑向球，把它接住了。

“好球，接得真棒。”他说。

然而我错误估计了后两个球，丢失了第 3 个球，使得我的一个漂亮接球前功尽弃。虽然我用尽全力投球，但投出的球落点很近。这毕竟不是我那个粉红色的球。

在击球练习时，我没击中前 3 个投球，后面打出一个平飞球和两个内野飞球，大约 12 个球是击球出界。这些完全出乎我的意料。

击球练习期间在外场等待时，我想加入关于比赛安排、练习时间、谁将参加第一场比赛以及比赛位置的热烈交谈中去。当亨利告诉我，有两个孩子将被淘汰时，我一阵恐惧，感觉瞬时失聪。我的热情就像我身体里的水分一样，迅速蒸发。我开始搜寻比我今天表现更差的两个孩子。可是没有找到明显比我实力更弱的人，我开始试图夸大其他人的微小失误。我默默地向教练暗示：

看，他挥拍迟了。

那家伙超重了。

他击不中内场投球。

我认为他情绪不稳。

当练习停下来时，我发现自己徒劳地试图躲避教练的目光，他似乎一直在关注着我。不一会儿，他点头示意叫我过去。

教练他 45 岁，身材魁梧，他的表情就像参加世界锦标赛一般严肃，他将那只汗毛浓密的手臂轻轻地放在我的肩上。此时真希望能有个地缝让我钻下去。我能感觉到他这个硬汉是在刻意对我显得温柔一些。他告诉我他只能留下 15 个选手。“抱歉，你不在其中。”

他看着我，我也看着他。他开始继续往下说，而我打断了他，说出了自己 12 年来，也是我有生以来最大的谎言。我鼓起自己破碎的心灵中最后仅存的勇气，说道：“我理解，没关系。”泪水在我的眼眶里打着转。

别哭。别哭。

我把那如洪水般汹涌的情绪压在心底，表面上做出一副毫不在意的模样。我费力地走到击球手亭子的另一边，捡起手套，调动我全部的自制力，走到饮水器边。我觉得整个世界都在看着我。在饮水器边，我转过身来，发现没有人在看着我。我走到看台后面，从篱笆下面钻了过去。我拔腿全速奔跑起来，穿过树林，枝条擦过我的身体，我向通往我家那条路直奔。我跑得越来越快，越来越快。我的头脑一片空白，我绝望地奔跑着，直到感到筋疲力尽才停了下来。我的心狂跳着，感到一阵心碎。

我坐下来，然后躺倒在草地上直直地盯着太阳，我想要是眼睛看不见了该多好啊。我的胃拧成一团。

一小滴泪水溢出了眼眶。我想抑制住它，但这时泪水已夺眶而出，哗哗地流了下来，就像从一口破裂的水井中喷涌而出。我想止住它，但我却抽泣起来。思潮澎湃，如波涛一般向我的全身袭来：愤怒、激动、失望和极度的悲伤。我的梦想破灭了。我的希望残存。我终于忍不住哭泣起来。

我为想要的太多、为渴望那不可企及的目标付出了代价。很久以后，我才明白，遭淘汰仅仅说明我的垒球技术还不够格，而不是对我整个人的否定。青春期的少年就是心眼儿窄，看不到自己身上的宝贵价值。

我希望一辈子永远记住这一课——别人对我的技术或能力的评价并不等同于对我个人价值的判断。但知行合一并不容易，我时而仍然会把对我外在能力的判断和对我内在价值的评价混为一谈。但最终我克服了这个困难。现在，我不再那样长时间或残忍地鞭打自己。有时候，当生活击碎了我的梦想，我选择“大力水手”的明智态度，而不是看重当年那个教练的评价。现实生活中的大力水手，会朴实而自豪地说：“我就是我。”这就够了。[10]

问题与回答

我儿子还在高中二年级时，参加了篮球队的选拔。当他落选时，乔希感到伤心和惭愧，以至于他从此以后再也不去参与比赛了。这个孩子是个天生的运动员，他本可以在几种运动中都能有出色表现，但是现在他缺乏尝试的信心。您对此有什么建议？

伟大的棒球投手奥雷尔·赫什尔（Orel Hershiser）几年前曾经是我们电台的嘉宾，他讲了一个关于他第一次参加竞争性体育运动的故事。你可以把这个故事与你儿子分享，以此作为讨论绝不轻易放弃的基础。

奥雷尔说，当他在读初中和高中时，由于他的胸部内陷，因此他的肩膀向下靠就能“夹住篮球”。他自称是一个找不到女朋友的“经典小丑”，他自我感觉糟透了。然而就是这个人，后来被“洛杉矶道奇公司”的经理汤米·拉索达称之为“斗牛犬”，因为他是个如此凶悍的竞争者。是什么使他从一个失败者变为赢家的？奥雷尔说，是因为他决不放弃。他总是不停地努力拼搏。他告诉我，如果他在棒球上失败了，他相信自己能够在其他体育运动中取得成功，因为他永远是一个努力奋斗者、一个尝试者、一个实干家。[11]

同样的态度也能够使你灰心丧气的孩子变成一名冠军。他总能找到某一些可以胜任的运动项目。可以在教练或训练者的帮助下发现他在哪些方面是有前途的，然后鼓励他去大胆尝试。他长大以后可能不会一定成为像奥雷尔·赫什尔那样的世界级优秀选手，但话说回来，他仍然有可能会成功。

我家有 3 个男孩，老二与其他两个孩子相比，看起来似乎更为“失落”。在家庭中处于这样的位置有什么问题吗？

并不是每一个排行在中间的孩子都会有找不到自己位置的困扰，但一些孩子会有这种情况。你的儿子可能是其中之一。这一事实使他困扰：他既不享有长子的地位，也得不到父母给予更幼小手足的同等关注。当他到了学步年龄后，他的领地被另一个可爱的新生儿入侵，因为这个婴儿从他那里“偷”走了妈妈。毫不奇怪，排行中间的孩子常常会问：“我是谁，我生活中的位置在哪里？”

我建议你设法确保你所有的孩子完成自我身份认同，尤其是排在中间的孩子。这里有一个建议希望能对你有所帮助。首先，你应该轮流关注这几个孩子，每周单独带一个孩子出去，打微型高尔夫球、保龄球、篮球，或者去吃煎玉米卷、比萨饼，再或者到溜冰场去。只要是那个孩子喜欢做的，并且确保是跟他单独约会就行。至于你们在一起做什么都不是最重要的，可以由那个被排到的孩子作出选择。其次，你可以要求每一个孩子设计一面属于他自己的旗帜，然后把它绣到帆布或棉布上。在每个孩子的“特殊日子”里，可以在家中把那面旗帜升起来，包括生日，或是他获得了学校的优等成绩之后。你也可以参考其他方法，只要能够达到同样的目的。

这里我想再次强调的是，记住你的目标：除了强调他在群体中的身份之外，还需要策划一些针对每个男孩不同个性的活动。排行中间的孩子常常最需要这种特殊关注，你的孩子可能就是其中之一。

第 12 章

男人是傻瓜

BRINGING UP
BOYS

我们已经指出，今天男孩出现问题的首要原因是家庭的衰微，再有就是缺乏全心爱孩子的父亲。我们现在还要考虑在20世纪60年代后期出现、席卷世界的另外两股强大力量，它们就是性解放运动和激进的女权运动，这两者都是造成今天男性面临困惑的主要原因。这段时期的西方国家似乎是在一个疯狂的边缘摇晃。《时代周刊》称之为“切断过去和未来的刀锋”[1]。

这段时期带来了新的思考和行为方式，直到今天依然伴随着我们。从来没有一种文明会如此迅速地选择抛弃其主要的价值观体系，而这恰恰是那短短10年间西方国家所发生的变化。不仅传统的道德准则和信仰开始崩溃，而且联结着男人和女人之间关系的古老法则也被颠覆。它所引发的这场两性之间的战争许多年之后仍在进行之中。从历史的教训中看到，脆弱的年轻人是遭此战争创伤最多的人。在此过程中，美国的男孩被“流弹”击伤了。

如果不考虑女权运动意识形态的影响，我们就不可能理解今天孩子们的处境。这当中受最大冲击的是对男子气概的诠释。所有与男子气概相关的特征都受到轻蔑，坚持传统角色和保守态度的男人会被说成 “大男子主义”。如果他们一如其父辈所做的那样，傻乎乎地企图为女士开门或在地铁中给女士让座，他们会被称作“男子沙文主义的猪猡”。妇女们把自己称为“不愿再忍受下去”的牺牲品，而男子却被说成千百年来虐待和剥削妇女的无情压迫者。随着数目惊人的妇女不顾一切地打点行装离开自己的丈夫和孩子，离婚率开始直线攀升。“愤怒”成了电视谈话节目和情景剧的主题。我回忆起一段电视采访，甚至现在把它写出来仍然会感到难堪，那是对前披头士乐队歌手约翰·列侬和他那位有点另类的小妻子大野洋子的电视采访，其间他们演唱了他们的新歌《女人是世界的奴隶》（*Woman Is the Nigger of the World*）[2]，歌词表达了令人震惊的观念：妇女仅仅是她们男主人的奴隶。

对男性的战争事实上发端于凯特·米利特（Kate Millet）的一次演讲，题为《性别政治》。这篇演讲是在康奈尔大学举行的一次“妇女解放”会议上发表的，演说中第一次把男人和女人描写为政治上的敌人。[3] 从那以后，这股激情大有燎原之势。1968年6月3日，流行艺术家安迪·沃霍尔（Andy Warhol）被“抨击男性协会”（Society for Cutting Up Men，SCUM）的创始人瓦莱里亚·索拉尼斯（Valeria Solanis）开枪射中腹部。原因何在呢？就因为他是个卓越的男人。[4] 在1968年的美国小姐选美表演中，女权运动抗议者把“女性遭压迫的所有标志”，包括她们的胸罩，扔进了垃圾桶（直到现在我们还弄不明白，为什么连女人不喜欢她们的内衣也要归罪于男人？）[5]。哎呀，这场革命真可谓一发而不可收拾。

虽然这些早期的女权主义者引起了社会对一些应该得到满足的合理要求的关注，例如男女同工同酬和工作场所的歧视等，但后来的运动远远超越了正常合理的范围，她们开始攻击和破坏家庭结构。到这一风暴逐渐消退时，婚姻制度已从根本上被动摇了，男子气概本身被污名化，至今尚未完全恢复。

然而，现在“焚烧胸罩者”已成过去，而且她们的许多引人注目的观点也开始被人怀疑。但是这些早期的女权主义者的徒子徒孙，和她们在媒体、大学及娱乐业中的自由主义同盟军继续在试图重塑我们社会中的性别观念和道德观念。其中的一些激进分子仍在诋毁男子气概，并想摧毁她们所认为的“家长制社会”的最后残余。父母们必须了解这场两性之间的战争，这是极为重要的，因为这影响着他们养育孩子的方式。女权主义者卡拉·曼蒂拉（Karla Mantilla）把该运动提倡的主张在一篇题为《孩子需要“父亲”，就像鱼需要自行车》（*Kids Need “Fathers” Like Fish Need Bicycles*）的文章中作了概括。她写道：“我认为男人倾向于强调诸如纪律、权力、自制、禁欲主义和独立的价值观念。当然，这些东西可能会有一些帮助，但总体来说，它们对孩子（和其他生物）是具有破坏性的。无疑它们使我的儿子遭受孤立、痛苦生活的折磨，直到有一天他发现了使他跳出男子气概陷阱的办法。”[6]

男子气概的陷阱？这就是许多女权主义者对男性的看法。今天仍有许多这类敌意的宣传，为的是让更多人接受它的核心理念，即“男人是傻瓜”。它宣称，大多数男性是不成熟的、冲动的、自私的、虚弱的，而且不太聪明。这一运动的路径仍能在文化的每一个层面观察到。有趣的是，贬低男性的意图渗透在娱乐产业，包括在许多电视商业片中。老套路的剧情中总是有一位（或一群）美丽的妇女，她聪明、性感、令人钦佩、富于自信。通常在酒吧里，她会遇到一个大胖子男人，他大言不惭、无知无识、头已秃顶、身体超重。接下来我称之为傻男人的角色就要在屏幕上出丑了，而此时那个女子会嘲笑着转身离开。今天电视上有成百上千条类似的广告。请注意地铁中的这些广告。它们在不断变化，但你总会看到它们的共同之处：

1. 傻男人太喜欢驾驶他的Lexus汽车了，因此他把嘴唇涂上唇膏，弄乱头发，弄皱衬衫。他想让他的妻子以为他刚才出去见另一个女人。但当他到家时，她轻蔑地看着他说："你又出去开车了，是不是？"他叹了口气，低下头，活像一个偷糖果的男孩被人逮住一般。

2. 在酒吧里，傻男人惊慌失措，不敢同一位漂亮女子讲话，所以一个朋友写了几张空洞无聊的便条提示他，要他开口说"嗨"以及"你好吗"。到后来，女孩与写便条的那位朋友一起离开了，而傻男人被独自留在酒吧里，依然感到迷惑不解。

3. 这个傻男人40多岁了，身体虚胖，他独自站在卧室的镜子前，没穿衬衫。他在试着戴妻子的胸罩。正在这时，他妻子走进门来。男扮女装者被逮了个正着。但她没有注意到胸罩，而是问了一些关于体育的事情。他脸上的表情如释重负。此时画面上出现的文字标题是：没有什么难得住我。

4. 傻男人试图以他对职业橄榄球的熟悉度给一个漂亮女孩留下深刻印象，但每一回都是她在纠正他的错误。然后他提醒她自己曾是匹兹堡斯梯勒队的"后卫"。女孩嘲讽道："哦，拉里，原来你过去是干停车场管理员的啊！"

5. 3个傻男人在鸡尾酒会上，看见一个穿红色衣服的漂亮女人。其中一个对其他两位说，这位女士是"主席的老婆，罗宾逊夫人"。（这一场景是为提醒人们《毕业生》中勾引演员达斯汀·霍夫曼[Dusting Hoffman]的那位罗宾逊夫人。）正在这时，这位女士一扭一摆地走到其中一个面前，说："你们知道吗？有些东西只有你看见的时候才明白，原来这才是你想要的。"这傻男人用力咽了口唾沫，然后颤抖起来。这可是他的重要时刻。这时罗宾逊夫人抢过他手中的"基利安爱尔兰红啤酒"，扬长而去。

6. 傻男人在酒吧里靠近一位漂亮女士，她正往玻璃杯里倒海涅根啤酒。（猜猜会发生些什么？）她诱人地微笑着。他为她的美貌所倾倒，以致把啤酒倒出了酒杯。广告员称此为“不成熟的斟酒”。这则广告的含义确定无疑。

7. 一名像珍妮·古道尔（Jane Goodall，著名动物学家）的漂亮女人藏在森林的一棵树后，“研究”她称之为“灵长类动物”和“游牧雄性”的几个傻男人。当他们对电视上的体育运动极度兴奋、围着汽车跳舞、做出像野生黑猩猩一样的举动时，她在一边记着笔记。

8. 下面这个绝对是我看过的最糟糕的一个广告。傻男人是一名健身房的教练，正向一位漂亮女孩演示怎样加强“臀肌”。他站在她面前，开始哼哼着拉紧肌肉，身体微向前倾，一边做着鬼脸。正当镜头使人们怀疑他的裤子里出了什么事儿的时候，他用手从后面取出了显然是用他的屁股夹碎的核桃。不知怎么，那令人恶心的广告却是希望观众向巴奇特公司去租车。这对我毫无效果，我向你保证。

我们不禁感到奇怪，为什么今天电视上有这么多的“傻男人”广告。原因可能是因为这样很有效果——也就是说，这些广告增加了他们所推销产品的销售量。广告公司在付出千百万美元做这类广告之前进行了详尽的市场调查。那么这是什么原因呢？有没有这种可能，即男人，尤其是喝啤酒的男性和男性运动轿车爱好者，确实喜欢被描写为傻乎乎、好色、肥胖、愚蠢和丑陋的呢？看样子他们应该喜欢这样。我们还不得不假设，当男人们被作为无数个玩笑的笑柄时，他们并没感到被人冒犯。但这是为什么呢？女人是不能容忍这种嘲笑的。你会注意到，傻男人广告的两极从未换位过来。试想一下，一个肥胖的、毫无吸引力的女人渴望得到一个漂亮的男人，而后者在她做出荒唐事时对她表示轻蔑，估计过 100 万年你也不会看到这样的画面。然而，男人们似乎并没有意识到这些玩笑是针对他们的。也许 35 年来，我们对于针对男性的鞭挞已经麻木不仁了。

互联网已成为仇视男性的幽默段子的主要来源。这里的一些玩笑来自一位无名作者，被称作“奇怪又真实的傻男人笑话”。它并不怎么幽默，但很能说明问题。例如：

1. 不要幻想你能改变男人——除非他还被包在尿布里。

2. 不要让你的男人异想天开——他的脑子还太小，不能独自外出。

3. 单身汉的定义：一个错过了祸害女人机会的男人。

4. 让男人做某事的最好方式：暗示他太老了。

5. 如果你需要一个负责任的男人，到精神病院去找。

6. 找一个更年轻的男人吧。反正都是一样的——他们从不会长大成熟。

7. 让男人做仰卧起坐的最佳方式是什么？把电视遥控器夹在他的脚趾之间。

这样很聪明，是吗？

过去描写道德力量和英雄主义的充满灵感的电影，如《奖金兵变》（*Mutiny on the Bounty*）或《再会，契普斯先生》（*Good-bye Mr. Chips*），已让位于20世纪七八十年代的《塞尔玛和路易斯》（*Thelma and Louise*）和《朝九晚五》（*Nine to Five*）这类憎恨男性的电影。同时，电影中理想的妇女形象从可爱娇柔的女士，如《美丽人生》（*It's A Beautiful Life*）中的唐娜·里德（Donna Reed），变为《查理的天使》（*Charlie's Angels*）或最近重拍的《圣女贞德》中那样好斗成性的男人婆。这部电影根本没有表现出本该表达的宗教信念，相反，表现的是一位强悍的女战略家，率领她的男部下走向战争。这类电影中的男性形象几乎都是屈从、弱小的样子。

就算在一些大众电影中没有明确地对男人采取敌意态度，它们也常常以某种方式削弱对男子气概的尊重。这种偏见的典型例子见于1997年票房第一的巨片《泰坦尼克号》。它再一次描绘了于1912年4月15日沉没的庞大的远洋游轮的悲剧故事。那个严冬的夜晚，1509人在北极圈附近溺毙或冻死。[7] 船体残骸沉睡在海底，直到1985年，探险家罗伯特·巴拉德（Robert Ballard）[8] 在大约4000米深的海底找到了它。[9] 他们观察到船舶已被铁锈损坏，而铁锈是由某种以金属为食的细菌引起的。因此，人们发起了一个雄心勃勃的计划，从海底重新找回那个年代的器物和纪念品。至今，探险家们和海洋学者已找回了数目可观的物件。

我和我妻子雪莉有幸参观了在波士顿举办的一次展览，其中展出了打捞上来的一些物品。我们默默地、恭敬地从那些物品旁走过，它们的主人早已不在人世。这些物品包括瓶装香水、衣物、珠宝、烛台、船上的瓷器、餐具，还有一只怀表，指针停留在它的主人坠入大海的那一刻。因为被保存在防水箱或保险箱内，几张照片和信件也完好无损。这对我和我妻子来说都是令人感动的经历，我们在想象那些不幸遇难者的遭遇，他们最后几分钟是怎样度过的。

随后我们来到最后一个展厅，死者的姓名按字母顺序刻在玻璃板上。最打动我俩的是名单中女性的名字很少。事实是，在那个悲剧发生的夜晚，有 1339 名男子遇难，而只有 114 名妇女和 56 名儿童没有生还。[10] 为什么相差如此悬殊？原因是，几乎没有例外，丈夫和父亲们献出了他们的生命来拯救他们的妻子和孩子。这是历史上最感人的自我牺牲的爱的例子之一。那些即将死去的男人为了他们所爱的人能活着看到第二天，而消失在冰冷的大西洋海水中。这就是为什么泰坦尼克被称作“寡妇之舟”。

我最近同美国国会议员吉姆·赖恩（Jim Ryun）的儿子、年轻作家内德·赖恩（Ned Ryun）讨论过这一历史事件。他发给我一份关于苏格兰格拉斯哥的约翰·哈珀（John Harper）牧师的文字记录。这位牧师在船沉的当晚就在泰坦尼克号上。他是在人们开始疯狂地涌向救生艇时喊出“让妇女、孩子和未得救者上救生艇”的人之一。然后，他吻了自己的独生女儿娜娜，最后一次说再见，把她托付给救生艇上一位游轮官员。很快他就沉没在大西洋冰冷的海水中。

当这艘巨轮沉没时，发生了许多这种男子气概的英雄故事。令人遗憾的是，《泰坦尼克号》的导演詹姆士·卡梅隆有意无视这一切，相反，他把面对灾难的男人描写成懦弱的胆小鬼，惊慌失措。在他的电影中，成百上千的男旅客在枪口下被赶出救生艇。编导甚至描写一个男人偷偷地越过妇孺，抢占宝贵的座位。历史证实确有少数男人行为卑鄙，但绝大多数并非如此。只有 325 个男人从灾难中生还[11]，而这 325 人中，一些是被分配去管理救生艇的乘务员。

电影中年轻美丽的女主人公罗斯（Rose）是一个勇敢的女孩，她也选择了与船一起沉没。她的未婚夫是个卑鄙的角色，他企图贿赂乘务员搭乘救生艇。当被拒绝时，他把一个孩子从艇上拉下来，跳上救生艇。毫无疑问，卡梅隆希望我们以为，只要一有机会，男旅客就会越过妇孺，抢占座位。同样，他淡化那些自愿把安全的机会留给别人的勇敢男性形象，这样观众就不会留意。苏珊娜·菲尔兹（Suzanne Fields）写道："如果'泰坦尼克号'今天沉没的话，将不会再有什么'女士优先'，男性胆小鬼也用不着男扮女装躲进救生艇了，一些女人定会帮他上去的。"[12]

虽然《泰坦尼克号》的艺术品质和特技效果令人叫绝，但电影中描写男人的方式是今天的电影工业的特点。他们不放过任何机会把男性刻画成自私自利、不诚实、厌恶女人的形象，或者用不尊重的态度表现男性。这就是今天的"游戏规则"。

电视情景剧也对传统的男子气概进行猛烈抨击，就像用一种特殊的拆房工具"落锤破碎机"来拆毁房子一样，这种工具的原理是用一个破碎的球体不停撞击房子。在被直接击中多次之后，楼房开始倒塌。广播网的节目从不像我一样来正面描述一个热爱孩子、为妻子所尊敬的充满男子气概的男人。没有！先是有了 70 年代的乡巴佬阿尔奇·邦克（Archie Bunker）和他逆来顺受的妻子伊利斯（Edith）演出的黄金时段的电视节目①，到今天，已经发展成许多负面表现男性的电视节目。其中多数是描写同居者赤裸裸的性行为，表演的是一段段令人咋舌的情节，男主角通常都是一些只有 14 岁男孩头脑的轻浮男人。这种最好的（抑或是最糟的）胡闹例子可以在几年前播放的情景剧《胡作非为的男人》（*Men Behaving Badly*）中见到。这个标题就说明了一切。

毫无例外，今天的情景剧中，至少有一个或男或女的同性恋者被塑造成令人同情的角色。这是文化中的一股强大潮流。同性恋鼓吹者的首要目标是影响下一代，即使最终孩子们不接受他们的生活方式，他们也要让孩子们加入支持他们的运动中。这会带来破坏性的后果。如果把这种垃圾每晚灌输给男孩，而他们又面临父亲的缺席，易受影响的男孩和年轻男子怎么能够明白作为异性恋的男人的含义，又怎么能够成为富于献身精神而严于律己的丈夫和父亲？要记住，其他流行的男性偶像也常常是淫秽粗俗的，例如与几位不同的母亲生了（然后抛弃）6 个或 8 个孩子的职业运动员以及在自己身上到处打孔并滥用毒品的摇滚明星。对正处于模仿期的男孩来说，这些失落和不负责任的男人们的行为，会给他们灌输些

①20 世纪七八十年代著名情景剧。丈夫阿尔奇努力工作，但是脾气暴躁，经常告诉他长期受苦的妻子伊利斯"克制自己"和"装傻"。该剧塑造了一个愤怒的、把责任推给别人的白人男性形象。

什么？

我们也看到现在的贺卡上表达出“男人是傻瓜”的例子。虽然嘲笑女性、同性恋或少数民族在政治上是不正确的，但抨击白种男人（至少是对异性恋那一类），这倒是堂而皇之的。有时间去贺曼礼品商店或其他零售点逛逛，你就会注意到，这已经成为极其有利可图的生意。有妇女们大量购买这些带侮辱性词语的贺卡。然而有趣的是，出售给男人的贺卡并没有采用同样的风格。它们是给妻子或恋人的，其信息常常充满温柔和爱意。售给男人的富于浪漫的贺卡和售给女人的无礼粗鲁的贺卡之间的差异是惊人的。作家沃伦·法雷尔写道：“如果男人轻视女人，这会变成诉讼。但要是女人轻视男人，这就是贺曼贺卡。”

甚至我觉得今天文化中攻击男人的举例多到可以写一本书。其中最严重的是大学妇女研究课程，其中心主题是对男人的仇恨和嘲讽。《现代男性》（*Modern Mandhood*）一文的作者罗杰·斯克鲁顿（Roger Scruton）解释了如今男子气概的观点正在发生的变化。“女权主义者到处寻找被彰显的男性自豪感，并无情地予以根除。在她们的压制下，现代文化贬低或抛弃男性美德，如勇气、毅力和勇武，代之以更温和更‘为社会接受’的气质。”[13]

公司管理方面的心理学家、赖特管理咨询公司的副总裁提姆·欧文博士也在商务场合观察到同样的趋势，现在产生了他称之为“工作场所女性化”的趋势。欧文说，结束性骚扰和歧视的努力是合理合法并应当给予重视的，但也因此把重大的政治权力交到了妇女手中。男人甚至只要被暗示对女性雇员有过不尊重行为，无论是否属实，他的职业生涯就有可能被毁。即使在必须采取纪律行动，或男主管与女下属之间发生意见分歧的情况下，指控骚扰也可以变成威胁男人的武器。因为这样做会得罪或激怒一名妇女，许多男人在这种情况下，即使有必要也会因害怕而不敢行使领导权，而“装懦夫”则要安全得多。

过去，优秀的经理和领袖是果断而自信的“敢于担当”的男人。现在，成为领袖的人则对如何行事变得举棋不定，因为“男子气”或传统的男性气概在政治上是不正确的。这使得一些男人在工作场所犹豫不决。妇女的长处在于组队、合作、协助、教育、培训和护理。男人的长处在于企业家的进取精神、独立思考、建设、冒险、计划和领导才能。两种性别都可以作出各自的贡献，但当女人理解做女性意味着什么，而男人却对男子气概的含义感到困惑时，那说明有什么东西一定被丢掉了。当我们为消除一种社会不公而给予女性以有力的法律补偿时，男性却处于软弱和困惑之中。

结果是许多男人失去了他们的行动指南，他们不仅不知道自己是谁，也不明白社会文化期待他们成为什么样的人。这些令人难过的现象显然激发了专栏作家沃尔特·威廉斯（Walter Williams）写出题为《男人应该站起来》的专栏文章。

> 很显然，一些女人的行为已经失控，这是因为我们男人已变成懦夫和软弱无能者。男人越是接受这些双重标准，即女权者们荒唐的要求或纯粹的胡言乱语，这些女人就越有可能得寸进尺。你说："威廉斯，你反对女性什么？"我无言以对。我的一些最好的朋友是女人，但是我对基于性别的胡言乱语厌倦了。让我们来看看。
>
> 在去年11月的"今日"节目中，卡蒂·库里克（Katie Couric）突然一反她平时的喜洋洋状态收敛她那乐呵呵的表情，她提问一位刚刚被抛弃的新娘："你想过选择阉割那个抛弃你的人吗？"这样的提问却没有发生抗议的风暴，卡蒂依然被美国全国广播公司雇用。弗瑞德·海伍德（Fred Hayward）是一位男权运动组织者，他引述了《美国新闻和世界资讯》（U.S. News & World Report）专栏作家约翰·利奥（John Leo）对此案例的经典反驳。利奥说："想象一下，如果著名的男主播马特·劳尔（Matt Lauer）问一位被抛弃的新郎：'你不想挖出她的子宫吗？'[14]那样马特·劳尔很快会收到解雇通知。"
>
> 利奥报道称，不久前3M公司推出的便笺纸，上面印着："男人只犯两种错：他们说的一切和他们做的一切。"[15]贺曼公司则更甚，贺卡上印的是："男人们是社会渣滓……不好意思，我觉得我还是嘴下留情了。"而有一张美国贺卡的封面上印着："男人总是抱怨我们是如何使他们窒息的。"贺卡里面揭晓的答案是："从我个人来说，我认为要是你还能听到他们的抱怨声，那表明你在他枕头上还压得不够重。"[16]如果一家公司有一份广告拿杀死女人开玩笑，你认为会发生些什么？
>
> 年幼的男孩也难以幸免于女权主义者的攻击。一所位于波士顿地区

的小学，女孩穿着饰有“女孩为王”字样的衬衫，或对着男孩喊叫：“男孩上木星，变得蠢又蠢；女孩上大学，知识多又多。”这种情形没有人表示反对。但倘若男孩穿上印有“男孩优秀”的衬衫，就会有人抗议。一名曾参加过女权抗议活动的女教师炫耀地说：“男人济济，智者寥寥。”[17]

女人对男人说任何贬低、恶毒或骚扰的话都能逃脱惩罚，而男人若作出最无辜的评论都会惹来麻烦。这样的事儿就发生在得克萨斯州福特沃思一所小学的顾问塞思·肖身上。他对一名新来的女雇员说“你好，你真漂亮”，却被指控为性骚扰，结果被停薪停职20天。

利奥在《美国新闻和世界资讯》2000年8月21日发表的文章中指出，如果允许外国的女权主义者的呼声进入我国的话，这一切会变得更糟。瑞典、德国和澳大利亚的年轻妇女发起了一场新的运动——她们要求男人坐着小解。她们要求的部分原因是“泼溅因素”，但更重要的是，这些妇女认为男人站着小解是表现其男子气概至上的胜利标志，“下流的男性姿态”引申开去就是对妇女的贬低。斯德哥尔摩大学的女权主义者为禁止校园中的小便池而斗争，一所瑞典小学已取消了小便池。[18]我不知道你会怎样，但如果我不要求妇女站着小解，她们也别要求我坐下小解。底限是，我们男人最好勇敢地抵抗这些女权主义者的疯狂，不然我们的最后结果将是自作自受。[19]

以上这些是沃尔特·威廉斯的原话，不是我本人的，但我同意这种观点。现在是男人该像男人那样行动的时候了——对妇女尊重、关心周到、有绅士风度，但须以自信、有力和坚定的方式与女性交往。有的男人退缩了，表现得像被鞭打的小狗。有些男人大胆地公然提出反对女权主义者的影响，拒绝被政治正确的鼓吹者胁迫。有些男人发出猛烈抨击，表现出愤怒、挫败的反应。有的男人哑火了，诉诸酒精、毒品、非法性行为，以及其他逃避的方式。有些男人沉沦了，沉迷于愚昧的电视、职业体育运动和过度的娱乐活动。有的男人背叛了，成为新身份的鼓吹者。还有一些男人干脆离家出走，使其家庭陷入困境。然而，很多人似乎很平静，没有意识到他们已经失去了在文化中的位置。其结果是有关男人的观点被改变扭曲了，这对于家庭的未来具有深远影响。

现在，我听见一些读者在说："得了吧！你反应过度了。男人吃点亏，让人开一些无害的小玩笑有什么大不了的？"我承认，男人们已经长大，能够照顾自己了。我更关注的是脆弱的、易受影响的男孩，以及他们得到的待遇。他们同其父辈一样，成了今天社会嘲笑的对象。

请让我特别强调这一点：激进的女权主义者和政治精英们不仅说我们男人是傻瓜，还说男孩也是傻瓜。记者梅根·罗森菲尔德（Megan Rosenfeld）指出，我们的儿子被看作是"政治上不正确的"。"他们是万能的替罪羊，是长着臭脚的、笨拙的傻瓜，只关心体育和恶作剧。"[20]哈佛大学的心理学家威廉·波洛克（William Pollack）说，妇女把男孩看作可能会使"女孩们沾染某种社会恶习"的人。[21]

《养育该隐》（*Raising Cain*）一书的合著者麦克尔·汤普逊（Michael Thompson）说，许多女性抱着一线希望，希望她们的儿子长大了不会像她丈夫那样。[22]

专栏作家凯瑟琳·帕克（Kathleen Parker）写道："今天的男孩在一个异乎寻常的充满敌意的环境中成长。他们被告知要强悍、不哭泣、要做一个男人——但生活在一种贬低男人和父亲的文化中，这种要求对男孩来说是一种讽刺性的污辱。他们被对男孩行为毫不宽容的学校欺侮，称他们不如女孩聪明，被过于繁忙的父母搁在一边，把对男孩的影响力都交给了同伴、媒体和那些通过破坏而解决问题的'英雄'角色们。"[23]

不谈论如今在美国公共教育中对男性的明显歧视，就无法全面地讨论对男孩的偏见。威廉·波洛克说得很干脆："这似乎很可怕，但男女同校的公共学校已成为世界上对男孩最不友好的场所。今天世界可能仍然是男人的世界，但学校显然已经不是男孩的世界。"[24]

最充满热情和力量的男孩保卫者克里斯蒂娜·霍夫·萨默斯（Christina Hoff Sommers），在她的杰作《反对男孩的战争：走火入魔的女权主义怎样伤害着我们的年轻人》（*The War against Boys*：*How Misguided Feminism Is Harming Our Young Men*）中回应了这些关注点。她说因为我们的教育制度中存在对男孩的偏见，美国男孩正面临着艰难的时刻。[25]这种敌意以一个不准确的、有严重偏见的报告作为其宣言，该报告标题是《学校是如何欺骗女孩的？》（*How Schools*

Shortchange Girls），在 1992 年由激进的美国大学妇女协会（AAUW）撰写和发布，它直接导致多年来对男孩的歧视。事实上，如果你的孩子今天在政府办的公立学校学习，很有可能这一政治声明仍影响着他在教室中的学习生活。它对美国教育的影响意义是巨大的。

该报告把学校课堂描写成女孩的地狱，宣称她们在各个方面都处于不利地位。报告宣称女学生就像隐形人，被人忽视、不受尊重、被拒绝分享教育资源。其中被广为传播的一条是，教师允许男孩发言和参与的机会比女孩多 8 倍，该数据基于 1981 年的一个过时的研究，事实上该数据说的是男孩比女孩遭责备和投诉的机会多 8 倍[26]，至于其他结论更是一派胡言。而事实上四分之三的男孩和女孩都说，他们认为教师更多地称赞女孩，认为她们更聪明，而且更愿意围着女生转。[27]这样的歪曲非常明显，充斥于美国大学妇女协会的报告中。

虽然这一报告现在在教育界已受到广泛质疑，但这种无耻企图，就是从男孩手中剥夺教育资源并把女孩表现为牺牲品的危害已经造成了。它导致了延续至今的可利用资源的分配不公。

尽管有这么多的缺陷，但美国大学妇女协会的报告一下子传遍了全美国。它传遍了美国教育部、国家教育协会、大学和地方的学区。媒体（包括《奥普拉脱口秀》和晨间新闻节目）把它的结论奉为真理呈现给公众。《纽约时报》说该报告开创了一个“全国灵魂大搜寻”的时代，对女孩在公立学校面临的问题进行深入探索。[28]之后，美国国会采取了行动。当国会开始修订教育政策的时候，我们无能为力。1994年，在美国大学妇女协会和国家妇女组织对议员的有力游说之下，国会通过了影响深远的《性别平等教育法》的法案，每年拨款上亿美元以用于资助对女孩偏见的纠正项目。其中包括在哈莱姆和其他地方专门为女孩设立学校，以及为“改造”那些“潜意识男性至上主义”教师的拨款。任何坚持“男孩也独特”观点的人，就会被他们归类为“潜意识男性至上主义者”[29]。因为少有政治家敢于投票反对“平等”问题，该法案在国会顺利通过。它给女权主义者以资金、权力，以及她们所需要的途径来重组这个国家的学校。从此，对男孩的歧视被国家政策高举。

无数偏袒女孩的联邦计划发端于这一有严重缺陷的美国大学妇女协会的报

告。例如，国家科学基金会开发了一个900万美元的项目以吸引女孩参与科学活动。[30]这是一个至今仍在实施的好想法。令人遗憾的是，我们并没有看到同期开发出一个类似的项目去帮助男孩们在阅读和写作技能方面“赶上去”。另一个竟被称为“女孩权力”的联邦政府项目，得到了当时卫生和人力资源部部长唐娜·沙拉拉（Donna Shalala）的支持。[31]她说：“我们希望能在形成价值观和态度的关键年龄段给女孩以帮助。”[32]这又是一个好目标。但为男孩而设的类似项目在哪里呢？它们根本不存在！

这一忽视男孩的做法造成的结果不出所料。女孩们是在缩短与男孩的差距，而且事实上，现在女孩在参加数学和自然科学学习的人数比男孩多。[33]这些领域是男性的学术强项，因为他们的大脑就是如此被设计出来的。甚至这一生理上的优势也无法胜过公共教育中通过刻意地资源分配不均而进行的“作弊行为”。[34]

这些对男性的偏见敌意产生了许多必然的结果。甚至最具影响力的、由私人资助的组织“美国童子军”，也遭到同性恋活动分子的毁灭性攻击。如前所述，一些组织已拒绝为他们提供资金，[35]而纽约城市学区告知学校职员，他们不再被允许发起童子军活动。[36]这是一种多么粗暴的践踏！“美国童子军”为城市生活的孩子、来自单亲家庭的孩子和千百万其他男孩提供了极好的训练和角色塑造的机会。对男性来说，再也没有像童子军那样广受尊敬、成效卓著的组织了，然而，因为其领导者拒绝自称同性恋的人加入其项目而受到无情的诽谤。此后，据女童子军的职员估计，女童子军的带薪职员中每3人中就有1人是女同性恋者。[37]男同性恋者也希望以同等程度渗入男童子军中。

男孩几乎在所有阵线上都遭到失败，整个社会体系都在与他们为敌！今天他们陷入如此混乱的境地，又有什么可奇怪的呢？

那些由私人发起的活动，例如那个叫“带着我们的女儿去上班”的活动，乍一看很博眼球，你觉得怎么样？告诉我，为什么男孩就不应该被带到父母的工作场所？你能想出什么充分的理由解释，为什么在4月22日那一天，男孩应该被留在家里，而他们的姐妹却被父母带去上班吗？难道提醒父母偶尔把他们的儿子和女儿一起带去工作单位不是更合理、更公正吗？但是有谁在那里提倡这样一种平等主义的想法呢？在政府、媒体或公共教育中，很少有为男孩的具体需求做代言人或支持者的。这是个错误，也是一种歧视。以性别为基础划分权力，这是一种零和博弈的游戏。当女性在文化中令人瞩目并受到偏袒时，男性必然遭受失败。猜猜谁会是最终受害者？

与美国公共教育形成鲜明对比的是，几年以前，英国学校就认识到他们的男孩的学业正在落后，政府被警告这可能会带来一个“由无技术男性组成的、永久失业的下层社会”。根据萨默斯教授所说，英国政府在小学实施“回归基础”的计划非常成功，其明确的目标是帮助男孩赶上女孩。英国还试验在男女同校的公共学校中开设男生班。他们再次允许“性别差异”在他们的教材中重现：他们发现男孩喜欢并愿意阅读有男性英雄的冒险经历，战争诗歌回来了。课堂里的竞争同样如此。相形之下，我们的联邦和州政府却不注意男孩问题。[38] 这是一场民族悲剧。

在美国，对男孩的偏见和敌意不仅影响基础教育课程，还表现为对于男子气概本身的敌视。如迈克尔·汤普逊所称，仅仅为了让他们循规蹈矩，精力充沛的男孩一不小心就受到惩戒。[39] 斯坦福大学的著名经济学教授托马斯·索厄尔（Thomas Sowell）对正在进行的重塑男孩的做法表达了同样的关注。他写道：

> 大多数父母不知道，联邦政府出资的一些项目实质是致力于使男孩们不再像以前的男孩那样行动。那些以改变男孩为使命的人所制定的规矩包括：禁止男孩在休息时间奔跑、跳跃；让他们穿上女装，在教室里装作女孩或妇女。某一所学校无论采取了什么特定的做法，它总是伴随着激进的女权主义者的舆论宣传，而且由美国教育部提供资金和支持在全国推广。那些正致力于此的人们把他们的天职看成是：把你的孩子变成他们想要成为的人，而不是你们希望其成为的人。在小学，甚至幼儿园中，男孩因为对女孩政治不正确的举动会受到惩罚。颇具悲剧性的是，激进的女权主义者仅仅是许多不计后果的狂热分子之一，她们裹挟我们的学校把它变成了意识形态的灌输中心，而不再是让孩子们学到基本技能受教育的场所。美国儿童在国际学术技能测验中表现不佳，其原因之一就是我们的学校把关注点转到了进行政治正确的社会改革运动上来。[40]

索厄尔博士和另外一些人给我们讲了一个关于小乔纳森·普雷维特（Jonathan Prevette）的故事，他的故事非常好地说明了问题。他是一个长着浅黄色头发的 6 岁男孩，戴着眼镜，来自北卡罗来纳州莱克星顿的西南小学。一天在操场上，他开玩笑地弯下身吻了一个小女孩的脸颊（天哪！）。一名教师观察到了这一惊人的举动，立即向校长做了汇报。困惑的小乔纳森解释说是那个女孩要求他亲她的，但是小乔纳森却被控“性骚扰”，立即被停了学。这个刚走出幼儿游戏室的天真无邪的孩子因违反了自由主义教条的原则，并为此付出了惨重的代价。

学区女发言人简·马丁（Jane Martin）裁决道：“一个 6 岁孩子亲吻另一个 6 岁孩子是不适当的行为。无论在哪个年龄，不允许就是不允许。”[41]

这一事件如果不是以如此荒唐的方式被处置，它本来倒是有点幽默的。它揭露了近年来联邦政府、法庭和激进的女权主义者带给我们的误导有多深。事实上，1999 年 5 月 24 日，美国最高法院宣布了一项令人遗憾的决定，宣称如果教育者对学生所提出的性骚扰申诉不作出反应的话，该地的学区将受惩罚。[42] 从那一刻起，从有人类以来就一直存在的男孩和女孩之间经常发生的小小玩笑和戏弄竟成了法庭裁定的违法事件。如果教师忽略了一个不够谨慎的玩笑或评论，由此就可能使学校卷入诉讼。把这一决定强加在我们身上的 5 名法官，你们是认真的吗？由此我们建立了一种多么奇怪的伦理道德啊！

几乎在乔纳森小朋友被定为行为失检的同时，美国总统被控对几名妇女进行性骚扰，其中一位妇女赢得了接近百万美元的和解金。[43] 美国人民对这些性指控很清楚，却一边倒地再次选举克林顿为总统，只因为他“干得很棒”，而一个甚至不知道“骚扰”这个词怎么念的一年级学生，却因为对同学显示出孩子气的喜欢而被停学，这不是很滑稽吗？

根据专栏作家琳达·查维斯（Linda Chavez）的说法，如今小学已经成为努力重塑儿童，尤其是男孩的思考和行为方式的新前线。她写道：“小乔纳森·普雷维特同学可以暂时摆脱困境，但时间不会长。因为如果联邦政府工作人员和他们的女权主义同盟军当道的话，这个国家中的每个小孩都会受到这样的教育：轻佻行为是一种罪行，不要说亲吻了，甚至一个钦佩的表情都会把你送上法庭。”[44]

因此在小乔纳森·普雷维特身上所发生的，正是这个国家的某些学校中左派意识形态疯狂发作的产物。对一个 6 岁的男孩来说，对他喜欢的人表示喜爱就像抓蛤蟆或玩球一样自然。诺曼·洛克威尔（Norman Rockwell）在他的许多插图作品中经常采用这种主题的场景。

许多类似的事件也反映了两性之间的战争。专栏作家约翰·利奥写道："我最喜欢的例子是……三年级的男孩被指控抚摸一个女孩的胸部，虽然更恰当一些的说法是，在玩抓人游戏时，他碰到了她那个三四年后才会长成的部位，这种无辜就像被指控抢劫一家尚未建成的银行一样。"[45]

我为什么要用几乎一章的内容来回顾女权主义意识形态，以及作为其土壤的后现代主义哲学，现在已一目了然了。这是因为这些误入歧途的、有害观念的提倡者成了社会工程师，他们决意要重塑儿童的思考方式，并恫吓男孩只因为他们自然地长成原来的样子。这一议程已在美国大学妇女协会报告中的一句话中昭然若揭，内容是："学校课程应该直接处理权力、性别政治和针对妇女的暴力。"[46]这意味着自由主义者已经预设立场：男孩就是麻烦制造者，长大以后将是虐待成性的自私男人。需要趁他们年轻时，通过重塑他们的思考方式来"修理"他们，而政府办的学校则是指派来修正他们的工具。

请理解，我对于女孩和妇女只有尊敬和赞美，没有他意。我幸福地结了婚，至今已有 40 多年，妻子是我一生的挚爱，并且我在以前的几本书中明确阐述了女性的需求和忧虑。不过，我不得不提出我的真实看法。我现在看到的是，男孩们更迫切地需要朋友。

他们是两性之间旷日持久、代价惨重的战争牺牲品，这场战争贬低了正面的男子气概，这场战争进而闯入了儿童世界。这绝非好事。把男孩和女孩作为竞争者和敌人对立起来，这对任何人都不可能是健康的做法！如凯瑟琳·帕克所言："继续坚持一个性别是胜利者，而另一性别是牺牲者的看法是极愚蠢的，然而这样对立的做法依然有着卑劣的影响力，使男孩觉得自己是多余的，虽然他们不低人一等。这样做只会使男孩憎恨女孩。"[47]

今天这些社会条件使得养育男孩的任务格外困难。作为父母，你的任务是在家里通过训练和指导你的男孩来抵消这些力量。你可以积极参加当地学校的活动，阅读课本，多问问题，参加校董事会的会议，与教师建立关系并询问他们的课堂教育目标，鼓励那些教授基本内容的教育者，反对那些不重视基础教育的教育者，与其他有爱心的家长交流，参加一个母亲联络交流组织，并坚持不懈地为你的孩子和他们的学校祷告。如果你对环境比较担心的话，那就把你的儿子和女儿转到教会学校或在家进行教育。无论如何，在你的孩子还小、易受影响的那些年里，千万不能分心。这些年会很快过去的。在人的一生中，几乎没有什么比家长这一职责更重要的了。

问题与回答

我也注意到了你谈到的那些现象——媒体中，男人被塑造得过于女性化，而女人则显得更像男人。有一天我看了一部电影，其中一个美丽的女人对一个高大强悍的男人很生气。她一拳就击倒了他，打掉了他的门牙。我是一个整形外科医生，我可以告诉你，还没等到她打碎男人强壮的腭骨，年轻女人纤纤细手的骨头早就骨折了。而且对她来说，一记重拳把对方打得失去知觉，这也是不可能的。你认为好莱坞为什么要创造这样一种神话呢？

如我们所看到的，女权运动政治议程的一部分就是显示妇女是强大的、勇敢的、不屈不挠的，而男人却是虚弱的、情绪化的而且是易被操纵的。娱乐业看起来决心想要败坏我们，同女权运动分子和同性恋活动分子密切勾结，把我们带入那个勇敢的新世界。它所表现的男性和女性的角色模型几乎总是反常的或是以某种方式歪曲的。

让我来介绍 1999 年发行的巨片《落跑新娘》，以此来阐明这一观点。这是当年最受欢迎的电影之一。如果你同意的话，我愿意详细描述故事的主线，因为这部电影是典型的女权主义宣传片，但跟我讨论过它的观众中几乎没有谁注意到电影所要传达的要旨。它为我们提供了“新的被阉割的男人”和“新的男性化女人”的角色样板。故事的主线是一个 90 分钟的性倒错者的庆典，在每个关头都违反常识。片头，女影星茱莉亚·罗伯茨骑在马背上狂奔过树丛，她美丽的头发被向后吹起，她的结婚礼服在风中飘扬。她刚离开她的第三任未婚夫，而他还站在圣坛边，不知所措。大多数女孩从幼儿时代起就梦想有朝一日能有一个浪漫的婚礼，尽管男人们通常都是难以作出承诺的人。然而在该片中，男人却成了容易上当的傻瓜，跟在这个难以捉摸的、像男孩子般的女人身后气喘吁吁。

从片头开始，大量性别混乱的情节向观众扑面而来，令人目眩。茱莉亚曾是一个机修工、水管工和空调专家，她用电子废物创造出一个笨重的电灯。她非常自私好斗，却有着一种迷人的气质。她经营着家族的五金店，驾驶着一辆旧的皮卡汽车，常穿战斗靴，轻松地背着一个沉重的背包，而她的男友却几乎都拎不起来这个包。当遭遇挫折时，她一边用力对着一个吊袋拳打脚踢，一边做鬼脸，一副汗流浃背的样子。有一刻，电影里播出一段流行音乐演唱道，“她是一个吃男人的人”——这是一个暗示。茱莉亚展示了所谓的新的“雌雄同体”的生物，同时具有老套的男子气和女性特征。她有一双清洁的纤纤玉手，修剪过的指甲、凝脂一般的皮肤，以及优美的身材，然而她却以油污的工作为生，像男人一样打斗。她在球赛中与男人举手击掌，在进攻时撞击美国国家橄榄球联盟队员那样的身躯。谈起国家橄榄球联盟，她回忆起50年代的超级巨星杰里·克雷默（Jerry Kramer）的名字，而她的男朋友—— 一个做橄榄球教练的人却记不得这个名字。影片不放过任何机会告诉我们，茱莉亚是个“男人”，同时她还是个美丽而纤巧的小尤物。

现在，让我们来考虑一下影片是怎样处理男性形象的。男主角由理查德·基尔（Richard Gere）扮演，是一个迷人却相当懦弱笨拙的人。他失业了，被他的老板——正好是他的前妻——炒了鱿鱼。他所做的一切无不以失败而告终。他的车发生故障，茱莉亚简简单单地看了看引擎罩底下，就马上发现他竟然把含铅汽油装进了为无铅燃料设计的发动机。有人奇怪理查德是怎样设法买到这种型号不对的汽油的，因为它已经被禁止销售了。就算他能找到一个地方买到这种含铅燃料，按照法律规定，这款燃料的加油枪比较粗，理查德是无法把它充进普通油箱的。理查德作为男人的不称职是可悲的，而茱莉亚在所有男子干的事情上都胜出了。在理查德的引擎停转之后，他们俩穿过一块草地走回家去，她平静地告诉他脚下有许多蛇。理查德被吓坏了，像玩跳房子游戏那样跳过草丛，活像一个光脚的孩子走在滚烫的人行道上。茱莉亚笑了起来，满不在乎地继续漫步。是的，毫无疑问，她是个强悍的家伙。

其他每一个角色都阐述这样一个中心主题：女人比男人更男子气，而男人却成事不足败事有余。有一个描写男孩和女孩的镜头，在屏幕上转瞬即逝，却道出了一切。当理查德到达茱莉亚住的小镇上时，我们看见一个小男孩无聊地坐在一匹木马上，与此同时，一个美丽的小女孩骑着一匹真的小马驹从他身边经过，她显得趾高气扬。那飞快的镜头，同故事主题无关，却举例说明了导演和作者想要说的：每个年龄的女性都是自信而强壮的，而男性却无一例外都是虚弱无能的。甚至茱莉亚年迈的祖母也插足其中。她垂涎年轻男人，说她尤其喜欢“臀部结实”的男人。此类情节，不一而足。

很显然，《落跑新娘》有一个政治主题，如当代所有的电影一样。在今天的电影中这是家常便饭。一方面，男性角色常常老套地被描写为软弱、失落、头脑糊涂，且相当女性化。男性的美德，例如道德力量、自制力、正直和自信，在剧作中几乎没有表现。除了发行于2000年的《爱国者》（*The Patriot*）之外，几乎没有影片把男性塑造成慈爱、有力的父亲和丈夫，忠于妻子，对自己的孩子高度负责。另一方面，妇女成为讲究实际、身体强壮的专业人员，通常是律师或外科医生，她们控制着一切。当然，不是所有的电影都遵循这一公式，但今天这种情况非常普遍。专栏作家莫林·多德（Maureen Dowd）是这样描述的：“新的女主角具攻击性且工于心计，她们继承了所有她们以前嗤之以鼻的男性特征。她们撒谎、窥探、欺诈、密谋、复仇、到处滥交，之后便溜之大吉。”[48]

最后一句结论：你提到了在另一部电影中一个美丽的女人与一个看起来很强悍的男人互殴，她一拳就把他打昏了。今天在好莱坞电影中这种场景出现得更加频繁。然而，它对于妇女来说，可能会起到极大的反作用。文化中的一种绝对观念是：男人打女人永远是不正当的，这是理所当然的。因为妇女不及男人强壮，必须保护她们免遭男性的暴行。但当女孩被表现为握起她们自己的拳头，把两倍于她们体重的男人击倒时，这破坏了禁止在婚姻中及其他场合针对女性的任何暴力的论据。如通常那样，娱乐业传递给我们的信息大多是破坏性的，或是彻头彻尾愚蠢之极。

第 13 章

学校里的男孩

BRINGING UP
BOYS

在前面几章，我们对男孩在学校里遭受的偏见，以及他们常常是怎样遭受性别歧视的，作了较为全面的回顾和分析。现在我们还必须考虑其他方面，如：男孩是如何学习的？为什么有那么多男孩学习成绩差？为什么男子气概常常会对他们有不利的影响？等等。

几乎所有儿童发展权威专家都承认，通常在设计学校教学环境时，是没有考虑男孩的特殊需要的。尤其是小学的课堂，主要是由女性来设计，从而更适合女孩的气质和学习方式。然而，相对上一章所描述的公开偏见，课堂环境设计对男孩的不利大体上是在无意识中造成的，它是学校运作的一贯方式。哈佛大学的心理学家和作家威廉·波洛克这样说："女孩们更关心学校，她们能应对它。而男孩则不然。学校对男孩的教育步调节奏并不总适合男孩，那种受教育的方式使他们感觉不适应，而如果他们公开表达不满，他们就会被送到校长办公室。"[1]

《养育该隐》一书的作者、心理学家迈克尔·汤普逊也对课堂里的小男孩经历的挫折发出了警告。他说："男孩们觉得上学就像是一款专用来对付他们的游戏。他们擅长的方面——大肌肉运动、视觉和空间技能，以及他们的勃勃生机，在学校中未能得到很好的接纳。"[2]而且儿童在很小的年龄便被置于很正式的教育环境中，这对男孩来说是很苛刻的。他们在6岁时，发育通常比女孩滞后6个月，这使他们中的许多人对安静地坐着、用纸和笔做作业，并应对突然面临的社交压力，感觉很难适应。他们中太多的人起步就不顺，一开始就觉得自己"笨"，适应能力差。

曾有一位二十来岁的男士对我说："我记得一年级坐在椅子上时，心想：要是他们让我站起来就好了，要是我能够站着上课就好了！"无数未成熟的孩子都有类似经历。他们拥有巨大的潜力，却没有方向舵。要求他们忍受长时间的相对安静，禁止喧闹，待在一切都有秩序约束的环境里，他们感到极其痛苦。他们渴望奔跑、跳跃、摔跤、欢笑和攀爬，而学校对这一切则绝不容许。汤普逊说："到四年级时，（男孩子都）说老师更喜欢女孩。"[3]他们或许是有道理的。

让我们来看看吧。学校对那些不能"适应"严格教学安排的孩子来说可真是

“受罪”的地方。可是当这些孩子的基本技能落伍时，我们对他们做了些什么？我们不是用药物手段使他们麻木安静下来，就是强迫他们留级重读。第二种做法现在已被广为接受。在一二年级让还很不成熟的男孩留级可能是个不错的主意，因为这样既帮他避免了巨大挫折又给他争取了成长时间。但到三年级或三年级以后，再让孩子留级可能会有灾难性的影响。我可以从多年的经验中告诉你，如果在低年级之后再让孩子留级，唯一的结果就是让他倍感羞辱，并使他泄气。这将导致冷漠、反抗、精神崩溃——或者就是三者兼而有之。小学三年级之后的留级意味着，他比同级孩子早一两年进入青春期，这将造成严重的混乱。让成绩差的孩子留级，这一做法绝非今天的强硬派承诺的那种灵丹妙药。

多年来我曾遇到几百位让教师苦恼发狂、发育还不成熟的小捣蛋鬼。说实在的，我曾经就是其中之一。记得上三年级时，我怎么都忍不住上课不说话。我们的老师霍尔夫人最后在黑板上写上我的名字，警告说如果我再被“抓到”两次，就会有大麻烦。我确实想保持安静，但我还是忍不住要表达我的想法。于是我俯身对同桌耳语，这时再一次被老师抓住了。当我的名字第二次出现在黑板上时，可以看见霍尔夫人真的发怒了。她静静地走到讲台边，用彩色卡纸开始剪裁。我觉得好像我在等待被处决。别的孩子都兴奋地看着老师在剪什么。很快，我就明白了。她在做一个面具，然后套在我的嘴和脖子上。她把一张纸片别在我的背上，直到课间休息时才取下来。这是我一生中最难堪的时刻之一。事实上，我觉得我的一切都完了。当我戴着那个可笑的面具坐在教室里时，女同学们窃笑着，而男同学们则指指点点。这实在是可怕。

我现在当然并不因为霍尔夫人的行为而指责她。显然，是我让她不安，使她难以忍受。但霍尔夫人也许低估了这一经历可能在我身上引起的羞辱感。而且，她可能不能理解，我并不是存心无礼。我只是一个无法保持安静、无法闭上嘴巴、坐立不安的男孩。

与此类似的情况每天都在学校里出现，一篇文章题为《我们的学校在使男孩遭受失败吗？》（*Are Our Schools Failing Our Boys*），其作者西莱斯特·弗里曼（Celeste Freeman）描写了众多情况中的一种。她写道：

当我儿子第一次告诉我，他因为在南加利福尼亚小学的操场上奔跑而受惩罚时，我觉得是他说得太夸张了。哪一所学校会禁止孩子课间休息时奔跑？其中必有隐情。我后来了解到学校最近制定了一条不许奔跑的规定，校长用斩钉截铁的语气告诉我，原因是“孩子们可能会受伤”——似乎这样一种解释对于真正关心孩子的家长完全是多余的。

“禁止奔跑”事件之后紧接着又发生了另一事件，我的儿子威尔因为跳过一条板凳差点被要求停学。显然，这是第二次违规事件。“他知道跳过板凳是违反规则的，这就构成了挑衅。”校长说道。我非常赞同教师必须维持学校秩序的规定。威尔一直是个很活跃的孩子，喜欢爬树、跳板凳，老是手脚不停，当他不开心的时候，他往往通过大声击鼓或练习滑板上学会的新技巧来安慰自己。

不过，他也是一个善良的、非常聪明的孩子，从不参与打架，他为一年一度的科学展览设计出色的作品，并在每年春天参加的标准化考试中取得97%或更高的分数（美国学校采用百分比的方式记录成绩，97%意味着他的成绩超过了全部参与学生的97%）。然而，在他上学的大部分时间里（威尔现在读八年级），我却经常被皱着眉头的教师和学校管理人员叫去开会。他们很严肃地告诉我，威尔写的字一团糟。英语课上应该记笔记时，他却在开小差，而且他在教室里还戴着帽子。

在我的黑暗时刻里，我想知道，作为母亲的我做错了什么，为什么与威尔接触过的这么多教育者都没有发现，这个生机勃勃的男孩可能会成为未来的发明家？而我相信他会成功的。相反，他们却只看到一个令人心烦的吵闹男孩。更糟的是，我担心我的聪明孩子有变成书呆子的危险——而我不知道对此该怎么办。但是我后来了解到，有这种经历的并不只是我儿子一个。[4]

虽然我对这位母亲深感同情，客观地说，我必须指出这个故事的另外一面，一种我非常熟悉的情况。我在20多岁时，教七、八年级的自然科学和数学。我还担任高中心理服务机构的顾问和行政管理员。从这些经历中，我清楚地知道当教室中坐满威尔那样不配合的孩子，他们看什么都是滑稽搞笑的，这对教学秩序确实有很大的影响。此外，有些情况恰恰相反，一些学校的情况是处于无组织状态，而绝非过于严厉。纪律使得学习成为可能，因此我不反对学校就保持秩序和良好行为而制定的规定。但冲突仍然存在，男孩的生理结构等特点使他们难以适应学校，尤其当他们年幼时。但至少，我们做父母的应该主动了解他们在学校的情况，尽力去帮助他们适应。下面让我们谈谈可以尝试的解决方案。

首先，我想在学校教育方面，为处于不同发展阶段、不同气质型的男孩，提供一些我的见解。我们先来考虑一下，在每个学校的课堂里常见的两类孩子。第一类孩子天性是喜欢井然有序，他们注意细节，对分配给他们的任务非常认真。如果在测验中表现不佳，可以让他们沮丧好几天。这些儿童的父母用不着为了让他们努力而去监督他们的学习进展。把事情做好就是他们的生活方式。遗憾的是，这样的男孩为数不多，让父母和教师很无奈。

第二类是对课堂教育环境不能很好适应的男孩和女孩。他们马虎、无条理、浮躁好动。他们天生不愿工作学习，唯一的爱好就是玩。就像逐渐对抗生素产生免疫力的细菌一样，这些典型的落伍生对成人给予的压力也会逐渐变得麻木。当成绩报告单发下来时，他们会硬着头皮听父母的激烈批评，然后当没人注意时，他们又退回到无所谓的状态。他们甚至不认真听取老师布置的作业，在没有完成时，他们似乎没有尴尬的感觉。如果他们最终能毕业，肯定也不是优等生，而是“侥幸逃生”。

有许许多多这样的孩子，其中大多数是男孩。他们把父母弄得心烦意乱，不爱学习的禀性会把他们的家变成第三次世界大战的战场。

如果你有这样一个浮躁好动的孩子，最重要的是要理解他们的特质，他们的内在价值并不比勤奋学习的兄弟姐妹差。每个孩子都是一个独特的个体，他无须和别人一样，不必像出自同一模具似的。如果每个学生都能充分发挥其天赋的话，那就太棒了。再说，从长远来看，在校成绩弱的孩子有时候能胜过少年得志的超级巨星。这样的例子包括阿尔伯特·爱因斯坦、托马斯·爱迪生、埃莉诺·罗斯福、温斯顿·丘吉尔和许多其他成功人士，他们都有相似经历。所以，千万不要把那些无条理、显得懒散的孩子视为终生的失败者而对其失去信心。他将来可能会给你带来惊喜。此外，你还有其他帮助他们取长补短的方法。

有一点是肯定的：为这样的少年人发怒不可能解决问题。你永远无法靠唠叨、逼迫、威胁或惩罚把一个小小年纪的落伍生变成一名“学霸”。这不是他的特长所在。如果你硬要把他塑造成不适合他的角色，这只会让你自己发怒，同时伤害孩子。他的无序性只是他懒散性情的产物和不成熟的外在表现——并非反抗或有意不服从。再加上他体内的睾丸激素也起了作用。

其次，你应该尽可能与孩子的学校保持联系。你那贪玩儿的孩子不会主动告诉你课堂里发生了什么，所以你需要自己去发现。如果可能，寻求补习教师的协助，帮他赶上进度。显然，主要问题是你的孩子缺乏自律。如果他想提高自律能力，那就必须由你来训练他。

最后，你须尽力而为，对孩子的表现给予认可，你也须顺势而为，寻找其他方面他有可能取得成功的领域。

上小学时，如果无条理的男孩得不到及时帮助，他长大之后可能依然会浮躁好动。他性格的这一特征有很深的根源，是他学习进步的主要障碍。这不会很快就“翻篇”的。父母能给些什么帮助呢？教育顾问彻里·福勒（Cheri Fuller）建议，初高中学生的父母应该经常检查孩子的笔记本。她说，只要检查一下他的作业和笔记本，就能发现一个孩子是 B 等生还是 D 等生。一名优秀学生的笔记本是用分隔器和文件夹把讲义和作业组织起来的。一名差等生的笔记本则满是混乱的图画、条理不清的笔记、纸折的飞机、写了一半的句子和未交的书面作业。里面甚至可能会有教师写给某某夫人或先生的信，却一直没有交给父母。[5]

福勒说，这些例子中的孩子其实是可以学会他们所缺乏的组织管理技能的，而且越早越好。好的教师通常知道怎样教会他们这些技能。这一早期训练必须在初中之前完成，因为在初中阶段，每天会有多达 5 位教师分发讲义、布置作业，不同科目会有不同项目。要使它们条理清晰，需要相当高的组织水平。如果孩子从没有学习过，他们怎么知道如何达到这一要求呢？男孩还需要一步一步学会怎样完成长期的作业任务。正确的训练引导可以帮助一个浮躁好动的少年及时变得能够自律和自我驱动，尽管他的表现从未达到那些天生有序、爱学习的学生的水平。

另外还有一个因素必须给予优先考虑。如果你的儿子没有学会正确阅读，那么，其他一切都将难以实现。他有可能在受伤的自我认知里苦苦挣扎。我曾帮助过一个高中男孩，他在16岁时决定退学，那时他已经连续留级几年了。他是个强悍、易怒的孩子，看起来对什么都不在乎。当我问他为什么决定离开学校时，他的眼睛噙满了泪水。他告诉我他从未真正学会过阅读。然后，他咬牙切齿地说道："就是你们这些人，使我觉得自己的一生毫无价值。哼，我退学了！你们以后再也没有机会了！"而我不愿指责他。

悲剧在于，这个孩子本来是可以学会阅读的。如果给予正确引导，并采用适合他学习方式的教学，几乎每个年轻人都能掌握这一技能。有很多人相信可以用看字读音教学法（phonics）作为阅读起点，我是其中的一个，而至今这一方法还没有被编入公立学校的阅读教程。不论出于什么原因，问题是几百万的孩子中学毕业时仍是文盲。小学时，他们错过了学会阅读的绝佳机会。

"国家教育进展评估"显示，美国三分之二的四年级儿童没有达到熟练阅读水平，四分之三的儿童无法熟练地写作，五分之四的儿童数学运算不熟练。[6]这是民族的耻辱！19世纪时，美国人口的识字率一度达到98%。[7]我们等会儿再来谈论公立学校出了什么问题，但现在我们的焦点是在你的男孩身上，他可能正在沉沦。作为父亲，我愿付代价四处打探，寻找一个能教我孩子阅读的人。几乎每个社区都有经验丰富的家教，也有保证能教你的孩子学会阅读的私人机构。就算你不得不把房子典当了，我也力劝你要解决这个重要问题。这是所有学习目标的关键，对于那些正在学习阅读的人来说，机遇在等待着他。

"拥护家庭"运动的领袖菲利斯·施拉夫利（Phyllis Schlafly）在她的孙辈上幼儿园之前就教他们阅读，她开发了一个以看字读音教学法（phonics）为基础的课程，可供父母们借鉴。

一旦你的儿子学会了阅读的基本技能，你就需要激励他去多实践。儿童作家西格蒙·布劳沃说过，只要经过适当引导，甚至"被动的读者"也会爱上阅读。[8]这里有一些专门适合男孩的建议，出自《奥兰多太阳前哨报》的一篇题为《男孩和书籍能够成为黄金搭档》的文章：

- 一般来说，男孩比女孩需要更多的动作情节，而女孩更喜欢性格发展。
- 男孩们喜欢书中的主角能有故事。如果书中的情节变化不够多，许多男孩会停止阅读。男孩需要事实和紧张的情节。

- 如果你想让男孩阅读小说，那就选择信息量大的小说。
- 蛇、蜘蛛和飞机对他们也很有吸引力。
- 男孩不喜欢阅读他们称之为“哭哭啼啼”的文字，他们更喜欢体育和冒险故事。
- 男孩倾向于喜欢非虚构作品——关于跑车、不明飞行物、溜溜球、魔法的书，神秘故事和科幻小说等。
- 使阅读成为家庭生活有规律的一部分，让你的儿子看见你在读书。
- 把书作为礼物赠送。比如，当你送给儿子足球时，附赠一本关于体育方面的书。
- 承认阅读非小说类作品或纪实类文章等——例如体育版——与阅读小说一样是正当的。
- 男孩看到合乎他们兴趣的书是会抢过去读的，但也必须考虑阅读水平。如果书太难，他们无法享受。太容易，他们会感到无聊。要使阅读成为一种挑战，但不要将挑战设置到无法实现。
- 带你的儿子上书店或图书馆，让他自己去选择书籍。可以要求图书管理员与他谈论他的兴趣和嗜好，然后仔细听他的反应。这将使图书管理员了解他可能会喜欢哪一类书。这样做其成功的诀窍在于让他参与挑选，并让他作决定。
- 不要只给他一本书，试着给他五六本书。如果他们不喜欢第一或第二本，他还有更大的选择范围。
- 另一个诀窍是重复。学会更好地阅读就像参加体育项目一样。除非有视力问题或身体问题，即使不喜欢读书的读者也可以通过不断实践而改变。[9]

我希望这些建议能对你有所帮助。现在假设你有不同类型的学校教育资源可供选择，那让我们来讨论一下你的孩子应该去哪一类学校读书。不论是公立学校、教会学校、非教会的私立学校、职业学校还是家庭学校，没有一种学校结构是完美的。关于应该把孩子送到哪个学校这类问题，我从不给父母们具体建议。原因是对于儿童个体的需要和家庭可选择的教育资源质量而言，每种学校都有利有弊。它还取决于经济状况、家庭压力、当地学校的质量和其他多种因素。除了短期接受部分公共教育外，我和雪莉还为孩子们选择了教会学校，从幼儿园一直读到大学。直至今天，我仍然对那些在教会学校为教学作出巨大贡献的教职员工们深表谢意。他们的工资实在不算高。

然而，倘若时光倒流，我们能有机会重作选择的话，雪莉和我或许会让孩子们接受在家教育。我相信我们能把他们教得很好。然而，当我的孩子年幼时，在家教育的做法并不流行。我甚至对此闻所未闻。当时我并不知晓这类信息，但我无意中帮助推动了这一如今正风靡全世界的在家教育运动。那是在 1979 年，有人递给我一本由雷蒙德·摩尔博士（Dr. Raymond Moore）写的书，书名叫《晚比早好》（*Better Late Than Early*）。不久后，他又写了一部姊妹篇，书名是《学校教育可以等待》（*School Can Wait*）。由于摩尔和我都是在南加利福尼亚大学获得儿童发展博士学位的，我们曾经见过几次。在此基础上，我邀请他成为我当时新开办的“爱家”广播节目的嘉宾。对于随后发生的一切我当时毫无准备。

那天，摩尔博士谈到关于在家教育的基本概念，并解释了把年幼的孩子，尤其是把尚不成熟的男孩放到正规的教育环境下，为什么是有风险的、不明智的。他解释说，研究结果显示，孩子可以在很不正规的家庭背景下，由他们的父母进行读书教育，直到 8 岁、9 岁、10 岁，甚至更大一些，再让他们和同龄孩子一起学习。在学习进度上他们通常会很快赶上，并成为班级里的小领袖。[10] 这些观念对我来说是全新的，因为我受到的教育是，正式的早期学校教育对孩子充分发挥潜能是必要的。那是我在读研究生时教育学最前沿、最主流的东西，像演员罗伯·莱纳（Rob Reiner）这样的人和其他狂热分子仍在鼓吹这一观念，而摩尔博士说研究证明这是错误的。[11] 在我聆听了这个说法，并阅读了相关研究报告之后，我开始认识到早期学校教育观点的错误之处。

我同摩尔博士的广播访谈一经播出，讨论这一问题的来信就如雪片一般。我那时甚至从没有意识到原来我会有这么多的听众。几个星期里，听众纷纷来信来电要求购买摩尔博士的书，并获取其他有关怎样开展在家教育的信息。后来的经历已成历史，在此我不作赘述。那次节目之后，在家教育这一概念迅速传播，直到今天仍在继续扩展。目前这是我国发展最快的教育运动，每年仍以15%的速度增长。[12]雷蒙德和多萝茜·摩尔仍是我的朋友，我很欣赏他们对全世界儿童和家庭作出的巨大贡献。

为什么在家教育发展如此迅速？也许最近“爱家”广播的下面这段谈话可以帮助解释这一点。我的节目嘉宾是里根总统执政时期的教育部长、布什总统执政时期关于毒品问题的权威专家，比尔·班尼特博士（Dr. Bill Bennett）。多年来，他的写作和讲学多是与公立学校相关的，他拥有得克萨斯大学的哲学博士学位及哈佛大学的法律学士学位。如果要我说有哪个人对教育现状的剖析清晰明了，那么这个人就是班尼特博士。下面是那天他的一部分观点，为清晰起见，我稍做了些编辑加工：

詹姆士·C.杜布森（以下为杜布森）：比尔，欢迎你回到“爱家”。

比尔·班尼特（以下为班尼特）：非常感谢，我很高兴能来这里。

杜布森：今天我们来谈谈公立教育。要不我们从当下学校的教育成绩报告单开始？与多年前相比他们做得怎样呢？

班尼特：好的，让我们看一看学业方面。我可以用简明的方式来说明这方面的情况，詹姆士。在这个国家里有许多看似不错的报告，有许多高分。当父母去了解孩子的情况时，他们被告知孩子们做得很好。当你衡量各州学校的测验成绩时，它看起来相当令人鼓舞。然而，当我们的儿童与来自其他工业化国家的儿童一起参加国际竞赛时，结果却很糟糕。

在三年级时，数学和自然科学，我们的儿童与来自其他工业化国家的三年级儿童相比，排在靠前面的位置。到八年级时，他们的成绩处于中游。等到十二年级时，他们的成绩位于最后。简单总结一下就是，相对于其他国家的孩子而言，在美国，你在学校待的时间越长，你就变得越蠢。

杜布森：这种状况太可怕了。

班尼特：这是一种渐渐愚化的过程。但它很有意思，因为我们的儿童在三年级时做得相当好，这表明不是孩子们的错，是这个体系出了问题。迄今为止，对此方面的研究和调查，我们已经做过好多次了。结果发现，我们的孩子在学校待的时间越长，与其他国家的儿童相比，他们就越落后。

杜布森：这个体系出了什么问题呢?

班尼特：在竞争方面出了问题。这个体系中几乎没有竞争，没有明确的对教师工作的具体责任要求。在我们的学校中有一些优秀的教师，但也有不少混日子的人。我最近看到的几个数字表明，只有20%的高中数学教师是大学数学专业毕业的。所以，在专业科目方面准备不足是一个非常严重的问题。

加利福尼亚大学伯克利分校所作的一项研究指出，美国有一半的小学教师不会做$1\frac{1}{4}\div\frac{1}{2}$这样的算术题，而所有参加测试的中国教师都会做。所以如果现在你准备为我或你的孩子教数学，我需要你必须会做这道题。我认为这个现象就解释了来自国际联赛比较后得出的数据。

直到三年级时，教学内容还是相当基本的：把拼写与读音的关系应用于阅读课文，再做做加减法。但情况真正开始恶化是在中间的年级。詹姆士，更重要的是课程安排相当混乱，简直就是一塌糊涂。学校对于应该教些什么缺乏一致意见。因为从大学的教育学院里，你能得到各种各样理论。可是一旦过了四五年级以后，你对于孩子在学校能学些什么，就得靠各种各样的猜测了。

杜布森：考虑到出现这样的结果，你也许会认为那些职业教育家会积极回应："天哪，我们必须为此努力，否则就有人会谴责是我们使得孩子们不合格的。他们在学业上表现不佳，我们有太多的孩子没能达标。让我们看看怎样解决这些问题。" 不，遗憾的是，职业教育家的反应与此恰恰相反。目前国家教育协会和美国教育部关注的首要目标之一是，确保关于同性恋的教导贯彻到美国从幼儿园直到12年级的所有学生中。如果他们推动的被付诸实施，那意味着男女同性恋的观点就会被融合进所有学科——数学、自然科学、语言艺术和社会研究等。那真是有些疯狂。

班尼特：是的，确实有些疯狂。而这已是老生常谈了。如果发现哪儿出了问题，最简单地就换个科目。总之就是换汤不换药。我们在学校里忙着添加职位、增加任务，但是所做的这一切并不是围绕教育使命里最核心的内容。而美国人民最不需要的就是，让学校向他们的儿童灌输接纳同性恋是多么必要，也不需要让孩子们接受所有生活方式都平等的观念。

你还记得“希瑟有两个妈咪”的课程吗？这是宣传涉及男女同性恋和父母家庭新定义的一个科目。

杜布森：是的，我还记得。

班尼特：我最近在纽约与那些大胆直言的人在一起——那些公民勇敢站出来抗议：“不，我们不允许这种情况在学校发生。”他们的反对是正确的。但现在我们看到，那些错误的东西又死灰复燃、暗度陈仓，渗入整个学校体系中。这些观念对于大多数父母是有害的。他们是不会容忍的。

杜布森：几分钟之前，你在我办公室里告诉我，如果加利福尼亚和其他地方的学校也朝这个方向发展的话，无数父母会选择逃离。在家教育将会是他们的选择之一。

班尼特：詹姆士，如果美国教育协会想看到更多的孩子逃离学校，想看到加入在家教育大军的人数进一步增加，想看到公众对公共教育更加不满的话，美国教育协会就会在这条道上越滑越远。当父母们在报纸上读到桑蒂、格拉尼特山或这儿附近的科罗拉多州利特尔顿发生的枪击事件，他们就会开始问：“既然那里有各种各样的危险，我们为什么要把孩子送到公立学校去？”

我并非要过分夸大这一点，我们知道目前校园暴力的发生率实际上较几年前要低。但现在，当父母要把孩子送到学校去时，有太多的问题要担心。教育部为什么要为另一个离题的观念而妨碍整个体系呢？学校和美国教育协会为什么要激怒父母，从而使他们不得不寻找另外的选择呢？瞧，你和我已谈过多次了。现在，我们知道在家教育的成功，事实上被证明是普遍的。

杜布森：孩子们会在家里得到高质量的教育，那是不可否认的。

班尼特：公立学校的孩子在学术能力测验中，成绩在50%算足够高了。换言之，他们的总体成绩是“中等”。然而，在家教育的孩子的成绩在87%上下——所需费用却是公立学校的六分之一。这些在家教育长大的孩子们进入了他们父母所期望的大学，而且父母和孩子对家庭教学都非常满意。

我们最近发现这些优秀孩子的另一个有趣之处就是，他们倾向于积极参与政治事务，倾向于成为参与者。人们认为在家教育的孩子不会社交，但事实正好与人们的看法相反，这些孩子倾向于成为社会活动者。对此我有一个理论解释，稍后我也想听听你的意见。我认为这些孩子优秀是因为充分享受到了母爱，你知道，他们从父母那里得到这么多的爱和付出（爸爸有时也在家庭学校教育中扮演角色，我们该为爸爸们说上两句）——因而他们极为自信。

杜布森：许多接受在家教育的孩子来到美国爱家协会进行实地教学参观。我观察他们很有意思。如你所说的，他们非常自信。他们和成年人面对面交流，对成年人作出尊重的反应。在家教育的男孩和女孩确实有性别差异，这一差异很好。我相信这个教育运动的价值。虽然它不是适合所有人的，但当家长下决心委身去这样做时，效果都很不错。

班尼特：不是所有的教师都是好父母，但所有的好父母都是好教师。

杜布森：我曾经在电视中看到全国拼读比赛的决赛。我告诉你，那真是令人兴奋的经历。前3名的优胜者都曾接受过在家教育，这种情况在其他类似的竞赛项目中也曾经发生。

班尼特：是的，确实如此。

杜布森：我看到优胜者对着镜头，表达感谢。他的父亲甚至更加感人。他对采访者说：“我为我儿子的表现感到自豪，他做得很棒。但我对他养成的好品格比他获得的学业成就更感到高兴。”

班尼特：真是感动。

杜布森：这就是父母们在家里能够建造的价值体系，在公立学校里，他们的孩子无法得到这些教育，因为在公立学校这是被法律禁止的。

班尼特：你还记得伟大的罗纳德·里根的故事吗？它发表在《读者文摘》上。总统讲到，曾经有个小女孩捡到了一只钱包，把它还给了失主。小女孩将这件事告诉了学校辅导员，然后问他："您觉得我做得对吗？"辅导员说："这样吧，让我们和其他孩子一起讨论一下这件事。"于是所有孩子们都表达了自己的看法。然后辅导员说："现在，让我们投票表决。"结果孩子们多数表决认为，这女孩做错了，她的做法是愚蠢的，她应该把钱包里的钱留下来。于是，这女孩眼巴巴地望着辅导员以寻求支持，而辅导员却一甩手说："我的工作责任是，在这里倾听大家是怎么想的，然后只是辅助大家开展讨论。" 在过去，学校辅导员或教师会强调孩子做的事是正确的还是错误的，现在却变成，要孩子们判断一件事道德上是否正确，需要通过投票表决。

杜布森：我记得当我还在读一年级时，有一天，我在操场上捡到一个1角硬币。在我6岁时的那个年代，1角钱可以买好多东西呢。我讲这个经历不是想暗示我是什么小圣人，但家庭给我的教育是，不应该拿不属于我的东西。而现在，老师却要求孩子按照同伴群体的意见，而不是按照已有的道德标准来讨论什么是对是错。这真是令人难以置信。

班尼特：想想那个可怜而失落的孩子，她指望成人给予指导，但成人却不予答复。因为学校辅导员被告知的是，在这种"净化价值观"教育中不要支持任何一种观点而反对另一种观点——不要用对或错的语言来判断，因为没有绝对的对和绝对的错。

（采访的后半段）

杜布森：我知道你现在有一个新的在线课程，是针对从幼儿园至12年级的学生教程，用来帮助在家教育的父母和其他希望自己教孩子的家庭。请给我们一些基本的信息和介绍。

班尼特：从很多方面来说，这是个非常简单的概念。我和我的同事所做的就是开发一个网上的教育项目，提供给从幼儿园直到12年级的学生，有6个科目：数学、英语、历史、自然科学、艺术和音乐。我们开发了每日一课，共13年。它由互联网上的书籍、材料和项目构成。

我们把它提供给父母、教师，或所有可能对此感兴趣的人。我们已查看了不同州的自然科学教程，也查看了各地的阅读和写作教程。我们已组织了一个我们认为是父母或学校所能得到的最好的教育课程，希望那些进行在家教育的人对整个计划，或其中的一部分感兴趣。我们还希望在公立学校系统的人们也看看它，并希望父母们会考虑使用它作为辅助。

杜布森：比尔，谢谢你再次成为我们的嘉宾。你在麦克风前永远是受欢迎的。

班尼特：谢谢，詹姆士，我一直很高兴能与你交谈。[13]

我希望我们的读者理解，尽管我和班尼特博士表达了对公立学校的担忧，但我们并没有对它们采取否定态度。今天的公立学校里，有许多高度热诚、自觉尽职的教师和管理者，他们对儿童的认真负责丝毫不亚于我所描写的教会学校中的教职员工。然而，我必须承认，如果政府办的学校进一步偏离传统的道德和常识，例如，加入过多的性教育课程，和现在正由美国教育协会和美国教育部推动的后现代主义内容，那我很快就会坚定不移地反对这样的学校。

我发出过的最严厉的批评之一，是针对前第一夫人、美国国会议员希拉里·克林顿在1973年表达的观点。可能人们已经忘记多年前她写下的这段文字。问题不在这里。关键在于她表达的观点反映了公共教育者在许多方面的想法，当然也包括教师工会领袖，他们接受了这个方向。下面是克林顿夫人观点的概要，由专栏作家乔治·F.威尔（George F. Will）执笔：

既然儿童是“小大人”，他们自然而然被赐予了参与成人社会所需的品质；既然他们是不需要被过多塑造的，也没有必要抑制和重新引导他们的内在天然倾向——那么，关于母性、堕胎、学校教育和其他许多方面，“幼儿或少数部分人的法律地位就应被取消，对他们缺乏能力的假设也应该被抛弃”。[14]

我认为这一说法是毫无道理的。克林顿夫人说，儿童是“小大人”，儿童并非“不成熟”，他们不需要接受管教、塑造、训练和引导。他们是完全有能力的个体，应被赋予成人的合法地位。因此学校应该靠边站，任其自然发展。她认为教育者不该是来“教导”孩子的，因为这意味着教师处于高人一等的地位。教师应当是“共同学习者”和“帮助促进者”，只需要帮助孩子去发现是什么对他们最有利的就可以了。这一观点的延续就是如同班尼特博士所说的，“课程安排出现了混乱”。许多教育者表示不知道他们该教些什么——甚至不知道他们是否有权进行教授，怪不得我们的孩子在国际学术竞赛中会失败。他们可能知道怎么使用避孕套，但他们中太多的人不会计算、阅读，也不会写作。

对于还没有准备好连续几小时坐在教室里的尚未成熟的男孩父母，我的劝告是，在你的男孩还年幼时，至少可以认真考虑一下其他的可能性。如果能给予他们其他机会的话，你的儿子是能够得到最好发展的。

问题与回答

你怎么看待让父母使用“教育券”[①]选择学校，并用政府的钱支付教育费用？

让我给你一个间接的回答。自由企业和资本主义作为经济体系的巨大成功是直接与竞争相联系的，这就是为什么美国在生产率和效率上处于世界领先地位。缺乏竞争解释了其他类型的国家遭到惨痛失败的原因。显而易见的事实是，几乎在所有的情况下，竞争确实改善了人们的表现。麦当劳、温迪快餐店和汉堡王不敢在他们提供的食物和服务的质量及数量上落后于竞争对手。落后将是致命的。有许许多多的例子可以说明这一原理。看看机动汽车部门、地方的社会保险办公室、邮局和其他联邦政府机构是怎样运作的。你可以与他们接洽一下，看看你是否能得到一个及时回复的电话。我不是想贬低在那里或其他政府办公室工作的优秀工作人员，但如果你期望得到他们的帮助，你很快就会发现，他们不在乎你的

① 教育券，又译教育凭证、学券，是指美国政府把教育经费折算成一定数额的、可以用作抵充学杂费的有价证券。学生凭券可以自行选择任何一所美国政府认可的学校就读，学校凭券到美国政府兑换相应的公用经费。

事。他们有政府经营的垄断地位，因此没有竞争。当什么事都不用努力时，人们就变得懒懒散散。

你还记得当年贝尔电话公司事实上垄断着美国长途服务的那段时期吗？跨区域的电话每分钟大约要 30 美分。在“贝尔大妈”① 解体、来自其他公司的竞争被允许之后，费率跌至每分钟 6 至 7 美分。通话费还在下降之中。对于公共教育来说，这一点显然也同样如此。除非教育者被迫参加竞争，否则学校教育将永远无法向父母提供期望的服务或达到高效率的水平。这就是为什么我支持“教育券”做法的原因。给父母选择孩子学校的权利，这就把主动权交到了父母手中，这将促使公立学校做得更好。这个想法已被证明行之有效，唯一的阻碍就是那些强大的院外教育游说团，他们使华盛顿和州政府在这方面摇摆不定。

我儿子三年级班上的老师在上周的会议上告诉我，我的儿子是“班级中的小丑”。她说，为博人一笑，他什么都愿意做。在家的时候，他通常不是这样的。你认为他是怎么了？

你儿子的情况并不是唯一的。在每个教室里都至少有一个班级小丑，这些掌握某些技巧的小捣蛋鬼通常是男孩。他们一般有阅读或其他方面的学习问题。虽然并非总是这样，他们可能身材矮小，愿意做任何事来把别人的注意力吸引到自己身上。他们的父母和教师可能没有意识到，在这种喧闹的行为背后隐藏的常常是自我认知的痛苦。幽默是感觉自己不行的典型反应，那就是为什么许多成功的喜剧演员曾经都是受伤害的小男孩或小女孩的原因。乔纳森·温特斯（Jonathan Winters）的父母在他 7 岁时离异了。他说其他男孩嘲笑他没有爸爸。他说他表现得似乎毫不在乎，但当没人看见的时候，他会躲到树后去哭泣。温特斯说，他的所有幽默都是对悲伤的反应。[15] 喜剧女演员琼·里弗斯（Joan Rivers）常拿当年作为女孩的她缺乏吸引力开玩笑。她说，她是这样一条狗，使得她的父亲为了让她结婚只好沿着走廊扔骨头。[16]

这些人和大多数其他喜剧演员都在儿童时代得到这样的训练，使用幽默作为抵抗儿童时代受伤害的手段。这常常是班级小丑的灵感。通过对一切事物开巨大

① 美国人对贝尔电话公司的戏称。

的玩笑，他把在内心剧烈翻腾的自我怀疑掩藏了起来。

了解这一点应该有助于你满足儿子的需要，帮助他找到取得别人注意的更恰当的方式。弹奏乐器、参加体育运动，或参演学校的戏剧都是很好的选择。对他的愚蠢行为采取严格措施也是个好主意。

第 14 章
文化掠夺者

BRINGING UP BOYS

BRINGING UP
BOYS

我们已经讨论了令今天的男孩和父母面临诸多麻烦的几个主要社会问题。这一章将涉及另一个难点，事实上我们已经提及了好几次，但没有给出定义。这就是后现代主义。了解它将有助于进一步解释家庭，尤其是男孩，是怎样陷入如今这样的困境的。这一思想体系也被叫作道德相对主义，它认为我们无法获得真理。后现代主义者认为任何人都没有权力代表所有人说话。说到底，真理就根本不存在。无所谓对或错，无所谓善或恶，也无所谓积极或消极。一切都是相对的。重要的是“对我来说什么是正确的，以及对你来说什么是正确的”。这个理论在传播过程中不断被人延伸发展。

难以置信的是，今天一些教授居然主张，纳粹在第二次世界大战中灭绝 600 万“社会不良分子”的行动也并非不道德，因为道德观念本身就是虚设的。[1] 判断某事物本质上错误，意味着天堂某处坐着一个大法官在发布终极的价值观和对世界的戒律。后现代主义者深信世界上根本不存在这种绝对权威。

后现代主义者的滑稽之处在于，他们能与矛盾和平相处。这是为什么呢？因为这样可以避开那些对他不利的绝对事物。例如，道德相对主义者把人类尊严和种族和谐作为准则来奉行，但同时却支持杀害（或帮助杀害）老年人，或尚未诞生的胎儿，甚至是足月的、刚离开产道的健康婴儿。对他们来说，只要给他们带来麻烦，人的生命也是可以被处理掉的。“等一等！”前后两个说法会让你很惊讶。这些观念怎么可能在同一个头脑中共存。“它们当然可以。”后现代主义者如是说，却未给出任何解释。

正是这种支离破碎的哲学使得美国参议员芭芭拉·博克瑟（Barbara Boxer）在参议院的一次辩论中坚持认为，我们必须保护美丽的环境，但随后在另一个场合宣称，在父母把婴儿带回家之前，婴儿还算不上是人。父母可以在最初的几小时或几天内把他们杀死而不受惩罚。[2] 这是多么令人费解的逻辑，然而对于后现代主义者来说，像这样自相矛盾的观念不必合乎理性。因为他们认为一个起源于虚无，在没有设计和设计者参与的宇宙里，一切出于偶然，进化的生命无意义，宇宙也是无意义的。这就是后现代主义的本质。

普林斯顿大学生物伦理学家彼得·辛格（Peter Singer）教授就是这种无价值、无道德的哲学观的主要支持者之一。他说："杀死一个残障婴儿在道德上不等同于杀死一个人。一个新生婴儿的生命不比一头猪、一条狗或一只黑猩猩的生命更有价值。"[3]在他发表了对人类生命无价值的大言不惭的观点之后，这个误入歧途的人最近被聘为普林斯顿大学的终身教授。更令人吃惊的是，这所大学竟然冒天下之大不韪，任命辛格博士为生物伦理学系的主任。

现在我们要问的是，这种道德相对主义与培育男孩有什么关系？事实上，它们之间是密切相关的。因为它混淆了由来已久的正确与错误、适当与不适当、有价值和无价值、人道和非人道之间的界限。它也已经导致了道德的堕落，而且至今仍在日趋恶化。后现代主义为以各种形式存在的邪恶提供了自由空间及合理性。是的，我说的是邪恶。男孩与生俱来有追求极限和反抗权威的倾向，他们是对邪恶最无抵抗力的一群人。他们会被引诱做出各种破坏性的行为，而当年他们的前辈年少时面临这一切会猛然止步，因为他们知道，有些事情毫无疑问是错误的，所有事情都有后果。

后现代主义思想如此这般地教导儿童、少年和成人：我们的存在归因于一个混乱宇宙中的机缘巧合，这个宇宙没有蓝图，没有设计者。我们不对任何人负责，我们是毫无意义地暂时生存在一个濒临死亡的宇宙中，而这个宇宙将在完全的黑暗中毁灭。我们作为人类没有什么固有的价值，只是在时间的长河中做短暂的旅行，除此之外人生毫无意义。无怪乎，现在自尊的缺乏和对他人的不尊重空前泛滥。这是一种该死的世界观，它威胁着家庭，而且扭曲着年轻人的心灵。

我们还要记住，思想决定行为。"因为他心怎样思量，他为人就是怎样。"那些被告知他们不过是偶然出现的人，几乎不可能成为有道德的、守法的、尊敬他人的或感恩的人。事实上，这些人中有许多人确实如此。

当后现代主义思想体系延伸为无数的破坏性观念和形象时，它威胁着家庭，并扭曲着家庭中最易受影响的年幼成员的心灵。它还重塑着今天的儿童养育实践。我在《马里兰家庭杂志》（*Maryland Family Magzine*）2000 年 8 月刊的读者问答专栏中读到代表这种放任自流育儿方法的例子，实在令人震惊。一位"担忧的爸爸"写信给专栏作家劳拉·戴维斯（Laura Davis）和詹尼斯·基塞（Janis Keyser），提到他7岁的儿子布雷特（Brett）与他最要好的朋友杰奎琳（Jacqueline）在很长一段时间里玩性伴侣游戏。在过去几年里，他们经常赤裸着身体躲在床罩底下，检查彼此的生殖器，而且“总是咯咯傻笑”。两个家庭都没有对这类行为有太多顾虑，显然，这在孩子们四五岁大时就开始了。最近一次，他们关上门，在更长的时间里两人裸体在一起。当布雷特的父亲进入房间时，他们愤怒地喊叫，要他出去。当布雷特的父亲问他们在干什么时，杰奎琳说他们想看看布雷特的卵子和精子。这位父亲希望专栏作家告诉他，家长应该为孩子们设定怎样的指导方针。

你会相信，这两位自封为“专家”的作家会认为孩子有这种性接触是完全正常和可以接受的吗？他们说：“孩子们会对性交和婴儿是从哪里来的感到好奇。”请留意原文，当这种行为开始的时候，布雷特和杰奎琳还不到5岁。文章后面戴维斯和基塞两位专家警告这位父亲“不要太主观，那些假设只是你自己的想法”。对于当两个孩子在屋子里，家长是否应该让他们开着门，“专家”的答复是“可能是棘手的，因为孩子常常要求保护隐私”。然后“专家们”这样建议：“如果你的孩子花超过1/4的时间用于身体探索和性游戏，或如果他们看起来对此‘开始迷恋’，那么，他们可能需要你帮助解答一些问题，并希望能找到其他可以玩儿的游戏。”最后，“专家”说，“如果孩子就是很享受这种性游戏的感觉，你也可以设计一些其他相关联的方式，比如，加入触觉游戏。用护肤液或油膏作背部按摩和足部按摩是很好的可供选择的办法”。[4] 而他们的这些建议，还只适用于孩子们超过25%的时间都在床罩底下“玩儿”的情况下！

我们这是疯了吗？！有时，我深信我们确实疯了，或至少后现代主义者是疯了。

专栏作家艾伦·古德曼（Allen Goodman），写了一篇极富洞察力的评论文章。她在文章中呼吁为保护孩子免受我们时代的有害影响而战斗。这里是她的观点：

> 现在已经很明了，在孩子从出生到成长中的某阶段，作为父母的主要工作就是要抵挡文化。你必须一次又一次拒绝媒体试图通过大量信息传递给孩子的东西。
>
> 但现在我想到的是，对“父母责任”的呼吁与对市场不负责任行为

的关注是成正比的。父母们应当更多地保护他们的孩子免受日趋堕落的环境的影响。有人向孩子推销垃圾食品吗？干脆拒绝。电视节目不好吗？把它关掉。到处都是关于性、毒品、暴力的信息吗？那就向文化开战吧。

父母应当对他们孩子生活的每一方面进行实际的检查——检查电影的等级，阅读 CD 片上的标签，看看隔壁房子里有没有在放 MTV 电台节目。父母在挣钱谋生的同时，要常常与学校保持联系。

美国价值观研究所的副研究员芭芭拉·达福·怀特海（Barbara Dafoe Whitehead），在对中产阶级父母进行的采访中发现了这一点："我听到来自父母们最常见的抱怨是，他们遇到了来自文化的冲击。比起他们的父母来，他们感到更无助。"

她记录道："父母发现，为了保护孩子的心灵，他们要进行艰苦卓绝的抗争。"这不是说他们不能说"不"，而是要拒绝的东西实在太多了。

我并没有沉溺于虚空的怀旧之中，而是我们的生活确确实实出现了一个根本的变化。曾经的美国父母亲是按照主流文化的信息来培养他们的孩子，但是今天，他们却要以反主流文化的方式来培养自己的孩子。

过去我们文化价值观的合唱队中曾一度充满了牧师、教师、邻居、领袖。他们要求人们向他们靠拢，他们确实是心灵的支撑者。而现在影响孩子们的则是忍者神龟、麦当娜、饶舌说唱团体，和那些给青少年推销各式运动鞋的名人。现如今，只有成功抵抗这些流行文化的父母才会被认为是"负责任的"父母。

这就使得养育孩子变得更为困难。这也是为什么父母们感到更加孤立的原因。这不只是因为美国父母和他们的孩子在一起的时间比以前少了，也因为我们必须花费更多的时间与我们自己的文化作斗争。

这种挑战，就像你的孩子听了一整天"银河系"巧克力棒的诱人广告之后，你却要试图说服他们吃青豆一样。仔细想一下吧，还真是这么回事。[5]

为了保护孩子免受文化影响，我们必须抵制的对象远远超越了抵制垃圾食品以及推销运动鞋的名人的范围。事实上，今天的儿童经受着危险观念的狂轰滥炸，这些观念的危险性超过美国历史上任何一代人所经历的。保护孩子免受学校中“安全性生活”的指示说明、新潮领袖的影响、邻居的亵渎和污秽的语言，以及各种类型的诱惑等，这一切对父母来说是令人生畏的任务。像饿狼一样追踪青少年的掠食者，就是那些利用青少年获取经济利益的人，包括毒品推销者、不讲道德和原则的电影或电视制片商、性滥交者、提供流产手术的组织、重金属音乐癫狂者，而现在，是那些互联网的流量占据者。举例来说，“计划生育组织”在明尼阿波利斯地区向十几岁的青少年们分发上万个名为“舞会救生包”的小盒子。每盒包括 3 个避孕套，2 块口气清新糖，1 个糖果晚会的小礼品，和 1 张首次访问“计划生育诊所”的折扣优惠券。这是明目张胆地诱导性行为，却也是典型的成年人给少年人的信息。策划这些的成年人心里很明白他们在做什么。可怜的父母们却不得不马不停蹄地战斗，以捍卫家庭的基本常识和行为准则。

有时候我们感觉到，对我们的儿童和青少年来说，似乎已没有剩下什么有益身心健康的东西供他们享受了。例如，今天的有线电视上最受欢迎的节目是世界摔跤联盟（WWF）比赛中古怪、暴力的动作。它们因将血腥和残暴包装成娱乐节目而受到孩子们的欢迎。成年人这样的以暴力和令人震惊的方式进行的表演，对孩子们来说只能是有害的。还记得吗，佛罗里达 12 岁的男孩莱昂内尔·塔特（Lionel Tate）把一个 6 岁女孩殴打致死的暴行？他压碎了她的头骨，撕裂了她的肝脏。他说自己曾在电视上看过摔跤比赛，很想学学他们的动作。这个年轻的凶手被判无期徒刑。[6] 我从未听到哪个时事评论员说过，WWF 和他们的赞助商应对这一悲剧事件负有主要责任，实际上他们理应对此负责。

有线电视上过多的喜剧表演也对年轻人的思想产生巨大的影响。把重点放在性和暴力上的 MTV 总裁们承认，他们试图塑造一代又一代青少年。在其公司的一则广告上，画面是一名十来岁青少年的后脑勺，在他的头发上剃出了“MTV”字样。它的潜台词表达的是，“MTV 不仅是一个频道，它是一种文化力量。人们不仅仅观看它，而且热爱它。MTV 已影响了整整一代人的思考、交谈、衣着和购物方式”。[7] 这则广告的惊人之处在于，MTV 不仅承认他们企图操纵年轻、不成熟的人，而且他们还花费大量的金钱夸耀他们操纵成功的战果。

如果你对MTV是否正在裹挟你的孩子仍有疑问，我建议你看一下它的一些热门节目。那会使你的灵魂抽搐。虽然制片人始终在变着花样吸引更多的观众，但节目仍在变得越来越糟。最近的一档名为《蠢驴》（*Jackass*）的节目实在可怕。它由一个名叫约翰尼·诺克斯维尔（Johnny Knoxville）的少年疯子担任主角，他在各种令人作呕的场景中表现自己。镜头拍摄在一个便携式厕所里，他身体倒挂着被马桶水冲溅。他把这称之为“粪便鸡尾酒”。他吃了一条活生生的金鱼，然后把它吐到了碗里。他穿得像个残疾人一般，坐在轮椅里，然后撞向一堵墙。[8]还有一次，他穿上一件防弹背心，然后用一支38口径的手枪向自己的胸口射击，不同寻常的是，这一回MTV拒绝播放这一镜头。[9]通过这些及其他各种场面，这类表演可以说是竭尽所能地获取收视率——其中绝大多数场面是耸人听闻、不计后果和不道德的。如我们所说的，有200万以上的年轻观众每周都收看《蠢驴》。[10]有多少尚未成熟、心智不稳定的男孩会去模仿他们看到的这些行为动作呢？我怀疑有相当多的孩子曾经尝试过。

就在你读本书时，有人已经为你那易受影响的孩子策划出了一些新的东西—— 一些更糟的东西。作家詹姆斯·庞尼沃兹克（James Poniewozik）说，这些糟粕节目的影响后果是出现了他所谓的“粗鲁男孩”现象。[11]他说，今天的男性得努力去想怎样才能远离他们的父母，他们中的许多人已经“走得那么远，而且已经这么做”了。为了超越过去曾有过的叛逆，他们的行为需要变得更加放肆大胆。你想过这一点吗？有朝一日，“粗鲁男孩”和他们的怪僻女友生出的孩子，还能再想出怎样的行为来超越上一代，以使他们的父母更震惊呢？看来不会那么容易。留给他们去做的疯狂事已经没剩下多少了。

摇滚乐行业为孩子提供了最令人震惊的和最具危险性的素材，在此方面它算是独占鳌头。我怀疑做父母的是否充分意识到了摇滚乐推销给他们孩子的肮脏和暴力行为。让我们来看一个例子吧，它来自一张几年前发行的CD，不过是大同小异的几千张CD之一。这是由一个名叫科恩（Korn）的流行歌曲演唱组合录制的，他们唱着这样的歌词：

我扼住了你的喉咙——你感到痛苦吗？

然后你的眼睛翻白了——你感到痛苦吗？

你的心脏停止跳动了——你感觉不到痛苦吗?

黑色的性欲高潮——你感觉不到痛苦吗?

我亲吻你无生命的皮肤——你感觉不到痛苦吗?

你的灵魂破碎，在那里，你是我所爱。[12]

令人难以置信的是，包括这些恐怖歌词的歌曲竟被冠名为《我送给你的礼物》(*My Gift to You*)。这张CD由索尼唱片公司制作和发行，刚一面世就在排行榜上排名第一，售出了200万张。买这张唱片的孩子有的还没过10岁，大多数购买此CD的孩子不仅听了歌词，而且通过反复重放CD记住了歌词。考虑到来自这一暴力文化的回声，它们如此扭曲和误导了孩子们的价值观。我们惊奇为什么竟没有更多的信仰基督教的父母去冲击索尼公司的大门，去那些类似组织的大门口抗议。请告诉我，节目主播霍华德·斯特恩(Howard Stern)说了、做了那些令人难以置信的事情①，为什么我们仍然允许广播和电视播放他的节目?当12名青少年和1名成年人在科罗拉多州利特尔顿的哥伦比亚高中被残忍地杀害，几天之后，斯特恩竟说:“我看到一群漂亮的女孩在那个学校上学，(谋杀发生时)很多漂亮的女孩把手放在头上跑了出来，那些杀人的孩子有没有想过要和某个漂亮女孩性交呢?他们甚至没有这么做。既然你们要杀死所有的孩子，而且要自杀，那为什么不先来点乐子呢?”[13]

为什么我没有看到应该像雨点般地落在斯特恩长毛的脑袋上的义愤呢?为什么他节目的赞助人没有被愤怒的父母群起而攻之?当政治正确受到攻击时，那些表现出义愤的新闻媒体又在哪里?为什么斯特恩没有被解雇，从此销声匿迹?好问题!在他发表不可宽恕的评论之后的几天，他的节目继续在播出。他从来没有错过一拍。到目前为止，他的谈话节目在广播界的受欢迎程度排名第三。

在大学里发生的是另一种令人难过的情形，在那里，后现代主义没有遭到反抗，狂欢滥饮是每个周末都发生的，有的校园甚至走得更远。发表在2000年3月18日《纽约时报》上的一篇文章描写了在卫斯理公会大学中被称为“裸体宿舍”的情形——一个男女同校的学生宿舍里，你穿不穿衣服都随便。还有一个“裸

①霍华德曾于20世纪80年代因为节目中有不雅内容而被罚款250万元，但是他的节目没有停播。

露时间”，也是男女同学聚会进行社交活动。一名学生说：“这个活动的宗旨是不评论任何人，或者说尊重彼此的信仰。这里没有性的寓意。”是的，简直是对极了！除了这篇文章宣称这些在宿舍里的聚会是校园中最受欢迎的活动之一，我还可以向你提供其他细节。我敢打赌。我要反复问的一个问题是：“那些为这种疯狂行为付账单的父母在哪里？”一位女学生告诉她爸爸发生在宿舍里的这些事，而“他只是笑笑而已”。[14]

“伦茨研究组织”进行了一项关于道德问题的民意测验。令人惊奇的是，他们发现，80% 的美国人认为缺乏道德是我们民族面临的最大问题。[15] 尽管如此，他们中的大多数或是过于繁忙，或是过于意志消沉，因而无法同那些“捕猎”他们孩子的人较量。那些操纵者就是这样犯下“谋杀罪”后逃脱惩罚的。

令人欣慰的是，仍然有一些父母决心去战斗，去保卫他们的孩子。米歇尔·马尔金（Michelle Malkin）就是其中一位，她对那些意志薄弱的父母竟容忍这样的胡闹感到极为愤怒。她写道：

婴儿潮出生的一代父母正在玩忽职守

“除非猪能飞、地狱天寒地冻、母牛能跳过月亮。不，不，不，不！讨论已告结束。”这就是许多年前，当我女儿问我她是否可以参加男女混合的借宿晚会时，我给她的回答。信不信由你，在整个国家都有青少年男女在他们父母的同意之下，在同一片屋顶下穿着内衣一起顽皮嬉戏。

《华盛顿邮报》（*The Washington Post*）用了 1200 字的篇幅描写这一大受欢迎的少年时尚。一家报纸的数据库搜索到将近 200 篇关于男女同宿的其他故事。受欢迎的青少年节目，例如华纳兄弟电视网的“七重天”就描写了男孩女孩的过夜晚会。

最近的“阿伯克龙比＆费奇圣诞节”的节目描写 4 个青春期前的女孩和一个年龄稍大一些的男孩在床上躺在床罩下面，男孩淫荡地在空中挥舞着他的拳击短裤。

“这是最流行的事。”一个名叫“J. D”的17岁男孩向《华盛顿邮报》记者解释说。男女混合过夜晚会“是群体幽会的一种变种”，《华盛顿邮报》报道："青少年们鬼混在一起，但通常不成双配对。一些父母说，几年前，几个校区的学校管理人员要求旅馆停止在高中大型活动之后为学生提供房间，在这之后，这些晚会变得更为普遍了。"为争取父母的支持，J. D争辩说，主办一个男女混合的过夜晚会"胜过我们谎称在某一个地方，胜过我们租借一间简陋的汽车旅馆房间过夜的做法"。

许多父母——我客气一些地说——是在花钱接受这种泡泡糖摇滚舞的逻辑。"我只是觉得这绝对比去旅馆好，这样你能知道所有来的孩子，你知道他们和谁在一起。"一位马里兰州的母亲埃德娜·布雷特（Edna Breit）这么说，她允许自己十来岁的儿子邀请多达20个男孩和女孩来寄宿，在热水浴盆里洗澡，在家里的地下室里看电影，一直待到黎明。

布雷特说出了她私下监视那些年轻的过夜客的方法："你把快餐用的碗换小些。这样你就有藉口下去再给他们添。"这真是可怜。我们怎么会堕落到这种程度，一个成年妇女以把她的家变成男女混合的舒适客栈为荣，父母还不得不想出暗中监视自己孩子的方法？什么时候开始"比……更好"的判断取代了为保护你的孩子尽力而为的做法？

那些认为这都是无害的娱乐，还有那些认为我们应该放松一下、快乐一点、休息一下的父母们，该醒醒了！少年男女不应做出属于成年人的亲昵行为来。男女一起过夜对还不成熟、难以处理充满性暗示场合的少年人发出了错误的信息。这只是最近的迹象，表明一种文化已经放弃了执行权威的传统角色，放弃了一代一代传递道德和智慧的职责。

由于婴儿潮出生的父母信奉激进的平等主义，美国人对管教的观念可以说已变得比少年人睡袋里的羽绒还松软。《你准备好了没有：像对待小成人一样对待孩子，为什么会危及他们和我们的未来》（*Ready or Not: Why Treating Children As Small Adults Endangers Their future and Ours*）一书的作者凯·希莫威茨（Kay Hymowitz）指出，如今"成年人把自己定位为孩子的同盟者、训练者、合作者、朋友、帮助者、共同学习者和辩护者。他们的角色是给孩子权力，为他们辩护，增强他们的自尊，尊重他们的权利，为他们提供信息，使他们能够自己作出决定。但这真是孩子所需要的吗”？

我的孩子需要她的父母做她的父母，而不是成为她的玩伴。父母说“不”，并且是严正地说“不”，这的确不容易，而且我们需要准备好一而再、再而三地说“不”。到那时之前，我会怀念那短暂的天真无邪的日子。那时，对我们的女儿来说，一个男女混合的借宿晚会意味着，她穿着粉红色的睡衣躺在摇篮里午后小睡，同屋有虫虫先生、胡子先生，还有她的洋娃娃。[16]

谢谢你，马尔金夫人。我很高兴知道，常识在你这样年轻的父母这里依然起作用。其他人必须与你一起加入坚决保护孩子的行列。我们首要的义务是注意铁路岔道口张贴的警告标志。它们会提醒司机停下、观察和认真听。这恰恰就是我们对于孩子所生活的世界要做的。我们不能因自己过于忙碌而不去监督他们的行为。这样的监督每天都是必要的，尤其涉及年幼的孩子，因为潜伏在草丛中的掠食者正时时觊觎着。

永远不要忘记，恋童癖者在到处游荡寻找着猎物。他们找到可以下手的儿童并不困难。一般的恋童癖者在其生涯中平均可俘获并伤害 150 名儿童。[17] 他们大多数不会被抓住，即使被抓住了，他们也可能不被判罪。这些人有非常熟练的手段。他们会进入儿童经常逗留的场所，比如电子游戏厅或比萨饼店，而且几乎立刻就能发现那些最为孤独、特别需要关怀的孩子。他们寻找因父母离异而情感饥渴的男孩和女孩。几分钟之内，他们就能把这些儿童置于其控制之下，开始侵犯他们。对一名儿童的侵犯虐待时间平均可长达 7 年！[18] 这样的行径为什么不会败露呢？因为孩子受到威胁恐吓、害怕自己的父母知道。

恋童癖者还在网上寻找情感饥渴的孩子。这就是为什么让你的孩子在不受监督的情况下接触互联网，就如同允许一个油腔滑调、别有用心的男人站在你家门口一样。他咧开嘴笑着说：“我知道你忙极了，疲倦得很。让我来跟你的儿子或女儿娱乐一会儿怎么样？”你放他进来，他直接走到卧室关上门。你听不见里面的声音，你知道发生了什么吗？当你在孩子的房间里放上一部个人电脑或电视机时，你就等于是在那样做。这是自取其祸。而这恰恰就是大部分父母在做的，其中许多人一直对疏于监督深感后悔。后面我将就此问题再具体谈谈。

还需父母关注的草丛中的另一条“蛇”是，每一次鼠标点击之下轻易就能接触到的色情文学。这不仅仅是孩子们能够轻易就接触到，事实上，是色情作品作者主动引诱他们上钩的。定期上网的儿童难免会碰到赤裸裸的性描写材料。如果男孩点击单词“玩具”，跳出的选项之一可能是性玩具。如果女孩点击叫作“爱马”的网址，她可能会看到女人和马性交的图像。为了引诱儿童和成人浏览收费的色情网站，色情文学的传播者会处心积虑地推广让你几乎难以抗拒的优惠广告。出于对这种行为的关注，美国国会在 1996 年通过一项法案，宣布这些淫秽的免费赠品为非法。这就是后来的《通信道德法案》。然而美国最高法院经过考虑，扼杀了这条法令，宣布它违宪。[19] 你能够想象，美国开国元勋们在通过第一修正案时，是为了保护这些污秽不堪的东西吗？

遗憾的是对幼小心灵的攻击持续如初，毫无减弱的迹象。根据安全美国基金会的统计，53% 的青少年说他们有时候会碰到含有色情描写、基于仇恨或暴力内容的网站。超过 91% 的人说他们曾在学习或仅仅在网上浏览时，无意中就会碰到这类可怕的材料。[20] “安全美国”指出，做父母的宣称他们对孩子在网上探索的活动是加以监督的，但孩子们说不是这样。他们大多数想看什么就看什么。

任何孩子都能访问当地的图书馆，指尖轻点一下就能找到最可怕的材料。他不仅能够在网上看到图片形式的性描写，还能看到各种其他有害的图像和思想——从怎样制造炸弹到关于怎样自杀的说明。当惊慌的父母要求提供筛选和监控措施以保护其孩子免受这些网站的毒害时，美国图书馆协会和美国公民自由联盟却发疯似的表示抗拒和反对。可以预见，这些行动自由论者绷着脸宣称，设置筛选措施会违反儿童权利的第一修正案。[21] 他们还说：“图书馆不可能成为父母。”这里，你可以了解到言外之意。这是我们谈及问题的一个典型例子。父母们被告知：“你只能靠自己。这不是我们的问题。”提供不受监控的电脑在历史上第一次表明，由政府资助的机器已被用来伤害儿童，这就是现在正在发生的情况。毫无疑心的父母让他们的孩子上当地的图书馆去，理所当然地认为他们在一个安全的学习环境中。他们不知道里面发生了些什么。难道还会有人对文化正在向家庭宣战表示怀疑吗？

我希望你能非常仔细地阅读我下面写下的内容，因为它将解释这一问题是如此重要的原因。色情描写和黄色故事对你的男孩构成可怕的威胁。一些 13 岁至 15 岁大的孩子只要接触这些淫秽故事一次，就有可能一生沉溺于此。这比可卡因和海洛因更易上瘾。这是司法部部长的色情文化调查团作出的结论，我在其中任职。我们这些从事儿童发展领域研究的人都知道，在青少年中，性兴趣的焦点尚未完全建立。它有可能因一段早期的性体验（主动的或非主动的），或因与色情文化的接触而改变方向。一般男孩子只会被“啦啦队长”之类的异性形象刺激，但通过色情描写，他们将学会从伤害别人或是与动物、同性乃至年幼儿童的性交中寻找刺激。许多被这些不正当性欲辖制的男人，他们的犯罪根源可追溯到他们在青少年早期的经历。

这就是特德・邦迪（Ted Bundy）身上发生的事情，我在他被处决之前 17 个小时采访了他，他杀死了 3 个女孩，其中之一是才 12 岁的金伯利・利奇（Kimberly Leach）。[22] 邦迪在他死前两天坦白，他至少杀害了 28 位妇女和女孩，当局称实际上可能多达 100 人。邦迪要求与我交谈，因为他希望世界了解，色情文化是怎样导致了（而不仅仅是引起）他残暴的谋杀行为的。在垃圾堆中找到有色情内容的材料时，他年仅 13 岁。其中的侦探故事杂志展示的是裸体女人受到攻击的场面。邦迪发现这些形象非常刺激，由此而开始了他的悲剧生涯，最终他被判死刑。

我并不是暗示每个阅读色情文学杂志或观看淫秽录像的青少年长大后都会杀人，我说的是他们中的一些人会这么做，而更多的人——可能是绝大多数——会形成对黄色刊物的长期嗜好。这是一个重大的文化问题。超过 40% 的牧师受其折磨！[23] 他们怎么会变成这样的呢？是因为接触了使他们欲火中烧的色情图像信息。这种情形导致了许多人离婚，许多婚姻名存实亡。我知道这很现实，因为我几乎每天都从妇女那里听说，她们的丈夫深陷色情文学捆绑之中。互联网的使用增加了这种悲剧，其影响是难以估量的。

让我们回到在你孩子的房间里放置个人电脑和电视机的危险性这个话题。根据最近的调查，2~18 岁的儿童平均每天看电视、听音乐或玩电脑和电视游戏的时间为 5 小时 29 分钟。8 岁以上的儿童所花时间总量增加，他们每周几乎花费 40 个小时做与媒体相关的活动。调查还发现，53% 的儿童卧室有电视，其中包括 32% 的 2~7 岁的孩子和 65% 的 8~18 岁的孩子。70% 的儿童房间里有收音机，

16% 的儿童有电脑。[24]

这个报告描述了 21 世纪的美国儿童生活在一个多么阴暗的环境里！之前我提到的那位油腔滑调、别有用心的男人只是在猛敲前门，现在他已经占据了卧室。所有这一切都与疯狂的生活节奏有关。我们精疲力竭、饱受折磨，以致无法去关心那些我们最爱的人。我们几乎不知道他们在家做些什么，当我们不在时，了解得就更少。真是羞耻啊！一家名叫“扬克洛维奇合伙人”的咨询公司的报告显示，一家人在客厅里围着一台电视机观看的景象正在消失。相反，许多孩子独自看电视，这样他们就能选择他们想看的任何节目。扬克洛维奇的合伙人之一安·克勒曼（Ann Clurman）说：“孩子们看到的一切东西，基本上都以某种未受审查或未过滤的方式进入他们的头脑。”[25]

我强烈建议你把这些设备，不论是电视机、电脑还是录像机，搬出孩子的卧室。把它们放在客厅里，这样便于监督，而且看多长时间也能得到限制。为了你的孩子，你怎么能连这一点都做不到呢？

我们也有责任在我们的男孩和女孩年幼时，和他们一起观看各种形式的娱乐节目。你们一起观看的节目可以提供有教育意义的情境，当他们长大后这些将帮助他们作出正确的选择。我们的行政管理部门的一位成员告诉我这样一件事，发生在他和 13 岁的女儿一起看电视时。为了迁就她，他们选择了一个受青少年欢迎的戏剧节目，爸爸被他所看见的和听到的惊呆了，但他尽力不把父女“在一起”的时间变成父亲说教的机会。但到最后，他再也忍耐不下去了。

“宝贝，”他说，“我实在不能坐在这儿听任这些垃圾进入我们家里。这太可怕了，我们应该换些别的节目看看。”

使他惊奇的是，他女儿说：“我还在想你什么时候会把它关掉呢，那节目太可怕了。”

我们的孩子可能会反对我们为他们筛选内容（禁止他们接触的污秽和暴力），但他们知道这样做是对的。他们会尊敬我们，因为我们说：“我们有了这个家，我们不能用污秽的节目污染它。”然而，为了能作出这些判断，你必须和孩子一起观看才有机会了解哪些是需要引起注意的。请允许我建议你和你的家庭一起阅读2600年前由大卫王写下的这段文字："邪僻的事，我都不摆在我眼前，悖逆人所做的事，我甚恨恶，不容沾在我身上。"同时你们可以阅读并讨论下面这段话："弟兄们，我还有未尽的话：凡是真实的、可敬的、公义的、清洁的、可爱的、有美名的；若有什么德行，若有什么称赞，这些事你们都要思念。"

如果这个"小盒子"硬是不肯屈服，你可以试着拔掉它的插头，把它卖了，把它放到车库里，用斧子把它砍了，或在它闪烁的蓝眼睛上钉上一只鞋子。如果电脑成了问题，把它当废物扔掉！然后把一家人召集在一起，一起阅读一本好书！

好了，亲爱的父母们，我知道在这一章中我和你们谈论的都是令人心烦意乱的事情。毫不奇怪，你们许多人感觉自己被卷入了后现代文化的逆流中。对于后现代主义者来说，唯一的目标是满足自我欲望，唯一的价值观是激进的个人主义。然而，你确实需要了解真相，你可以采取措施来保护那些你所爱的人。下一章我将提供我认为对付后现代文化的最有效的方法。同时，这里有一些事情需要我们考虑：

首先，让我们优先考虑我们的孩子。在以前的日子里，文化是保护孩子们的，能帮助他们免遭有害信息的影响以及被利用。而现在，一切都是毫无遮拦的，甚至对我们的最年幼者也是没有任何遮盖。我们应该将我们子女的福祉置于我们自己的幸福之上，教会他们区别是非对错。让我们教导他们，赋予他们强烈的道德责任心。

其次，让我们在力所能及的范围内，尽一切可能扭转在美国到处泛滥的暴力和情欲的破坏性影响，让我们要求娱乐圈中的权势人物停止生产污染道德的产品。让我们从法院夺回自治的制度，这一制度在传统上让美国人可以公开争论他们最深刻的差异，并一起达成一个可行的解决方法。激进的个人主义在毁灭我们！后现代主义是腐蚀人类灵魂的毒瘤。他们宣称："如果这样感觉好，就这么去做！"这样的信条已使太多的医院住满了毒品使用过量的青少年，太多的监狱单人房间住满了没有父亲的青年，太多的棺材里埋葬了被杀害的青年人，给困惑不已的父母带去了太多的眼泪。

最后，让我们今天一起宣誓，给我们的孩子设立最高的道德规范和标准，并尽可能保护他们免于接触邪恶和走向死亡。我们的家庭不可能变得十全十美，但它们可以变得更好些——比现在远远好得多。

问题与回答

我记得有一次在你的广播节目中，你说我们其实是在训练儿童去杀人。这是什么意思？

那是《在战争和社会中学习杀人的心理代价》（*On Killing; The Psychological Cost of Learning to Kill in War and Society*）一书的主题，由戴维·格罗斯曼（David Grossman）和阿肯色州州长麦克·赫克比（Mike Huckabee）合著的关于谋杀的书。格罗斯曼教授因为揭露视觉暴力曾被提名普利策奖，他称其为“最有毒、最易成瘾和最具破坏性的东西”[26]。当他在美国参议院青年暴力调查委员会面前做证时，他用令人心寒的细节解释了作为一个国家，我们所面对的情形。在空军待了 24 年之后，他被称为“杀人学”研究的权威。这一术语指“对杀人的研究”，致力于研究如何训练军人，让他们准备好去完成最激烈的战斗任务。格罗斯曼的惊人结论是，他发现同样的方法和经验现在已被用在孩子们身上。简而言之，儿童们被灌输去无情地杀戮他人。

人们掌握这些技术已有几十年了，包括将令人受不了的行为，用不同方式高强度重复向受训者展示。这种高强度重复展示是非常有效的。只要给予时间去适应，同时伴以解除防御机制的理论，人类的头脑能接受最可怕、最令人厌恶的经历，这已是确定的事实了。这一过程的最好（或最糟）例子见于纳粹的杀人小队，这个杀人队被称为“特别行动部队”，在第二次世界大战期间横扫东欧。这些由 12~20 人组成的小组中，有 4 个小组有组织地残忍杀害了超过 140 万人，连妇女、儿童甚至婴儿都不放过。[27] 在数不清的日子里，他们在一天里杀死多达 5 万名的犹太人、吉卜赛人、波兰人和政治犯。[28] 第二次世界大战后，社会科学家研究了这些参加者的谋杀行为，设想他们一定是精神错乱了，否则他们无法日复一日地承受这样的恐怖。然而经过调查了解到，他们基本上是正常人。他们过去是商人、医生、律师和店主——他们因信仰纳粹的教义，很快就对肆意杀戮变得麻木了。他们演化成了“怪物”，确实喜欢观看无辜的人们徒劳地求饶。实际发生的情形是，高强度重复展示的暴行使杀人者对无辜人们的痛苦心硬如石，甚至幼儿的啼哭也无法令其动容。人类学会接受那些曾经令他们感到厌恶的事情，这一心理过程被称为“脱敏”。

再者，高强度重复展示可以让人获得惊人的适应能力。纳粹新兵被要求重复地、系统地执行令人忍受不了的任务，直到他们不再对其感到震惊或反感。他们给这些受训者漂亮的德国牧羊犬作为宠物，让他们彼此在感情上形成依赖。然后，他们迫使这些人赤手空拳折断小狗的脖子。这么做是为了让他们变得“强悍”。纳粹领袖所做的是让新兵对残忍行为脱敏。杀死可爱的狗和杀死手无寸铁的人，在心理上只有一步之遥的距离。[29]

今天，这种脱敏程序在航空工业上的应用远胜于其他方面，他们通过这种机制对飞行员进行培训和测试。飞行员被置于称为模拟设施的固定装置中，它会模拟紧急情况，例如引擎故障或起落架问题，其目的是培养在真正危机事件发生时的应对技能，同时使飞行员在灾难情况下处于良好状态，保持镇定。当他们在训练中经历了所有可能发生的紧急情况后，我们可以假设他们能毫不惊慌地应对生死攸关的场面。这确实有用。医科学生也进行脱敏训练来应付急救室或外科手术中面临鲜血淋漓的场景，而开始时，这对他们来说是触目惊心的。我们大多数人都具有这种能力，可以逐渐适应令人难以忍受的经历。

这实际上就是媒体对无数观众所做的——不间断地将电视和电影中的强奸和谋杀场面过度展示给他们，尤其是儿童。芝加哥伊利诺斯大学进行的为期 22 年的调查，发现的正是这一点。心理学家伦纳德 · 埃伦（Leonard Eron）报告，来自半乡村地区的纽约郡的 875 名受试者在 8 岁时接受了调查研究，到他们 30 岁时，其中那些电视暴力看得多的人，犯严重罪行的次数也要多得多。

美国心理协会暴力和青年调查团的负责人埃伦得出结论：“电视暴力影响各个年龄、处于各种社会经济水平和智力水平的男女青少年，这种效果不限于已经有攻击倾向的儿童，也不限于美国。”[30]

现在我们来考虑今天的儿童在日常生活中接触到的暴力场面，例如现有的电视游戏。《致命战斗》是一个极好的例子。非常年幼的儿童不仅学会怎样杀人，而且还学会在游戏人物的头被砍掉、血迹四溅时做到无动于衷。稍加练习后，他们就会学会适应死亡和悲惨的场面。格罗斯曼教授说，我们的孩子正在经历的脱敏作用，将难以避免地直接影响他们的校园生活。[31]

我们再来看哥伦比亚高中的两个杀人凶手埃里克·哈里斯（Eric Harris）和迪伦·克莱博德（Dylan Klebold），他们最喜欢的电影是《篮球日记》（*Basketball Diaries*），其中描写的一个场景与他们日后犯下的屠杀罪非常相似。他们也受到哥特文化，也叫哥德次文化的巨大影响，它传递的是死亡、暴力和性倒错。经过这样的“训练”，无怪乎年轻的凶手在枪杀他们的同学时会欢呼、嘲弄，甚至似乎正在经历“伟大时刻”。任何有理性的人怎么能够否认影视暴力和街头暴力之间的联系呢?

第 15 章

亲近你的男孩

BRINGING UP BOYS

BRINGING UP
BOYS

在上一章，我描写了一种处处给家庭带来冲击、对儿童的幸福带来威胁的文化，它将父母放在一个两难的位置。他们要么闭上眼睛，对充斥在儿童周围的有害影响置之不理，要么必须想出对策来保护孩子。对于准备投入战斗的读者，我在此提出一些看法。

这一讨论的重心是很显然的，可以说没有什么新的内容。但是，我相信，我下面写的内容是有价值的。我要提供的信息核心是，作为父母，你必须付出比以往更大的努力，与你的孩子建立更令人满意、更具支持性的关系。你必须让他们愿意继续待在这个家里，遵守这个家的信仰价值体系。如果你未能完成这一任务，那你就有可能会输掉将来的意志较量。今天的法律有利于具有反叛精神的青少年。他们在两代人针锋相对的冲突之中可能占上风，或许孩子在很小的年龄，法律就能赋予他们权利。以下是你可以采取的防御办法。

在我小时候，父母不是只有通过沟通交流和保持密切关系才能管住孩子。他们或多或少可以通过纪律或把孩子置于某种环境中隔离起来的做法，来管教和保护孩子。农夫约翰可以把精力旺盛的小约翰尼拖到自家 240 多亩的田地里，这可以让小约翰尼的头脑立刻清醒过来。这样一种情景的威慑足以让大多数少年在悬崖边止步。

我们家乡的人都懂得这类做法，他们树立了许许多多的规矩。对几乎每一种能想象得到的情况都有各种规矩和禁忌。我父亲在一个极为保守的教会里担任牧师，我出生于这样的家庭中，他们不允许我出去看电影（那时的电影实在很平淡温和）或跳舞，甚至不许用最普通的俚语。我记得有一次我因为什么事激动地说了一句“Hot Dog（热狗）”而受到责备。我至今仍不明白，这样的词语在我爸爸的头脑里表示了什么危险的东西，但是他警告我不许再用这样的词语。Darn 被认为是“该死”的委婉说法，geez 指耶稣，dad-gummit（南方的一个古老的用语）显然是上帝的一个明显的替代语。我不敢发出任何即使只隐隐含有亵渎意义的说法，即便它本身是没有意义的。我的堂弟住在同一个地区，他发明了一个俚语叫 gerrit，他可以使用这个词而不会被指责为说“脏话”。“我讨厌那种 gerrit 学校。”

他可能会这么说。可是这一发明在我家行不通，连 gerrit 也遭到了禁止。

那时候，父母的权威就像是一个盾牌，它可以抵挡那个被叫作“这个世界”的一切邪恶影响。只要愿意坚守原来的阵地，任何被视为不健康、不道德的东西都被挡在白篱笆墙外。幸运的是，周围的社区环境对父母也是有利的，它的组织结构使得孩子们更容易遵纪守法。审查制度阻止了电影走得过远，学校里保持着严格的纪律教育，学生出现违规行为，学校会立即向家长报告，负责监督逃学的官员阻止学生的这类行为，年长妇女的陪伴保护了少年的贞洁，向未成年者出售酒类是不被允许的，人们几乎从未听说过毒品。甚至，所有的成年人都把保护儿童免受身体、情感和精神上的危害作为自己的责任，即使那个孩子不是自己的。镇上的大多数人基本上都认识孩子们的家长，因此，对他们来说，进行干预是很容易的。当然，这一支持系统并不总是奏效，但一般来说它是能起作用的。

但是，如我们在前一章所看到的，这种对儿童健康幸福的承诺和责任已经消失不见了。文化环境本来可以支持父母履行抚育儿童的责任，但今天的文化环境实际上是站在他们的对立面。还有，白色的篱笆墙也不见了。有害的形象和思想从前门钻了进来，或者，如我们在前面所讨论过的，它们通过电子手段直接进入了卧室。随着世界变得越来越充满情欲和暴力，现在真的是有太多的机会可以使得孩子们掉入陷阱。不仅如此，而且有无数“声音”在引诱他们去犯那些错误。

父母的权威也在每一个关头受到削弱。例如，今天，当父母决定不让男孩去看内容有害的电影时，他们的命令很有可能成为“一纸空文”。因为孩子有可能在朋友家，或趁父母上班不在家时看录像。还有，现在成人的工作时间似乎变得越来越长。这种情况引起了最具危险的情形。父母下午很少有时间待在家里，他们几乎不可能对文化中有害的东西加以筛选剔除。一个未受到监督的孩子在一天内学到的不良行为，做父母的可能花上一年时间都难以消除。

想到这世界所发生的变化，与男孩从最小就开始建立关系就会有双重重要的意义。你不可能仅仅通过建立规矩，就保证他们免受大千世界中掠食者的侵害。今天的父母，仍然应该阻止有害的或不道德的行为，但是这样的禁令必须用情感上的密切关系来做补充，由此而使孩子愿意去做正确的事。他们必须知道，你是无条件地爱他们的，你对他们提出的一切要求都是为了他们的益处。同样有帮助的方法是，不断向他们解释，父母为什么要求他们这样做。如果只是“定下规矩”而没有建立亲密的情感联系，那么，“规矩”就很难奏效。

作家、演讲人麦道卫（Josh McDowell）用一句话表达了这一原则。他说：“任何不是建立在关系基础上的规矩都会导致反叛。”[1] 他是完全正确的。在我们的孩子周围有着这么多诱人的东西，如果只是成千上万次地说“不行”，那只会引起蔑视和挑衅。我们必须从一开始就和孩子建立起沟通的桥梁。这种关系的建造应该尽早开始，可以通过各种各样的活动，如游戏、欢笑、下棋、踢球、投篮、打乒乓、遛狗、睡觉前和孩子聊天、建立家庭的快乐氛围等，把两代人密切联结起来。这其中最具挑战的是，一边建立亲密关系，一边要保持父母的权柄和威望。但这是能够做到的，也是必须要做到的。

和孩子建立关系并不需要花大笔的钱。用心经营设计一些能产生家庭团聚意义的传统活动，可以帮助你的家建立维持一生之久的家庭关系，孩子喜欢日常的、简单而有趣的活动。他们很愿意一遍又一遍听同样的故事和笑话，有时这样的要求会把爸爸妈妈逼得要“挠墙”。但是，这样的互动往往比昂贵的玩具或特殊的活动更使他们感兴趣。

很受读者欢迎的作家和教授霍华德·亨德里克博士（Dr. Howard Hendricks）有一次问他已经成年的孩子，他们记得的小时候最有趣的事儿是什么，是假期活动，还是到主题公园或动物园的游玩？他们的回答不是这些，而是小时候爸爸和他们一起在地板上摔跤。孩子们就是这样想的。尤其男孩子是这样认为的。在家里最有意义的活动常常是家庭成员之间的简单互动，正是这些建立了两代人之间持久不变的联系。

让我们来解释一下传统的意思。它们指的是那些重复的活动，这些活动给予每个家庭成员身份，并帮助建立家人之间的亲密关系。在百老汇的音乐剧《屋顶上的小提琴手》中，我们记得，出于传统，那个小提琴手可以安全地住在房子的最高处。传统会告诉那个犹太聚居区的每个成员，他是谁，他如何面对生活的压力，以及应该穿什么样的服装。当孩子们知道了父母对他们的期望，以及他们应该怎样融入社会中去以后，他们就有了安全感，得到了安慰。

我的两个朋友格雷格·约翰逊（Creg Johnson）和迈克·约克（Mike Yorkey）在他们写的《爸爸的家园》（*Daddy's Home*）一书中，提供了一些对你和孩子建立关系不起作用的例子。这些建议是用挖苦的语气说的，不过我觉得它们把意思都传达了出来：

带他们去电子游戏厅，而你站在旁边充当取币机；

在和他们玩大富翁桌游时，你同时开着电视看职业篮球联赛；

在帮助孩子做几何作业时，你读报纸；

带他们去当地中学的橄榄球场练习你的“铁杆功”，在你练完了以后，让你的孩子去捡高尔夫球；

建议他们在一个阳光明媚的星期日下午和你一起午睡；

开车带他们去参加幼童军，你在车上读杂志，同时孩子母亲在旁边教他们怎样打领结；

星期六带孩子到你的办公室去，你工作，让他们在旁边画画。[2]

显然，有许多方法可以让你假装出你对孩子的关心——表面显出关心和“投入”的样子，而实际上你只是在勉强执行照看孩子的任务。不过，我向你保证，你的孩子不会长久受骗的。他们会用类似X光射线的手段来看穿成人的把戏。而且他们会记住，在他们需要你的时候，你的心思究竟是不是在他们一边。有人说，爱就是不分神地全心关注一个人。这个定义真是太妙了。

下面是另一个和建立关系有关的看法，我觉得它很有意思。它被称作“最初的5分钟”，它是在多年前出版的一本书中被提出来的。其主题是说，人与人之间最初5分钟的接触即确定了之后一段时间的基调。例如，一位公共演讲者要在短短几分钟，使他的听众相信，他要讲的内容确实是很有价值的。要是他一开始就使人感到厌烦或呆板不自然的话，那他的听众就会用“把灯关了”的态度对待他，而他自己还不明就里。如果他想在讲话中用点幽默的话，那他最好在说有趣的事时讲得快一些，要不然，听众会对他的幽默故事失去兴趣。机会瞬间就会消失。幸运的是这里有解决办法，在我们开始一次新的互动沟通时，我们有机会重新调节一下情绪。

这一简单的原理对家庭成员也是适用的。早晨的最初5分钟也决定了一个母亲那一天和孩子交往说话的基调。进早餐时对孩子的抱怨或吼叫会使得接下来几个小时的关系都令人不快。放学以后给孩子一个温暖的问候再一起来个下午茶，这些会在几十年后依然令人难忘。一天工作结束，丈夫回到家里，他对妻子打招呼的方式，就有可能影响整个晚上两人之间的关系和沟通。“今天怎么又吃金枪鱼！”一句小小的批评，都会使得两人的关系在入睡前一直处于紧张状态。抱怨妻子就寝时缺乏柔情的丈夫应该回想一下，晚上他刚回到家的时候发生了什么。可能正是他开始时一句唐突的话把本来美好的晚上给破坏了。

一切都起因于早晨的起初5分钟。

总而言之，当外面的世界在竭力影响孩子时，成长在一个关系密切的和睦家庭里，孩子们的心是可以被凝聚保护起来的。今天，当一切都越来越依赖互联网的时候，你一定不能与孩子失去联结。

在我们谈论家长与子女的关系时，有一个话题我们有必要讨论一下，那就是话语的力量。词语说出口来是多么容易，常常是没有什么理由或想法，它们就蹦了出来。那些对别人随口说出批评或有敌意话语的人，可能他们没有这个意思，甚至自己都不相信自己说的话。他们的批评可能反映了瞬间的嫉妒、愤慨、抑郁、疲劳或报复心理。无论说话者的意图是什么，刺耳的话语会像蜜蜂一样蜇人。几乎所有的人，包括你和我，都经历过这样的时刻，家长、老师、朋友、同事、丈夫或妻子，说出口的话像刀一样。这样的伤口已经永远被封闭在记忆库里。这是口头语言的一种奇异特性。尽管一个人忘记了他日常的活动经历，但是某一句令人痛苦的话可能会几十年都忘不了。相反地，那个说出这句话的人可能回首就忘。

前第一夫人希拉里·克林顿讲过一则关于她父亲的故事，在她小时候，父亲从来没有对她说过肯定和鼓励的话。在她读高中时，有一次她带回家一张全优的成绩单。她把成绩单给爸爸看了，希望得到他的一句表扬。相反，他却这么说了一句：“是吗，你读的一定是个学术水平不高的学校。”35年以后，这句话依然在克林顿夫人的心头刺痛着她。父亲随意轻率的回答只不过是随口一说或者半开玩笑，但是它引起的痛苦却一直延续到今天。[3]

你有没有过因为口无遮拦而将自己置身于麻烦当中的经历？更要紧的是，你有没有惹过孩子的生气，让他火冒三丈？我们所有人都犯过这类代价高昂的错误。有时我们在那句鲁莽的话刚一出口之时便知道错了，但为时已晚。即使我们懊悔100年，我们也无法把这句话收回。我和雪莉结婚的第一年，有一天，她为了我们两人现在已完全想不起来的琐事跟我生气。就在那恼火的一刻，她说了句“如果这就是婚姻的话，我可以不要它”。她想说的其实不是这个意思，并立即对自己说出口的话感到了后悔。一个钟头以后，我们两人彼此原谅，重归于好。但是雪莉说出口的话却再也无法收回了。多少年里，我们一直为此事而觉得好笑，今天看它简直是太微不足道了。但是，我们两人都无法抹去那一刻说出的话语。

说出口的话语不仅会被人一辈子记住，而且如果没有得到原谅的话，那它们就会永远刺痛着人的心。我们说过的话会永远跟着我们。

我们说出的话的影响是巨大的。对我们做父母的来说可怕的是，我们不知道在和孩子、青少年的交往过程中，在他们的心灵中会作出怎样的反应。我们当时觉得没什么大不了的话，可能就此而“黏在”孩子的记忆中，在我们死后还一再被提起。相反，我们说过的关于儿子的温暖和肯定的话语，可能在今后几十年里成为鼓舞他的源泉。再说一遍，这一切都因为话语拥有巨大的力量。

还有一点我们也应该记住，你说出伤害性的话带来的结果，可能和你希望的正好相反。让我来解释一下。即使某个孩子把你逼到了极点，使你失望懊恼之极，但是没有必要为你的过度反应而付出代价。我们假设你失去了沉着冷静，吼道：“我受不了你！我真希望你不是我生的。”或者：“我简直难以相信你考试又不及格。我的儿子怎么会这么笨啊！”即使每个正常的家长在这样的情况下都会感到焦虑不安，但你的孩子将来不会记住他当时的不良行为。他很可能会忘记使你发怒的起因，但是他会记住那一天你说了你不想要他或他是笨蛋的话。这真是不公平啊，但生活就是不公平的。

我知道我说的这些话激起了你一种内疚和犯罪感。（我的话也很有力量，不是吗？）不过，我的目的并不是为了伤害你，而是为了提醒你，你说的话很可能会对孩子产生久远的影响。他可能以后会原谅你的火冒三丈，但要是你能保持冷静的话，那结果就会远远好得多。你可以做到这一点。

了解我们在火气冲天的时候很有可能说出伤人的话来，这是很有帮助的。原因是，一种强大的生化反应会随之在我们体内展开，人体内有一种自动的防御机制，即“战斗或逃跑”机制，这一机制使得整个机体随时做好准备。当我们感到心烦意乱或恐惧时，肾上腺激素涌入血管里，在体内引起一系列的生理反应。刹那间，一个人即从一种平静的状态转变为“警戒反应”状态。结果是，满脸通红的父亲或母亲发出厉声吼叫，而实际上他们并不是真想那样。

这类生化反应是不自觉的，与意识层次的选择有很大区别。但是，所谓的有意行为即是对不自觉行为的反应。在兴奋的一刻，我们要学会向后退一步。我们可以选择闭上嘴巴，从一个令人恼火的场合走开。如你已经听说过的，在作出反应前，先数到 10（甚至 500）是一个好办法。在对付惹我们生气的孩子时，这样做是极为重要的。我们可以由此控制话语或身体的冒失行动，免得做出冷静之后会感到懊悔的事情。

若我们失去了控制、说出了深深伤害孩子的话，该怎么办呢？回答是，我们应尽可能迅速地予以弥补。我有好几个狂热的爱打高尔夫球的朋友，他们多次不厌其烦地教我打高尔夫。他们从未放弃努力，尽管徒劳无益。其中一个人告诉我，用球杆击球后应迅速地把那块草皮复原。他说，把那块掀起的草皮放回原位的速度越快，它的根部就可以越快重新连接上。我朋友口里讲的是高尔夫球，但我心里想的是人。当你击伤了某人，无论是孩子、配偶或同事，你都必须在伤口受感染之前把它包扎好。比如说，向对方道歉，把它说出来，寻求和解。“草皮”在阳光下烤的时间越长，它复原的可能性就越小。这不是一个很奇妙的想法吗？当然，保罗早就说过这样的话了。他在两千多年前就写道：“不可含怒到日落。”《圣经》中的这句话适用于丈夫和妻子，但我想它对孩子同样是适用的。

在我结束关于话语的题目之前，我想谈一下亵渎的言语问题。我发现，在西方国家的语言中充斥着污秽和亵渎先哲的言语，这种现象是极为令人沮丧的。今天，诅咒、骂人的现象是如此普遍，甚至连有些学前儿童说话都像过去的水手那样满口脏话。过去并不是这样的。我在一所公共初级中学教书时，讲脏话是不允许的。我相信，孩子们之间说话时会有这种现象，但是在教师面前不常会碰到。

因此我在这里建议，你对孩子的语言应给予相当的重视。当然，我们不必像我父亲当年那样律法教条。比如“热狗”这样的词语或许算不上什么，但是确实我们应该用干净、健康和表示尊重的词语。我希望你在家里向孩子们传授教诲，阅读并讨论圣贤的话语，建立这一根本原则。通过培养孩子对神圣事物的敬畏之心，你就是在显示，我们对自己的信仰是严肃的，我们用自己的行为承担责任。这也是教导文明行为的一种方法，你应该把这作为你在家中树立权威地位的一个中心目标。

前面讨论家长和子女的关系问题，这儿稍稍有点离题了，但是我认为，关于话语问题的讨论是很重要的。回到我们刚才的题目，家中有小孩的你若是在孩子早期就与孩子建立了爱心和关怀的基石的话，这块基石产生作用的日子将会来到。如果儿童的早年充满着愤恨和被人拒绝的情绪的话，那么青春期的体验很可能成为一场噩梦。避免这一青少年“时间炸弹”的最好方法是，在儿童时代就把这枚“时间炸弹”拆除。做到这一点的方法是，在家里建立具有权威的、富有爱心的、健康的平衡关系。从现在就开始建立使孩子能够顺利经受青春期暴风雨洗礼的“家长－子女”关系吧。

问题与回答

我就是你提到的那个沮丧的父亲。我和妻子努力想做好父母，但是我那16岁的儿子脾气倔强、目中无人、蔑视一切、什么都挑衅。他现在严重触犯了法律，我们不知道自己在哪里做错了。

在你们对所发生的一切自责之前，我奉劝你们先冷静下来，考虑一下究竟发生了什么事情。我们从事青少年研究的人都曾观察到，这个年龄的孩子的反叛行为有时并非出于父母的过错或失败，而是由于他自己的错误选择。你的孩子可能就属于这情况。

要理解这一点，有两个方面必须弄清楚。首先，做父母的往往太快就为孩子的行为表现承担责任。培养出聪明超级小明星的父母大多会拍拍自己的胸脯说：“瞧，这是我们的功劳。”其次，那些不负责任的孩子的父母则弄不明白：“我们在哪里做错了？”很有可能，这两种判断都是不正确的。尽管父母对自己孩子的生活有巨大的影响，但是对于儿童的成长发展来说，他们起的作用只是一个方面。

行为科学家对人的行为所作出的解释实在是太肤浅了。尽管他们持截然不同的理论，但是我们人类确实不仅仅是由所吸收营养的质量决定的，也不仅仅是由遗传因素和生化作用决定的，当然，我们也不仅仅是父母影响的结果。我们生而为人，拥有独立的、理性的思维能力，它不是由任何一个单一的因素决定的。为什么儿童的养育如此具有挑战性、如此有意义，原因就在于此。就在你以为自己已摸透了孩子情况的时候，你还是需要先振作自己！说不定有什么新的东西会出现在你面前。

在孩子的行为方面，遗传因素的影响有多大？

一个多世纪以来，儿童发展专家们对遗传和环境，或者说被称为“先天－后天”问题的相对影响一直争论不休。现在，或许它终于可以有结论了。明尼苏达大学的研究人员花了多年时间对 100 多对自出生起即分开的双胞胎进行跟踪研究。他们出于不同的原因，在不同的文化、宗教环境和不同的地方长大。由于每一对双胞胎都有同样的遗传结构，因此对研究人员来说，通过对许多变量上的相同点和差异性进行比较来检验遗传因素的影响是可能的。这些和其他研究清楚地表明，个性的 70% 或以上是有遗传性的。人的遗传基因会影响创造性、智慧、爱心和仁义、活力、寿命，甚至包括对生活的热爱态度。[4]

我们来看看吉米双胞胎这两个兄弟，他们一直分开生活长大，直到 39 岁才碰面。他们的相似之处很惊人。两人都与名字叫琳达的女人结了婚；两人都养了叫“玩具”的狗；两人都患有周期性偏头痛；两人都抽烟不断，都喜欢喝啤酒；两人开一个品牌的车，从事同样的职业；甚至两人都有一种很奇特的幽默感，例如，两人都喜欢在电梯里假装打喷嚏以观察陌生人会作出什么反应。[5] 在这对分开长大的双胞胎身上发现的个性相似之处，表明了遗传特征的巨大影响。

一个人的遗传结构甚至被认为会对其婚姻的稳定性带来影响。如果双胞胎中的一个离了婚，那么另一个的离婚概率是 45%。[6] 但是，如果是异卵双胞胎中的一个离婚的话，由于共享的基因只有前者的一半，因此另一个离婚的概率仅为

30%。[7]

这些发现意味着什么呢？难道我们只是提线木偶，根据事先确定的方式游戏而没有自己的自由或个人的选择？当然不是这样。人类与根据本能行动的鸟类和哺乳动物不同，人类能够进行理性的思考并作出独立行动。很明确的是，遗传因素在我们朝着某一方向—— 一种明确的驱动力或倾向——发展时会推我们一把，但是，我们可以通过理性思维过程对此加以控制。

显然，这些发现对我们理解儿童有极为重要的意义。在你对自己儿子的行为承担起完全的责任以前，请记住，你在孩子的人格形成时期起着重要的作用——不过它并不是唯一的因素。

就你的具有反叛倾向的儿子而言，我建议你要给他一些时间。他或许在进入二十来岁时会稳定下来。我们的祝愿是，在他走过青春期后，不会因此留下使人长久感到懊悔的经历。

第 16 章

管教你的男孩

BRINGING UP BOYS

几天前，我和妻子到超市去采购，快速买了几样东西。我们刚进去，就看见一个女顾客和她 5 岁的儿子在那儿有些较劲。好像是男孩要妈妈买件什么东西，当妈妈表示拒绝时他便开始发脾气。在我们走到结账柜台排队准备付款时，孩子还在那里发脾气。我无意间看见那个妈妈，弯下身子，语气很平静地对儿子说：

“我本来准备买你想要的东西，”她说，“但是现在我不买了，因为我不能对你的这种哭闹进行奖励。”

但是小男孩还是不听话，他依然气鼓鼓地，嘴里嘟嘟囔囔着。这逼得他母亲说出了她不得不说的话：“你知道我们回家以后会发生什么吗？”

“知道的。”他回答。

“是什么呢？”做母亲的问。

“打屁股。”

“没错，”她说道，“要是你继续这样的话，那就是打两下。”

于是，一场战火平息了。小孩子安静了下来，那模样像个小绅士。我很少介入这一类的家长管教孩子的具体事件中去，但这一回是个例外。这位母亲应该得到表扬。

“你是个好母亲。”我赞扬了她。

“是吗？有时真是不容易。”她微微笑了笑。

我看着那位母亲和孩子朝门口走去。她在无意之中向我们显示了，在颇为困难的情形之下，怎样对孩子进行充满爱心但又严格的管教。男孩在陌生人面前向母亲的权威挑战，使她处于一种尴尬的境地。尽管这样的情景使人很窘迫，但她仍然保持沉着镇定。她没有大声吼叫或做出过分举动。相反，她向孩子清楚传达了家规的一致性，那就是在这个超市照样有效。在我小时候，我那贤明的母亲就是用这种充满信心和爱心的纪律管教我的，在我写的第一本书《勇于管教》（*Dare to Discipline*）中，我就向父母和教师们介绍过。

我在那本书及其他关于管教的书籍中详细介绍了“怎么做”，但是我不打算在此对具体内容进行总结。不过，就男孩的管教问题再做点补充可能对大家会有所帮助。让我们来讨论一下权威的作用。对男孩和女孩——尤其是男孩——进行适当管教，权柄是关键。对做父母的来说，教养的关键是不要走任何一个极端。在过去的150多年里，父母亲的态度摇摆得很激烈——从一端的压制和严厉到另一端的放纵和懦弱。这两种方式对孩子都是有害的。在维多利亚女王时代，孩子在成人面前是不许做声的，父亲常常是可怕凶暴的形象，会因为孩子的一点点过失和错误而予以严厉处罚。母亲通常负责孩子的温饱，但她也可能是很凶悍的。这些专横的、惩罚的做法反映了当时人们的想法，即孩子就是小小人儿，只有通过鞭挞才会懂得规矩，这一切必须从小开始，一直持续到他们进入成年。

在20世纪五六十年代时，这种严厉的做法逐渐转向另一个极端。父母亲开始变得相当宽容放纵了。

当时流行一种叫“以儿童为中心”的育儿法，它等同于取消了家庭里的权柄，由此而引起了不大不小的混乱。确实，在那个时代成长的“战后出生的一代人”就是在一片闹腾之中进入青春期，并引起整个社会的侧目。

尽管这一代人掀起的“革命精神”如今已经基本退潮，但是今天的家庭依然受其影响。20世纪六七十年代，许多家庭对孩子宽容放纵的教育方法就是他们从自己的家长身上学来的。他们不知道为什么要对儿女进行尊重父母和责任心的教育，因为他们自己就从未有过这样的体验。现在，第三代人已经来到了世界上，对他们而言，传统的育儿原则就更不熟悉了。当然，我说的是总体的状况，例外的情况也很多。但是，我的看法是，今天的父母对有效的、充满爱心的管教的概念更为模糊了，管教已经成了一种失落的艺术和被人遗忘的技巧。本意良好的父母受到后现代主义文化、自由主义信条的误导，尤其在面对淘气或反叛的行为时更是这样。看看公共场所中父母和孩子之间说话的样子吧。你会看到失望无奈的母亲对着莽撞、不尊敬人、失控的孩子厉声叫喊。即使是那些没有参与其中的旁观者都能察觉到一定在什么地方出了差错。正是从这一角度出发，我对在超市中见到的那位母亲表达了赞扬。

社会如此变化的趋势并不仅仅是我个人观察的结果，它们已经为研究所证实。

芝加哥大学国家舆论研究中心的一项研究表明，今天的父母比起10年前来对孩子更宽容、更放纵了。在接受调查者看来，完美的儿童标准就是一个“独立的思想者”、一个“勤勉的劳动者”。遵守规则、持守标准和有规矩的行为被放在不那么重要的位置。该中心主任汤姆·史密斯（Tom Smith）对调查的发现是这样总结的：“这10年里，人们变得不那么坚持传统了，从强调服从和以父母为中心的家庭逐步转变为重视儿童自主的家庭。现在父母希望他们的孩子能自己管好自己。”[1]

对那些期望儿子能够做到自我约束的父母，我只能这么说：“祝你们好运。”自我约束是一个值得提倡的目标，但它很少是自发形成的，它需要由人去教。你思考方式的塑造和形成是父母认真仔细地督促教育的结果。有一点可以肯定，它需要艰巨的努力和耐心。对那些希望自己的孩子成为独立思考者和勤勉劳动者的父母来说，这又是一个白日梦。那些接受调查的成人显然希望孩子在没有父母积极参与的情况下做出巨大的成绩来。那就像是在对孩子说：“你自己可以做好的，孩子。别烦我。”如果真有如此捷径，那么父母们就不必在晚上还要帮助孩子做功课，或是教育他们树立自己的品格和价值观了。那些忙碌的父母期待自己无须努力、靠孩子自己教育自己，这种期待肯定会落空——尤其是那些自己还没玩够游戏的父亲更可能如此。无论用什么方法，做父母的总是要担起责任的。

某一期《史密森杂志》（*Smithsonian Magazine*）介绍了一位名叫西蒙·维里蒂（Simon Verrity）的英国著名石匠，他的磨石技术在复原13世纪英国大教堂的过程中得到了充分展现。专访维里蒂的作者们在观看他工作时，注意到了一些极为有趣的细节，他们写道：“维里蒂仔细地倾听着在他谨慎敲击下石块发出的歌唱声，一个坚实的敲击声意味着进展正常，尖厉的‘砰’的声音表明可能有麻烦，一块石头有可能裂开。他不断地根据声音高低来调节凿子的角度和木槌的力量，还会时常停下来用手仔细抚摸刚刚凿过的石块表面。”[2]

维里蒂清楚地理解此次任务的重要性。他知道，一个错误的动作就会带来极大的影响，对他的艺术作品造成无法弥补的损失。他的成功在于他能够解读出被雕刻的石头所发出的信号。同样地，父母也需要倾听孩子们发出的“音乐声”，尤其在冲突发生和纠正错误的时刻更是如此。要辨别孩子是怎样作出反应的，父母需要极大的耐心和敏感性。如果你能够做到仔细倾听的话，你的孩子就会告诉你他们是怎么想、怎么感觉的。通过不断练习来提高你的技巧，你也可以成为一名著名的雕刻家，创造出辉煌的艺术作品来。但是请记住：石块是不可能进行自我雕塑的！

让我再说一遍我在此书前面已表达过两次的意见：男孩需要规矩，需要有人监督，需要有教养。他们若在一个缺乏权威领导的、放任自流的环境中长大的话，往往会对社会常规及常识提出挑战。其中有许多人常常在青春期就碰得头破血流、伤痕累累。有的甚至再也不能完全恢复。下面是另一个隐喻，或许有帮助作用：一条没有岸的溪流只是一片沼泽。父母的职责是为溪流建造一个水渠，使它可以流淌。还有另一个隐喻，一条船要么受到船舵引导、要么就受到水底石块的拦阻。权威，在通过爱心而得到平衡时，就是引导孩子通过砾石起伏不平的河流的舵，要不然，他们那艘本来就不坚固的船有可能被撞翻沉没。要是没有你，灾难是不可避免的。自我约束，真是不容易啊！

这一周，美国爱家协会收到了一位母亲的来信，她也观察到了我提出的家庭教育趋势。她这样写道："今天父母们的勇气都去哪儿了？我和丈夫一次又一次对这样的现象感到惊奇：父母甚至害怕表明一个立场——即使是面对自己的小孩。他们似乎不明白，父母拥有管教的权柄，是要让他们负起责任来。如果父母从一开始能在孩子心里树立适当的权威意识的话，那么在他们进入青春期时，情况就变得简单多了。"

这位母亲说得完全正确。父母有义务和责任管理好自己年幼的儿子，需要教导他们学习什么是尊重人的、负责任的行为。要是父母未能做到这一点的话，那么注定两代人都将面临巨大的麻烦。

从前面我的写作中，你或许已经意识到我是一个动物爱好者，有许多举例都是以动物为例。这里有一个相关的例子是关于马的。说具体点吧，我们可以通过观察母马怎么对待小马来学习怎样管教孩子。我是从蒙蒂·罗伯茨（Monty Robers）那里懂得这一点的，他是畅销书《马语者》（*The Man Who Listens to Horse*）的作者。我最近去加州的索尔旺访问了蒙蒂的农庄，亲眼见证了他著名的驯马方法。蒙蒂告诉我，他从小就在马身边长大，他 4 岁时就在竞技表演中骑过马。稍大一些以后，他在几十部西部片中担任过替身演员，代替那些不会骑马的小演员。在蒙蒂 13 岁时，他爱上了观察内华达州沙漠里的野马。他会在早晨很早起床，隔着一定的距离，一整天都用望远镜观察一群野马。逐渐地，他学会了一种所有的马都会“说”的语言。它们用自己的耳朵、通过各种姿势和动作进行互相交流。

蒙蒂告诉我，最老的那匹母马是马群的首领。由它决定到哪里觅食、喝水和活动。公马认为是自己在负责，但它唯一的作用是保护母马和繁殖后代。当一匹小马，一般是小公马，行为不端、撕咬或用脚踢旁边的马时，母马就会直冲过去。如果小公马不赶紧离开的话，母马就会把它击倒在地。然后它会追赶这匹小公马达一千米远。然后母马回到马群，摆好了架势，眼睛直直地盯着小公马。它是在用这种方式告诉小公马不许回来，这对后者来说是极大的威胁，它感到非常不安。马是群居动物，当马在荒野里独处时，会感到很害怕。除非有马群提供保护，山狮和别的食肉动物会把在荒野独处的马杀死的。

不久，紧张的小公马就开始围绕着其他马匹绕大圈子。与此同时，那匹母马迈着步子兜着小圈儿，身体向外，眼睛盯着小公马的方向。到后来，小公马感到疲劳了，开始发出信号表示它愿意“谈判”。小公马的动作是低下头来，动着嘴唇，磨着牙齿，同时把一只耳朵朝母马的方向竖起来，另一只耳朵则注意着其他方向有没有攻击者向它袭来。过一会儿，母马发出信号，表示它愿意谈谈。母马的做法是把身体稍稍离开小公马一些，眼睛望向别处。慢慢地，小公马一步步向马群靠近，直到它能够用鼻子去蹭老母马。到这个时候，就表明它又被接纳允许回到马群里去了。并不少见的是，为了教训小公马，母马往往会一次又一次地把小马驱赶开，直到它最后同意接受规则。到后来，它承认母马是主人，自己是被领导的。

蒙蒂利用马的语言进行驯马。他通过像母马那样孤立一匹小马，并用眼睛紧盯着它来驯服它。蒙蒂通常用 30~45 分钟就能够驯服一匹野马当坐骑。你要是能亲自看见就好了。那是值得一看的。

这么说吧，这个关于驯马的例子并不能直接应用于儿童，但是这里有许多有用的信息，他们有相似之处。父亲和母亲是家里的权威人物，他们不应对反叛或不尊重的行为表示容忍。在孩子坚持要打破规则时，父母就要对他进行管教，直至他感到不舒服。当然，这里并不是说做父母的要把小孩赶走，但他们应明确指出，他们对他的行为方式感到不满。在孩子的不当行为是无礼的、具有对抗性时，可以通过适度的（但并不是过分严厉的）打屁股方式完成，或者可采取隔离独处或较轻的处罚方式。无论采用什么方式，必须让孩子感到难受和“疼”。面对这种不舒适处境一段时间以后，孩子会用语言或其他方式提出要求：“我可以回来了吗？”此时，父母应该张开双臂去迎接他。这时还可以对他作出解释，为什么他会受到这一处罚，以后怎样改正这类错误。在此过程中，父母决不应该依赖吼叫等方式，或是显示他们感到失望、无力控制局面等。相反，父母应该显示出他们对局面的控制——就像母马用眼睛紧盯着小公马一样。比起空洞的威胁和张牙舞爪的姿势来，父亲和母亲带着平静的口气说的话，往往可以传递这样的信心和权威。

尽管要理解这样一种管教很容易，但是实践时有的父母还是遇到了困难。如果他们担心在孩子有不良行为时这样管教会使孩子感到不高兴，或者担忧在他们不得不进行处罚时会给孩子带来长久的情感伤害，那么他们就不可能有决心实施管教，也不可能在这场不可避免的交锋中赢得胜利。孩子会察觉到父母的犹豫勉强，由此得寸进尺。最终的结果是父母感到失望、恼怒和无能，而孩子则越加不听话、自私和任性。

在具体介绍这一育儿方法时，我向你介绍我的一位朋友雷恩·布罗克休曾牧师，他近乎本能地了解孩子。他共有35个孙辈，他们对他像“守护神”一般爱戴。雷恩听说我在写一本以男孩的教育为主题的书，向我介绍了下面的看法。他说，孩子需要学习明白“爱有时是会皱眉头的”。今天，许多家长担心，在孩子面前显示出不快会伤害或拒绝孩子。相反，小小人儿应该知道是谁在管着他们，而且在这个人的关怀下自己会是“安全”的。提醒孩子你是仁慈的“老板”，这就是在告诉他，你要求他服从你。有时父母需要停住脚步，眼睛直直地盯着男孩或女孩（记得母马的眼神吗？），带着信心而不是怒气说：“我希望你别再犯了，明白了吗？”不需要依靠喊叫或威胁，你的语调就已经传达了这样的话：“对我说的话，你得当真了。”

布罗克休曾牧师举例说明了这一点，有一次他带孙子去一家玩具店，在走进商店之前，他对孩子说："在没得到我的同意之前，别碰任何东西。"小孩点了点头。爷爷的要求明确传达了，小孩完全遵照去做了。冲突得以避免。

再打一个比方。确定这样一种许可与不许可的行为界限，就像管理部门在高速公路上竖立的"前方雷达测速"的标示牌一样。它们提醒驾驶员，有具体的规则限定汽车行驶的速度，若超过限速，将会有令人不快的后果。这些措施在成人世界是奏效的。美国税务局对美国公民说："在4月6日之前交付所得税，否则将处以6%的罚款。"在截止期前一天的晚上，城里的队伍排了一个街区，就是为了遵守这一规则。再举一个例子，你的公司说："如果你要报销差旅费，从被批准的差旅回来以后，你须持有发票方可办理。"有这样的明文规定后，员工就没有随便发脾气的理由了。做事总要有规矩。但是，有许多家长似乎以为，同样的方法用到孩子身上就会带来伤害或不公正。我想他们是错了。事先确立规则，然后不折不扣地执行，这比在孩子有不良行为以后给予威胁、责骂和处罚来说，要健康有效得多。

布罗克休曾牧师提出的另一点反映了他的这一观察，即有的父母对自己的孩子提出了太多的问题。"你现在想睡觉吗？你愿意把积木玩具收起来吗？你不觉得该吃东西了吗？"做爸爸妈妈提出这样的试探性建议，后面还加上个问号，实际上是想避免这样说："做这个——因为这样是最好的，因为是我说的。"有时候确实可以这样说话。父母有这样的权柄去指引和塑造孩子的行为，他们也应当使用这样的权柄！

在我根据回忆写下了雷恩和我的谈话以后，我把这部分手稿寄给他确认，以保证引述的话准确无误。他给我回了一封信，把有关的想法表达得更明确了。我想他写的内容对父母是有价值和帮助的，因此我把它附在这里：

亲爱的詹姆士：

谢谢你的美文。能与你交往并能参与你的工作是我的荣幸。

我觉得，你的读者需要解决的一个大问题是："我真的相信我有管理这一切的权柄吗？"我认为，这是标志着他们的父母教育责任失败的许多问题产生的原因之一。他们已经不清楚这样做究竟是对还是不对。一个被4个孩子弄得头痛不已的母亲曾对我说："你是怎么抚养5个孩子的？你家一定像个整天都闹哄哄的动物园吧。"我说："主要的一点是，孩子们必须从一开始就明白，是谁说了算。""是吗？"她说，"不过这听起来好像太专制了点。"我想，她的看法正代表了整整一代人，他们没有在权柄的引导下长大，所以不知道家长的责任是训练孩子引导他们走该走的路。"若吹无定的号声，谁能预备打仗呢。"孩子们听到的是一个不确定的声音。你的读者中有多少人会真诚地相信，他们比孩子懂得多？我想起了一位4岁孩子的母亲，这孩子在晚上11点之前拒绝上床睡觉。她完全可以要求孩子马上睡觉，但她害怕使用这样的权柄。

父母比孩子懂得多一些，这种情况是会慢慢地起变化的。从小孩出生到约5岁时，爸爸妈妈百分之百要比幼儿懂得多。然后情况开始发生变化，但速度很慢。然后到他们8岁，接着是18岁或28岁时，天平两端的变化逐渐拉大。在一些领域，现在我的儿女懂得比我还多。但在他们小的时候，我知道是应由我来管理，应由我来负责行使权柄。

既然你引出了我的话题，那我再继续讲一些吧。

关于由谁说了算的规则无法有效执行的另一个方面是，我称为"可打破的底线"。有一天，我看到一个小孩穿过公园朝路上跑去。他父亲在叫："基思，马上给我停下，基思，基思！我说了马上给我停下。你听见没有？"但是基思接受的"训练"是不必听父母的话，因此他继续向前跑去。他碰上了车子，卡在了门把手上。他父亲在后面叫："快拉住门把手。"这就是家长彻底放弃权柄的结果。我在超市里看到过相似的场面。商场经理把那些糖果放在结账柜台旁边的货架上，这样，坐在推车上的小孩伸手就可以拿到。小孩说："我要糖果。"母亲说："不，太早了。"小孩大着声音说："我就要糖果。"母亲叫起来："不给。"然后小孩伸出手，拿了一整袋糖果。结果做母亲的却说："等上了车才可以吃。"又是一个彻底的妥协。

"数数"来让孩子听话服从，看上去有点像那个家长，但它也说明你的底线可以被打破。"比尔，你过来。我开始数数了。1，2，3，开始行动的这才是好孩子，比尔。谢谢你听妈妈的话。”但是在这一过程中有什么给丢掉了？数数把你的权威的那条线往后移动了 3 步多。接下来呢？ 4 步？ 5 步？还是 6 步？你的反应应该传递明确的信息，不需要伴之以叫喊和威胁：“把我的话给听明白了！”

我再说一件事，这一次是关于祖父母的，然后我就此打住。我们脸露慈祥的微笑，以为对我们的孙子孙女宠爱一些是聪明的做法。这是大错特错。如果一个宠物被宠坏了，我就会不要它。我作为祖父的任务是以一个具有爱心的领导形象，向做父母的和孙辈树立一个榜样。祖母往往喜欢睁一只眼闭一只眼地说自己的孙子很“活泼”。现在“活泼”变成是用来指孩子“管不住”的代名词。我觉得在我和孩子们在一起时，有责任帮助训练我的孙辈做到有礼貌、尊敬人、爱护别人的财物。不过，当孩子的父母在场时，我就自动往后退一下，因为我不想削弱了他们的权威。

布罗克休曾牧师的劝告确实说到了点子上。但是有些父母相信，我们应该永远对孩子采取积极鼓励的态度，任何在孩子眼中看来是消极的东西都应该避免。我们对此应该采取何种态度？而且有这一类想法的父母有好几百万。要我说的话，我是不同意这一看法的，这不仅仅关系到孩子，而且关系到生活本身。

应该承认，积极鼓励的想法是个好事情。情绪天生乐观的人生活更愉快，而且从生活中得到的也更多。比起那些老是情绪低落、郁郁寡欢的人来，他们大多更努力、更有成果。但是消极的、负面的想法也是有其作用的。正是消极的想法，使我在开车上路之前系上了安全带。如果我不这样做，万一发生撞车的话，我就可能受伤。正是消极的想法，使得我为保护我的家人而买了人寿保险，否则要是我突然离世，我所爱的人就会陷入生活的困境。正是消极的想法，鼓励我去避免那些会使人上瘾的行为——如吸毒、酗酒和色情活动等。这种“有益的消极面”的事情，可以举出许许多多例子来。其基本点是，任何合理的思想都是有其作用和力量的。

关于积极和消极想法的一个有趣方面是，当两者彼此协调时，它们会产生最好的效果。例如，你把一根电线接上汽车电池的正极一端，什么都不会发生。你愿意的话，可以把它放入口中，它不会有电流通过。如果你把电线从正极一端取下，接到负极一端去，同样不会有电流。但是，你同时把电线接通正负两极，然后合上闸门呢？通过的电流会是巨大的。

学会在这两种力量之间进行平衡，对帮助理解孩子是有作用的。父母需要有时间对孩子表达支持、体贴和爱心，这可以加强两代人之间的联结关系。但是另外，父母也需要对孩子进行管教，甚至给予处罚。有的父母只知对孩子采取鼓励态度，却忽略了他们身上不负责任或蔑视违抗的态度，未能教他们明白行动是会带来后果的。但是要小心！对孩子一直采取指责处罚做法的家长有可能引起孩子严重的行为和情感问题。因此，父亲不能单单依靠纪律处罚。

我花了不少篇幅讨论了这一管教的平衡问题，因为这里显示了理解整个“家长－子女”关系的关键。坦率地说，父母要保持中间的安全地位是很困难的，没有人能完美地做到这一点，但是最好的父母能够在放权和管教之间自由驾驭。如果你避免了走极端，在你与儿子的关系中做到严格与爱心交织，那么，在你的管理下，孩子定会健康发展。

管教这个词不仅仅意味着对孩子的行为和态度的塑造，同时也给了孩子自我控制的评估尺度以及获得延迟满足的能力。教会孩子劳动工作是这类机制的主要任务之一，通过劳动，自律也就达到了。但是如我们所知，大多数的男孩是讨厌劳动的。他们会几小时坐在那里，两眼直愣愣地盯着，双手一动不动。有许多父母因此而放弃了这一叫男孩们动起来的斗争，似乎替他们准备好会更容易一些。“就别逼孩子们去做那些让他们感到不愉快的事了，生活已经够艰难的了。”他们会说。那些知道怎样劳动的人大多更能控制自己的冲动，能够坚持完成一项任务，他们可以克服反复无常和不成熟的现象，认识努力和机会之间的关系，并且学会怎样管理金钱。在进入成年世界之时，这样做也是为生活做好了准备。令人遗憾的是，商界发出的一个普遍的抱怨是，有太多的孩子不想工作，即使有的愿意工作，他们也不知道怎样工作。这一点是有道理的，因为有相当高比例的青少年似乎在第一次面临工作时手足无措。

还有一个因素需要考虑，它关系到自我概念和有意义的工作之间的直接联系。俄罗斯文学家陀思妥耶夫斯基曾经写道：“如果你想把一个人彻底摧垮，那就给他一种完全没有意义的、毫无价值的工作去做。”[3]这是真的。

第二次世界大战期间，匈牙利边界外的一个集中营里，犹太人被强迫把高高的一堆土从场地上的一端搬运到另一端，第二天，则要求他们把土再运回老地方。这样的任务连续了几个星期，直到有一天，一个老人精神失控地抽泣起来。他被领头的带走枪毙了。几天以后，一个在集中营生活了 3 年的男子突然从行列中冲出来，扑到电网上死了。在以后的几周里，几十个囚徒都变疯了，他们逃离分配给他们的工作，最后不幸都被纳粹卫兵打死。到后来人们才知道，这样一种无用功的劳动是由一个残忍的指挥官下令的，目的是一项“心理健康”试验。他想了解的是，在人们被迫去干那些毫无意义的任务时，会发生什么情况。结果显示了在集中营里，工作意义与情绪稳定是相关的。

这样一种关系和我们其他人都是相关的。劳动工作使我们的存在有了意义和重要性。那些做自己擅长的工作的人往往对自我感觉良好。他们确信自己有专业的技能可以处理并完成困难任务，由此得到满足。相反，那些专业上的失败者常常在自己的家庭以及生活的其他领域里挣扎。我记得好多年前的一个夏天，雪莉和我决定休假两个星期，好好待在家里清闲清闲。我们一直以飞转的速度忙碌不停，心想这下子可以每天睡睡懒觉，过过“丁克”生活，不要太潇洒哦。可是结果令人失望。我们两人几乎给逼疯了。我们聊会儿天，便四处转转，看有什么可做的。我花了好几个下午，无聊地看几部大白天的电视节目。那样真会使任何人都变得疯狂的。我从这一经验认识到，工作和我的健康幸福意识是不可分地联系在一起的，无所事事绝不如我所想象的那么有趣。

如果工作有价值，那么，父母怎么教孩子学会工作呢？我想，在他们很小的时候，可以先培养他们去完成小任务，如把地上的积木捡起来，或把晚餐盘子送到厨房去。然后在四五岁时，每个孩子都应承担一些家务劳动，如帮助洗碗碟、倒垃圾等。要求他们完成的工作量应该是合理的、与其年龄相配的，我们要记住，小孩子的首要活动是游戏。随着年龄的增长，分配的家务活儿也可逐渐增加，对此除给予夸奖以外，不必给什么物质奖励。孩子毕竟是家庭的成员，他们在家庭生活中应该承担一定的责任。

这里另有一个建议，尽管它看上去有些矛盾。你或许会对它持不同意见。我觉得，在孩子承担的工作超过一定限度时，如花上星期六一整天帮助父亲打扫车库、洗汽车或粉刷篱笆后，应该给予一些“补偿”。有许多父母对此表示坚决反对，他们把这称为贿赂。这我不同意。世界就是这样运转的。我们大多数人每天一早去上班，每两个星期领得一份工资。在要求孩子以“汗水”来投资时，付给他们报酬是合理的，而且也让他明白努力和报酬之间的关系。而那些比较艰巨的任务也就显得不那么可怕了。

另一个建议是：因为孩子是通过模仿学习的，手把手教孩子对孩子是有帮助的。代之以简单地说“去，把床铺好”，你应该去和孩子一起完成该任务。和成人一起工作只要处理得当，对孩子来说是最丰富的游戏形式之一；让它显得有趣味；寻找一些可以带来欢笑的事情。要是你不停地唠叨指责孩子，那他就有可能对工作形成反感。争取把它变成一场游戏，这样，生活对于每个人都变得轻松了一些。

请允许我再介绍一个在《父母》杂志 1992 年 5 月号上刊登的观点。它建议，引导孩子参加劳动的一个方式是帮助他们成为小小企业家。作者介绍了一个 14 岁的男孩，他自己动手装配个人电脑，然后以 1000 多美元的价格出售给他人。[4] 你的孩子可能没达到这一水平，但是让你的孩子在商务世界中取得一些经验无疑是有帮助的。事实上，自己通过劳动挣钱，并学会管理钱的孩子，长大以后更有可能取得成功。办一家企业可以帮助他们应用学习过的数学知识，学习与人交际的技巧，或许更重要的是，可以得到艰巨劳动的奖赏。选择的方式有多种。小孩子可以在家里做额外的家务活儿以得到物质奖励。到 9~10 岁时，他们大多数已可以在附近街区打零工了，包括看护宠物、为邻居家跑腿、为废品回收中心收集瓶子和空罐、代人家看小孩、修剪草坪，等等。要注意的是，在儿童期他们工作的时间不要过长，尤其在工作任务很重时。

你也可以偶尔带孩子到工作单位去。有许多孩子不知道自己的父母是怎么工作挣钱的。实际上，我听说过（尽管我未能对这一数据予以证实）只有 6% 的父亲曾带儿子去过他们工作的单位。如果确实如此的话，那是令人遗憾的。一百年前的小孩不仅知道自己的父母是干什么谋生的，而且他们大多是与父母一起干活的——男孩学习父亲干的行当，女孩跟母亲学活计。今天的孩子对每天在 IBM、

ATT 公司或拉尔夫便餐馆里工作的人们是怎么工作的，几乎一无所知。

我还有一个想法：广播节目主持人和作者丹尼斯·普拉格（Dennis Prager）说过，教会男孩工作是为他们成为男人做好准备所必需的。在他主持的一个广播节目中，他向好几位妇女提问，在提到成熟的男性时，她们心里想到的是什么。几乎所有的回答中都提到了“责任”。普拉格表示同意，但认为仅此还不够。有的男人拥有不错的工作，但依然不成熟。成熟的男人，是出于为他们的事业献身而愿意努力工作，这种工作的使命感大于仅维持自身生存的需要。这两个特征——承担生活的责任和具有使命意识——可以帮助孩子克服他们的自我中心意识，并认识到自己作为男人的身份。然后，我们作为父母的任务是：不仅教会孩子工作，而且让他们认识到工作的意义。对男孩来说，这就与为家庭成员提供生活来源和保护联系了起来，使孩子认识到工作的意义，你就是在帮助孩子做好准备当男人。这一切都契合得很好。

你要教会孩子工作的目的是，让他们对现实世界有一种真实的感觉和了解。你应该通过各种手段，不要让你的孩子干坐在电视机前，或是玩无聊的游戏。要让他们动起来，要让他们加入组织中去，要让他们去参加工作和劳动。

问题与回答

我儿子 14 岁了，他对钱以及怎样使用钱几乎毫无概念。他以为钱是从树上长出来的。我该怎样让他做好准备，在他长大一些以后能面对现实世界？这方面您有什么建议吗？

请让我继续前面关于工作的讨论，我要补充一句，让孩子有个工作做，这是教会他关于金钱意义的最有效的办法。在我十来岁时，有一次参加挖一条长达 15 米的壕沟的劳动，工资每小时 1.5 美元，由此我对金钱有了比父母的讲解更为深刻的认识。我挣得的 10 美元对我来说意义重大。为了挖那条沟，我的手上起了 8 个泡，脸都晒红了，但对我来说，它是一堂生动的课，一堂我永远不会忘记的课。

除了学会工作以外，我建议你教儿子一些管理钱财的基本技巧。在这方面，有好几本书写得不错，如罗恩·布卢的《父母和孩子的金钱问题》，赖瑞·巴克的《在金钱丛林中求得生存》。下面介绍的几个有用的看法可以作为开始的起点。

1. **在时间与努力、金钱与奖励之间总有一种交换关系。**你听到过这样的说法“没有免费的午餐”或“你不可能不劳而获”吗？理解这些观点是很重要的。我们应该始终把金钱与工作、与我们付出的汗水连在一起。

这条原理对我们的意义是这样的：你想一想最近几年里买的最无价值、最无必要的东西。或许是现在扔在车库里的电剃刀，或是一件你从未穿过的衣服。重要的是，要认识到这东西不是用你的钱买的，它用的是你的时间，你用时间换回了钱。实际上，你把你生命中的部分时间换来了你现在堆在家里不用的东西。

当你理解了你买的一切东西都是用你生命的一部分换来的时候，这时你怎么去使用钱就会更小心一些了。

2. **没有所谓独立的财务决策。**你从来不会有足够的钱去买你想要的一切东西或想参加的一切活动。即便是亿万富翁，他们的购买力也是有某种限度的。因此，每一笔开支都会影响到那些你真正需要或想要的东西。这一切都是有因果关系的。这意味着，那些无法克制自己，把钱花在无用东西上的人们限制了自己在更有需要或更有兴趣的领域的开支。

可以这么说，夫妻之间常常为钱的使用而争执不休。这是为什么呢？因为他们的价值观不同，他们常常对什么是浪费持有不同看法。我的父母在这方面就很典型。我父亲在买猎枪子弹或网球上花了 5 美元，他觉得这样做很对，因为这给他带来了愉快。但要是母亲花 5 美元买了一个没有用的削土豆器，他就会觉得这是浪费。事实上她享受逛商店购物和他享受打猎或玩网球是一样的，他们各自的视角都有独特之处。

这条原则引出这样一种认识，即某一点上的铺张浪费最终会导致在另一点上的捉襟见肘。优秀的商业经理在作出财务决策时就把这一原则记在心里。

3. **延迟满足欲望是财务计划管理达到成熟的关键**。由于我们有限的资源和无限的选择机会，唯一可行的财务计划是取消某些我们自己想要的东西。如果没有这样一种纪律来约束自己，那么我们将永远陷入债务之中。还应记住，除非你花的比赚的少一些，否则再多的收入也是不够的。有些人在加薪之后不久发现自己欠的债却更多了，原因即在此。

请允许我把这一重要概念再重申一遍：如果不对支出进行控制，再多的收入也是不够的。[5]

以上 3 条原则可以帮助你的孩子建立稳定的财务基础，同时不必损害他们的信仰体系。简而言之，成功生活的秘密在于把它放在可以长久维持的经济基础上。“你们存心不可贪爱钱财，要以自己所有的为足。”我想，让你的儿子懂得怎么做预算，以及如何在预算基础上生活是有用的。我认识一位医生，他有 4 个女儿，从她们 12 岁起，他每年给每人一笔服装费。她们需要每年为自己添置衣服的花费作出全面计划。小女儿有点儿冲动型，在 12 岁生日时，她把一年的费用都花掉了，买了一件价格昂贵的外套。到第二年春天时，她的袜子破了，衣服也磨损了。父母看着她这样子，心里也很不好受。但是，他们坚持克制自己的怜悯心，让她在钱的管理上学到了宝贵的一课。我记得有一个单身母亲让她 15 岁的儿子帮助她计算家里的所得税，在了解了维持一个家庭所需的各项隐性开支，如支付抵押贷款的利息和保险费时，她的儿子受到了巨大震动。

你的儿子需要理解的是，金钱是和工作连在一起的，你买的一切东西都是一种交换行为。你如果在某一方面把钱都花了，遇到更重要的事项时，你就可能没有足够的钱支付。换一种说法，你必须教导你的儿子明白，在生活中拥有一切是不可能的。世界上没有免费的午餐，除非你提供给他。我对你的 14 岁儿子对这些概念还不怎么理解并不感到奇怪，我知道真正懂得这些道理的孩子是很少的。但是，现在开始应该这样教育他了。

十来岁的儿子经常抱怨说我和丈夫不信任他。他时常说，在他想做什么时，我们就表示不同意。那我们应该作出怎样的反应呢？

在出现冲突时，孩子会对父母提出埋怨，这是青少年瓦解父母信心最有效的工具。通常父母会退缩，会支支吾吾地解释："没有，亲爱的，我们并不是不相信你这么晚出去，只是……"然后他们就没词儿了。他们处于防御的位置，主动权移到了另一方。

这种情形下的父母应该提醒自己的孩子，信任是有分别的。换言之，在有些情况下，他们是可信任的，在其他情况下则不一定。这不是一个要么全对、要么全错的情形。让我们再回到商务世界这个话题上，我们许多人有权在某一指定的账户上动用公司预算的钱，但不允许接触公司的财务总账。在此例中，信任是有限度的。同样，我们或许得到批准花5000美元用于购置设备，但是超过该数目的开支则需经过主管人员的签字。这并不是因为老板担心公司会受骗。相反，有效的商务经验告诉人们，信任是应与具体情况和目标联系起来的。这叫作"授权"。把这一思想应用于青少年身上，这样他们就可以期望得到允许去做某些事情，而不是所有事情。如果他们在被给予信任的事情上做得好，他们就可以得到更大的自由。关键是，作为父母的你不应在孩子谎称他们受到不公正对待时，就这么接受了他们的埋怨。我建议你不要因此而上当。

我和丈夫对孩子的管教抓得可严了。是否有别的办法，可以鼓励培养父子之间的合作？

如果一个孩子持续发生不良行为，可能反映了他需要引起父母对他的关注。有的孩子有意想当"通缉犯"，并不是他真的想犯罪。在你和孩子的关系中添加些幽默和欢笑的成分，看看会发生什么。你可能会因此感到惊喜。同时，注意评估教养孩童的一些基本面。在一支橄榄球队或篮球队输球时，教练通常检查基本功方面的问题。找本好的关于管教方面的书，看看你们在这方面有些什么过错。

我们有个7岁的儿子，他对附近邻居的小猫小狗之类的小动物常常做出一些可怕的动作。我们多次想阻拦他，但没有成功。我想知道，这当中是否有什么更值得我们关注的方面。

孩子对动物的残暴行为可能是孩子有某种严重的情感问题的征兆，那些反复出现这类行为的孩子不仅仅是简单地在经历某一成长阶段而已。这必须被视为一种警告，必须对此做检查。我不想给你造成恐慌，也不想夸大事实，但是早期的残暴行为和成人的暴力行为之间是有相关关系的。[6] 我建议，你带你的儿子到心理医生或精神病医生那里去看一下，无论怎样，决不容许任何对动物的残暴行为。

我那 22 岁的儿子从学校退了学，把自己的生活搞得一团糟，回到家里，我们该拿他怎么办呢？他没有工作，不肯承担他在家里的那份责任义务，还老是对吃的东西抱怨不满。

我会帮他打点好行李的，就今天下午，如果不能再早些的话。有些和你孩子同龄的年轻人就是不想长大，他们干吗要长大呢？家里的窝是那么安逸舒适，吃的都给准备好了，衣服有人给洗烫，账单有人支付。没有什么东西去刺激他们面对冷酷的现实世界，他们准备好了就想赖在那里不走。他们需要有人在后面狠狠推一把。我知道要把赖在家里的儿子赶出去是很困难的，他们就像在家门口徘徊的毛茸茸的小猫一样，等着有人端牛奶给它们。如果让他们一年年待下去的话，尤其是他们不去积极寻找职业的话，那等于是在助长不负责任的依赖心理。这不是爱，尽管看上去似乎很像爱。

到了让你的儿子自己踏上人生道路的时候了，动作可以轻缓一些，但是要坚定不移，一定要他自己站起来。要是你不这样做的话，那你就是夺走了一切使他的生活走上轨道的刺激因素，真的会使他的一生瘫痪下去的。祝你好运！

第 17 章

高于一切的责任

BRINGING UP BOYS

BRINGING UP
BOYS

现在我们的讨论该告一段落了。我希望关于培育男孩所遇挑战的话题的讨论，你是有收获的。做父母的把孩子带到这个世界，然后把他们一步步引上发展的道路，看着他们成长直至走向成熟，没有什么比这更为荣耀的事业了。我在一开始的讨论里写过，作为父母，我们的目标就是把儿子们从“不成熟的、反复无常的少年，转变成诚实而有爱心的男人——他们尊重女性、忠于婚姻、信守承诺，成为果断有力的领袖、优秀的工作者，并保持着健康的男性气概”。这是一个崇高的目标，也是一个可以实现的目标。完成这一崇高使命的重要机制是在家中实行坚定的领导和管教，同时以爱心和同情调和。这两方面的结合可以使父母战胜一切。

前几章我们重点讨论了男孩和女孩的差异，以及男孩因独特的男性气概而产生的特别需要。我们也分析了今天的文化环境中，摆在男孩面前日益扩大的危机。总的来看，对男孩不利的方面包括家庭的崩溃解体、父亲的远离或缺席，以及由此而引起的精神创伤、女权主义激进分子对男性气概特征的攻击，以及对这么多的孩子心灵造成扭曲和歪曲的后现代主义文化。如果存在一个将上述所有困难都催化的发酵剂的话，那就是现代人令人炫目的快节奏生活，它使我们给孩子留下的时间和精力是如此之少，而他们正指望我们能满足他们成长中的各种需要。

让我在这一点上再具体谈谈。我希望这个话题随着这一讨论的展开已经很清晰了，我们在孩子身上遇到的麻烦，与我称之为“任务表恐慌”的情绪以及由此产生的日益增强的孤独和分离直接相关。美国人对物质享受的热爱，已经在美国最重要的事情上敲响了警钟。让我们回过头来，作为具体例子，看看在学校里经常发生的霸凌和嘲笑辱骂他人的现象。我们大家小时候都经历过这样的挫折，那么今天的不同之处在哪里呢？是家长的缺席，他们已经没有什么可以留给下一代的了。有一部分孩子回到仍是完整的、充满爱心的家中，家长能够说服孩子从“悬崖上下来”，给予他们爱心，帮助他们正确认识和对待事物。有人在家里向孩子显示真切的关怀，并告诉孩子，来自同龄人的那些粗俗的判断并不意味着世界末日的来临。如果没有充满智慧的关怀指导，例如，像我在学校里遭受挫折回家后父亲给予我的安慰，那么危机来临时，今天的孩子心中就会充满怒火，却无处宣泄。有的男孩就此染上了吸毒或酗酒的恶习，有的男孩退缩到孤独之中，有的则可悲地把他们的愤怒转变为谋杀性的攻击行为。当他们的愤怒爆发时，要是父母在场的话，那结果定会大不一样。我们的孩子面对着那么多的困难，归根结底和今天家庭的这一特征是有直接关系的，那就是家里没有人。

如我们在前面几章中一再看到的，在缺乏家长关怀的情况下，受苦最甚的一般是男孩子。我一直以来的看法是，那些选择把孩子带到这一世界上来的人，你们必须在一段时间里给予这个男孩或女孩以最高度的关注和重视。这并不是说时时刻刻都需要父母陪伴在身边。往往在我们不知不觉中，这个小孩就长成一名青年了，他会打起背包，迈着不那么稳健的步子走向成人世界。

我相信，今天的绝大多数母亲在她们生活中最关心的是自己的丈夫和孩子，她们会把主要精力都放在他们身上。但是如今她们身陷一个混乱不堪、过于苛求人的世界中，这个世界一直威胁着要把她们压垮。许许多多这样的年轻女性是在繁忙不堪、功能失常、以职业为主的家庭中成长的，她们希望把更好的东西提供给自己的孩子。但是，经济方面的压力和其他方面的期待压得她们喘不过气来。这一点我以前从未写过，我现在把它说了出来并因此而招致批评，但是我相信，在抚养儿女期间，父母双方均有职业的家庭会产生一种紧张和压力，这种压力正在把人们撕裂压倒，而且它常常剥夺了孩子们在今后一生中不断寻求的东西。

我们翘首以待，有一天，大部分人能从这过度繁忙的噩梦里醒过来，说："这是一种疯狂的生活方式，应该有一种比这更好的抚养孩子的方式。为了减缓生活的节奏，我们情愿在经济上作出部分牺牲。"

但是，仅仅待在家里，只是待在孩子身边是不够的。我们还应该利用这短短的几年时间把我们的价值观和信仰教给他们。然而在相对较为富裕的北美国家，千百万年轻人在成长中没有接受过这方面的训练，他们对超验的价值观感到极为困惑。比起历史上的青年人来，我们给了他们更多的物质享受，他们拥有的机会是我们的先人所无法想象的。他们中的绝大多数人从未听见过炮弹的呼啸声或手榴弹的爆炸声。他们在教育、医疗、娱乐和旅游上所花的钱远远超过了以前各代人。然而，我们在最最重要的父母责任上却未能提供足够的营养。我们没有教会他们，作为孩子他们应是什么样子，他们来到这个世界上应负有什么使命。

已故哲学家和作家薛华博士写道："现代人的困境很简单：他不知道为什么人生是有意义的……这是我们这一代人的诅咒，是现代人问题的核心。"[1]

尽管薛华博士早在 30 年前就写下了这段发人深省的话，但用它描述我们当今的青少年和中青年的生活状态是再贴切不过了。在我当年为年轻人写《边缘生活》（*Life on the Edge*）时，这个观点的有效性就变得很显然了。为了支持我的这一项目，辞书出版公司在各个城市组织了专门小组以调查年轻人的压力点和他们的需要。与我们的主题相一致的是，最为常见的情形是生活意义的缺乏。这些孩子大多对生活的真谛与目标感到困惑。

请允许我把上面提到的《边缘生活》的一部分内容作简要介绍。我相信它不仅适用于该书的读者对象（年龄 16 至 26 岁），而且适用于生活在这一强调物质享受的社会中的所有人，我们所生活的社会注重的是金钱、权力、地位以及其他贴着空虚标签的价值观。我是这样写的：

> 趁你还年轻，在工作和家庭压力使你的生活失去重心之前，停下来思考一些基本的问题是很重要的。有好几个带有永恒意义的问题，是每个人或早或晚都要面临并要应对的。我想，你现在就开始考虑会对你有所帮助。无论你是无神论者、穆斯林、佛教徒、犹太人、不可知论者，还是基督徒，人类家庭面临的问题基本上是相同的。不同的只是答案。这些问题是：
>
> 作为一个人，我是谁？
>
> 我是怎样来到这个世界上的？
>
> 这世界上有没有对错之分是可以让我们确信并行动的？
>
> 人死了以后还会有生命吗？
>
> 有一天我将为自己在地上的生活方式承担责任吗？
>
> 生和死的意义是什么？[2]

我们在研究中观察发现，我们与之谈过话的大多数青年人觉得要回答这些问题很困难，这真令人伤心。他们对我们所称的"最初的真理"只有一些模糊的概念。怪不得他们缺乏意义和目的意识。对一个不理解自己的起源和目的地的人来说，生活是没有意义的。

人类往往会对自己无法回答的问题烦恼不已。就像大自然厌恶真空一样，因此人们用智力理性去填充空当。或者换一种说法，智力和才智试图在信仰体系中修补漏洞。为什么今天这么多的年轻人追逐各种扭曲混乱的“神学”，如新纪元运动（New Age）的胡说八道，追求享乐，滥用毒品，追求不正当的性行为？原因即在此。他们在无望地寻求能满足他们“灵魂饥渴”的东西。可以说他们是难以找到的。没有什么伟大的成就和高超的教育会提供这样的答案。

对那些需要帮助明确生活目标的读者来说，请允许我要求你们设想一下自己生命终点来临的日子，或许这离今天还很远。当你躺在病床上，回想着一生的经历时，是什么带给你最大的满足？当你想到荣誉、学位、职业头衔时心头感到狂喜吗？是否声誉最为你所看重，即使你是花了相当代价才取得的？你是否会为你挣得的钱、你写成的书、刻着你的名字的建筑或公司而感到自豪？我想不是的。短暂的成功或成就在命运终点的那一刻并不使人特别满足。我想，在你准备谱写生命的最后一章时，最大的成就意识是，你的一生坚持信仰，把自己的一生无私地奉献给了你的家庭成员和朋友。最重要的是，你知道把自己的孩子领到了真理面前，这比任何成就都更伟大。其他一切与之相比就显得微不足道了。如果这是你在生命最后一刻的真实感觉的话，那你为什么现在不马上决定根据这一价值观体系去生活呢？你还有机会对那些指望着你的、可塑性很强的孩子施加影响，这可能就是要求作为母亲或父亲的你需要回答的最最重要的问题！

不仅精神的成长同生命的永恒相关，同样重要的是你的孩子在现世的生活方式。具体来说，男孩需要树立坚定的信仰，由此而理解善与恶的意义。他们生活在一个后现代主义盛行的世界中，在这样的世界里，一切思想都被认为是同样有效的，没有什么是真正错误的，邪恶只有在那些认为它是邪恶的人的头脑里才是邪恶的。所以没有信仰的人注定会遇到巨大的痛苦和灾难。

如我们所看到的，更有效的教育就是由父母在家里提供榜样。儿童对父母在毫无准备的情况下的许多行为，有极强的观察力。在我们的儿子和女儿分别为11岁和16岁那一年，我和雪莉就遇到了这样的情况。那次我们和另一个家庭约定去加利福尼亚的马默斯滑雪。令人遗憾的是，星期四到了那里以后，我们遇上了一场巨大的暴风雪，把我们阻挡在屋里，孩子们因此而懊恼得不得了。我们轮流每隔一会儿就到窗口边，看看外面的雪是否停了，可是天气依然如此。星期五我们仍被关在屋内，星期六的暴风积起了厚厚的雪以至于埋没了我们的车。到这时候，我们两家都患上了“幽居病”，甚至连我们的狗都烦躁得像热锅上的蚂蚁。

可是，到了星期天清晨，阳光忽然洒入我们住的套间，天空一片湛蓝。树枝上挂着的雪花真是美极了，所有上山的缆车都开始向山头运行了。但是我们该怎么办呢？我们家立的生活规矩是在星期天去教堂做礼拜，我们从不在这一天去滑雪或是观看其他职业体育比赛。我知道有许多信基督教的人会不同意这样的做法，对他们的看法我觉得是可以理解的。这只是我们家的生活标准，在我们结婚成家以后一直是这样做的。但是眼下我们该怎么办呢？人人都这么想滑雪，连我都有点动心了。面对着这些厌烦至极的孩子们，连我和雪莉都耐不住了。于是，我把自己一家人以及朋友一家叫到一起，说：“你们知道，我们不想过于教条。我想上帝在这一特别情况下会宽恕我们的。今天外面的天气这么好。我们可以在滑雪回来以后再一起做礼拜，我想是没问题的。”

所有人都一片欢欣鼓舞，至少我是这样感觉的，于是我们开始准备行装。我第一个准备好，正在楼上准备自助早餐，这时雪莉走过来悄悄对我说：“你还是先和你儿子去说说吧。”在瑞恩有问题的时候，儿子永远都需要老爸出面。我走到瑞恩的房间，发现他在哭。“我的天，瑞恩，出什么事了？”我问。他的回答我永远都不会忘记。

“爸爸，我以前从来没有看见过你妥协。你告诉我们，在星期天去滑雪和做这样的事是不对的，但是现在你却说这样做没问题。”他说，眼泪还在他的脸颊上流着，“如果过去这样做是错的，那么今天也还是错的。”

瑞恩的话就像一把重锤敲在我心头。我使这个企望从我身上得到道德指引的孩子失望了，我违背了自己的行为准则，瑞恩对此很清楚。我觉得自己成了世界上最大的伪君子。在我镇定下来后，我说：“你是对的，瑞恩。我不应该为自己作出的决定辩护。”

在我的要求下，两家人再次聚到了客厅，我把刚才发生的事讲了一遍。然后我说："我希望你们（指我们的客人）今天继续去滑雪，这个我们都能理解，因为我们等了好多天。不过我们一家人今天早晨要去村里的一个小教堂做礼拜。我们的星期天一直是这样过的，今天也不应该成为例外。"

另一家的成员，包括孩子和成人，几乎异口同声地说："我们今天也不想去滑雪，我们和你们一起上教堂去。"于是我们都去了。那天下午，我思考着这天发生的一切。第二天早晨，我给办公室打电话说，我们要到星期二再回去。我们的朋友也改变了他们的时间安排。于是我们到星期一才去滑雪，度过了我们生活中最有意义的一天。我的良心最后终于平静了下来。

我不知道那个星期天早晨瑞恩在观察着我，不过我是应该料到的。孩子从他们的父母身上获得了价值观和信仰。这就是为什么做父母的在孩子面前必须过一种坚持有道德的生活，原因之一就在于此。

一旦你的孩子到了青春期以后，重要的是在精神上不要对他们推得太猛。只要他们仍和你住在一起，你依然可以对他们有一些合理的要求，但是你不能强求他们相信你所灌输给他们的东西。大门必须向外面的世界完全打开。这对父母来说可能是最令人担心的时候。因为父母通常的自然倾向是，保持对他们的控制，以免他们犯错误。年轻人在不被人逼着反抗逃跑的时候，他们更有可能作出正确的选择。简单的道理是，爱需要自由。这二者是紧密连在一起的。

无论你做怎样的准备，放飞总是不容易的。已故的厄玛·邦贝克（Erma Bombeck）把父母责任比作放风筝。[3] 你先是让小小的风筝离开地面，有时你会怀疑它会不会飞起来。你牵着那飞得不怎么样的风筝顶着风飞奔向前，有时它会朝地面撞去，于是你接上一个长一些的尾巴，然后再来放飞。突然，它趁着一阵来风，飘飘荡荡地靠近了电线。看着这场面，你的心收紧了。接着没有一丝征兆，牵着风筝的线突然绷紧，它稳稳地升上了天空。你把手里的线团逐渐松出去，可是，还没等你完全准备好，整个线团已经全放出去了。你踮起脚尖，手紧紧攥住那最后的一寸线。在满心不情愿之中，你放了手，让风筝在湛蓝的天空自由自在地翱翔。

这是一个令人兴奋激动和惊恐慌张的时刻，而这一刻从你孩子出生起就注定要到来。在你最后放手以后，你作为父母的任务就完成了。风筝已经获得了自由，而你，在整整20年以后，也第一次获得了自由。

在还有机会时，紧紧拥抱你的孩子吧。我希望在这本书里写下的文字会对你和你的家人有所帮助。谢谢你跟着我读完了这本书。

这可真有些残酷

琼·索特尔

这可真有些残酷，他的男孩长大以后，
不再蹦跳嬉戏，玩闹不已。
这可真有些残酷，他的男孩年岁又长，
天冷时不再蜷缩在床上。
这可真有些残酷，他的男孩长高以后，
去和别的孩子玩橄榄球，还有棒球。
他们不再一起在泥塘中涉水而过，
去捕捉那迷路的乌龟或青蛙。
他们不再一起在齐膝的草丛中奔跑，
不再在厚厚的落叶堆上翻滚摸爬。
这可真有些残酷，他的男孩长高以后，
当他离家去学校，或是望着那些姑娘。
这可真有些残酷，当他找到了工作，
当他不再像过去那样玩耍游戏。
这可真有些残酷，树林、田野或泥塘不再依旧，
他的男孩成了男人——这个男人的身影正在远去。[4]

注 释

第 1 章 奇妙的男孩世界

1. John Rosemond, as quoted in Paula Gray Hunker, “What Are Boys Made Of?” *Washington Times*, 28 September 1999, 1(E).
2. Ibid.
3. Plato, Laws, 1953 edition 1, p. 164.
4. Kitty Harmon, *Up to No Good: The Rascally Things Boys Do* (San Francisco: Chronicle Books, 2000). From *Up to No Good: The Rascally Things Boys Do*, edited by Kitty Harmon. © 2000 by Tributary Books. Reprinted by permission of Chronicle Books, San Francisco.
5. Ira Dreyfuss, “Boys and Girls See Risk Differently, Study Says,” Associated Press, 16 February 1997.
6. Ibid.
7. “That Little Boy of Mine.” Words and music by Benny Meroff, Wayne King, and Walter Hirsch. Published by Forster Music Publisher, Inc. (Chicago, 1932).

第 2 章 赞美！男孩女孩不一样

1. See for example: Mary Brown Parlee, “The Sexes under Scrutiny: From Old Biases to New Theories,” *Psychology Today* (November 1978): 62–69; Jane O’Reilly, “Doing Away with Sex Stereotypes,” *Time*, 23 October 1980, 1.
2. Marlo Thomas et al., Free to Be *You and Me* (Philadelphia: Running Press, 1974).
3. Germaine Greer, *The Female Eunuch* (London: MacGibbon and Kee, 1970).
4. “No Safe Place: Violence against Women: An Interview with Gloria Steinem,” KUED-TV, Salt Lake City. See <http://www.media.utah.edu/prdction/interv/steinem.html>.
5. Ibid.
6. Elisabeth Bumiller, “Gloria Steinem: The Everyday Rebel; Two Decades of Feminism, and the Fire Burns as Bright,” *Washington Post*, 12 October 1983, 1(B).

7. Ibid.

8. Greer, *The Female Eunuch*.

9. "Lawyer Wages War on Sexism in Toys," Associated Press, 9 December 1979.

10. Tracy Thomas, "A Gloria Allred Scorecard," *Los Angeles Times*, 29 October 1987, Metro, 2.

11. Joy Dickinson, "Child Advocates Decry Gender Stereotyping in Toys 'R' Us Store Redesign,"*Bradenton Herald*, 19 February 2000.

12. Christina Hoff Sommers, "The War Against Boys," *C-Span* 2, 16 July 2000.

13. Gina Kolata, "Man's World, Woman's World? Brain Studies Point to Differences," *New York times*, 28 February 1995, 1(C).

14. Mary Brown Parlee, "The Sexes under Scrutiny: From Old Biases to New Theories,"*Psychology Today* (November 1978): 62–69.

15. Dale O'Leary, "Gender: The Deconstruction of Women: Analysis of the Gender Perspective in Preparation for the Fourth World Conference on Women in Beijing, China," 6.

16. Dr. Stella Chess and Dr. Alexander Thomas, *Know Your Child: An Authoritative Guide for Today's Parents* (New York: Basic Books, 1987).

第 3 章 那么，差别在哪里呢

1. Robert Sapolsky, "Testosterone Rules: It Takes More Than Just a Hormone to Make a Fellow's Trigger Finger Itch," Discover, March 1997, 44.

2. See <http://www.brainplace.com/bp/malefemaledf/default.asp>.

3. Bjork, Randall, M.D. (neurologist). Personal correspondence; Micheal D. Phillips et al., "Temporal Lobe Activation Demonstrates Sex-based Differences during Passive Listening," *Radiology*, July 2001, 202–207.

4. Sapolsky, "Testosterone Rules."

5. Andrew Sullivan, "The He Hormone," *New York times Magazine,* 2 April 2000, 46. Copyright © 2000 by Andrew Sullivan. Originally published on April 2, 2000 in *The New York times Magazine*. Reprinted with permission from The Wylie Agency.

6. Sapolsky, "Testosterone Rules."

7. Gregg Johnson, "The Biological Basis for Gender-Specific Behavior," chap. 16 in *Recovering Biblical Manhood and Womanhood: A Response to Evangelical Feminism*, ed. Wayne Grudem and John Piper (Wheaton, Ill: Crossway Books, 1991).

8. 2001 Fortune 500 CEO List. See <http://www.pathfinder.com/fortune/fortune500/ceolist.html>.

9. Congressional Handbook. 107th Congress.

10. Martina Navratilova, "Friends across the Net," *Newsweek,* 25 October 1999, 70.

11. John McEnroe, "Playing with Pure Passion," *Newsweek,* 25 October 1999, 70. From *Newsweek,* 25 October © 1999 *Newsweek,* Inc. All rights reserved. Reprinted by permission.

12. "Serotonin and Judgment," *Society for Neuroscience Brain Briefings* (April 1997). See <http://www.sfn.org/briefings/serotonin.html>.

13. Joseph LeDoux, "The New Brain." See <http://www.feedmag.com/brain/parts/ledoux.html>.

14. Joshua Freedman, "Hijacking of the Amygdala," *EQ Today. See* <http://www.eqtoday.com/hijack.html>.

15. Hunker, "What Are Boys Made Of?"

16. Claudia Wallis, "Life in Overdrive," *Time*, 18 July 1994, 42.

17. Ibid., 46.

18. Ibid., 48.

19. Ibid., 44.

20. George Will, "Boys Will Be Boys, or We Can Just Drug Them," *Washington Post*, 2 December 1999, sec. 39A.

21. James Dobson, *Solid Answers* (Carol Stream, Ill.: Tyndale House Publishers, Inc., 1997).

第 4 章 受伤的心灵

1. Michael Gurian, *A Fine Young Man* (New York: Jeremy Tarcher/Putnam, 1998), 12–15.

2. Angela Phillips, *The Trouble with Boys* (New York: Basic Books, 1994), 21.

3. Amy M. Holmes, "Boys Today: Snakes, Snails and Guns," *USA Today*, 10 December 1999.

4. Phillips, *The Trouble with Boys*.

5. Carey Goldberg, "After Girls Get the Attention, Focus Shifts to Boys' Woes," *New York times*, 23 April 1998.

6. Hunker, "What Are Boys Made Of?"

7. Michael Gurian, *The Wonder of Boys* (New York: Jeremy Tarcher/Putnam, 1996), 15.

8. "Newly Released Videotape Offering Insight into Mind of Teen Gunman Kip Kinkel," *NBC News Transcripts*, 22 January 2000.

9. Holmes, "Boys Today."

10. "A Devastating Cycle: Substance Abuse, Child Abuse Tragically Linked," *San Diego Union-Tribune*, 26 April 1999, 6(B).

11. Ronald Kotulak, "Why Some Kids Turn Violent: Abuse and Neglect Can Reset Brain's Chemistry," *Chicago Tribune*, 14 December 1993, 1.

12. Focus on the Family,"The Family at the End of the 20th Century," 8–9 June 1995.

13. Diane Frederick, "Therapist Discusses Roots of Violence," *Indianapolis Star*, 3 March 2000, 1(N).

14. Frank Peretti, *Wounded Spirits* (Nashville: Thomas Nelson/Word, 2000).

15. Erica Goode, "Study Finds TV Alters Fiji Girls' View of Body," *New York times*, 20 May 1999, 17(A).

16. Karen Patterson, "Through Thick or Thin: Americans Lose Sense of Proportion in Struggling with Their Weight," *Dallas Morning News*, 29 August 1999, 1(J).

17. Joan Smith, "For 9-Year-Old Girls, the Big Fear Is Not the Bogeyman, but Getting Fat," *Chicago Tribune*, 12 November 1986, 30.

18. "Study: Elementary School Pupils Watch Their Wastelines," Associated Press, 2 May 1989.

19. "Children Aware of Dieting, Body Image," Reuters, 6 January 2000.

20. "Diana in a New Light," ABC News 20/20, 6 October 2000.

21. Stephen S. Hall, "Bully in the Mirror," *New York times Magazine*, 22 August 1999, 31.

22. Ibid.

23. "Boys as Bullies: Researchers Find Aggression Can Be a Road to Popularity," *Chicago Tribune*, 19 January 2000, 7.

24. "Psychologist Dorothy Espelage Discusses Report on Bullies in Schoolyard," *NBC News Transcripts*, 21 August 1999.

25. Phillips, *The Trouble with Boys*.

26. "Common Thread among School Shootings Is Bullied Teens Striking Back in Rage," *NBC News*, 9 March 2001.

27. Ibid.

28. Andrew Gumbel, "San Diego Killings: Nobody Believed the Scrawny Boy's Threat to Bring a Gun to School," *London Independent*, 7 March 2001, 5.

29. Ibid.

30. Adrian Nicole LeBlanc, "The Outsiders," *New York times Magazine*, 22 August 1999, 36. Copyright © 1999 by the *New York times* Co. Reprinted by permission.

31. Ibid.

32. Jules Crittenden, "High School Horror: United in Grief, 70,000 Mourners Open Their Hearts to Colorado Victims," *Boston Herald*, 26 April 1999, 1.

33. "Common Thread among School Shootings."

34. "Students' Review Makes Parents Want to Scream," *Plugged In*, 15 June 1997.

35. Rabbi Daniel Lapin, Family Research Council Washington Briefing, March 2000.

36. "Media Tied to Violence among Kids," Associated Press, 26 July 2000.

37. Steve Rubenstein, "Doctors Advise TV Blackout for Little Kids," *San Francisco Chronicle*, 4 August 1999, 1(A).

38. Archibald Hart, *Stress and Your Child* (Nashville: Thomas Nelson/Word, 1992).

39. Kathleen Parker, "Let's Give Our Boys A Gift: Self-Control," *USA Today*, 15 September 1999, 17(A).

40. American Academy of Pediatrics. Used by permission of the Family Research Council.

41. Harold M. Voth and Gabriel Nahas, *How to Save Your Kids from Drugs* (Middlebury, Vt: Paul S. Ericksson, 1987).

第 5 章 不可缺席的父亲

1. Warren Leary, "Gloomy Report on the Health of Teenagers," *New York times*, 9 June 1990, 24.

2. Bureau of the Census, *Code Blue* (Washington, D.C.).

3. Kyle D. Pruett, *Fatherneed: Why Father Care Is As Essential As Mother Care for Your Child* (The Free Press, 1999).

4. U.S. Department of Health and Human Services, *Morehouse Report*, National Center for Children in Poverty, Bureau of the Census (Washington, D.C.).

5. "Back to School 1999—National Survey of American Attitudes on Substance Abuse V: Teens and Their Parents," *National Center on Addiction and Substance Abuse at Columbia University*, August 1999.

6. William Pollock, *Real Boys: Rescuing Our Sons from the Myths of Boyhood* (New York: Henry Holt and Company, 1998).

7. Barbara Kantrowitz and Claudia Kalb, "Boys Will Be Boys," *Newsweek,* 11 May 1998, 55.

8. Hannah Cleaverin Berlin, "Lads Night Out Can Save Your Marriage," *London Daily Express*, 25 April 2000.

9. John Attarian, "Let Boys Be Boys—Exploding Feminist Dogma, This Provocative Book Reveals How Educators Are Trying to Feminize Boys While Neglecting Their Academic and Moral Instruction," *The World and I*, 1 October 2000.

10. Don and Jeanne Elium, *Raising a Son* (Berkeley: Celestrial Arts, 1997), 21.

11. Phillips, *The Trouble with Boys*, 54–59.

12. Michael D. Lemonick, "Young, Single and Out of Control," *Time*, 13 October 1997.

13. Dave Simmons, *Dad, the Family Counselor* (Nashville: Thomas Nelson, 1992), 112.

14. Bureau of Justice, *Statistics of the Department of Justice*. See <http://www.ojp.usdoj.gov/bjs>.

15. Terri Tabor, "Keeping Kids Connected: Elgin High Program Puts At-Risk Students on Straighter Path," *Chicago Daily-Herald*, 17 September 1999, 1.

16. James Robison, *My Father's Face: A Portrait of the Perfect Father* (Sisters, OR: Multnomah Publishers, 1997).

17. Letter from Mrs. Karen S. Cotting. Used with permission.

18. Judith S. Wallerstein and Joan B. Kelly, *Surviving the Breakup* (New York: Basic Books, 1980), 33.

19. Karen S. Peterson, “Children of Divorce Struggle with Marriage,” *Gannett News Service*, 25 October 2000.

20. D.M. Capaldi, “The Reliability of Retrospective Data for Timing First Sexual Intercourse for Adolescent Males,” *Journal of Adolescent Research*, 11, (1996), 375–387.

21. Lawrence L. Wu, “Effects of Family Instability, Income, and Income Instability on the Risk of Premarital Birth,” *American Sociological Review*, 61, (1996), 344–359.

22. Karla Mantilla, “Kids Need ‘Fathers’ Like Fish Need Bicycles,” *Off Our Backs*, June 1998.

23. Carl Auerbach and Louise Silverstein, “Deconstructing the Essential Father,” *American Psychologist*, 54, no. 6 (June 1999): 397–407.

24. Ibid.

第 6 章 父亲与儿子

1. Dale Turner, “‘Dagwood’ Image Hides the True Value of Fatherhood: It’s No Minor Task to Mold Young Lives,” *Seattle Times*, 19 June 1993, 8(C).

2. William E. Schmidt, “For Town and Team, Honor Is Its Own Reward,” *New York times*, 22 May 1987, 1.

3. Ibid.

4. David Blankenhorn, “Fatherless America: Life without Father,” *USA Today Weekend*, 26 February 1995, 4.

5. Michael Gurian, *The Wonder of Boys* (New York: Jeremy Tarcher/Putnam, 1996).

第 7 章 母亲与儿子

1. Janet McConnaughey, “Romanian Orphans Show Importance of Touch,” Associated Press, 27 October 1997.

2. “Parent’s Love Affects Child’s Health,” Reuters, 10 March 1997.

3. Karen S. Peterson, “‘Small but Significant’ Finding: Kids Thrive on More Mom, Less Day Care,” *USA Today*, 8 November 1999.

4. Sheryl Gay Stolberg, “Researchers Find a Link between Behavioral Problems and Time in Child Care,” *New York times*, 19 April 2001, 22(A).

5. Linda Seebach, “What Parents Want in Child Care,” *Washington Times*, 19 September 2000, 20(A). See <http://www.publicagenda.org/issues/angles.cfm?issue_type=childcare>.

6. Deborah Mathis, “Growing Circle of Stay-at-Home Moms Can Click on Support,” *Gannett News Service*, 5 September 2000.

7. Jean Lush, “Mothers and Sons,” *Focus on the Family*, 5–6 March 1991.

8. Michael D. Resnick et al., “Protecting Adolescents from Harm: Findings from the National Longitudinal Study on Adolescent Health,” *Journal of the American Medical Association*, 10 September 1999.

9. Marilyn Elias, "Family Dinners Nourish Ties with Teenagers," *USA Today*, 18 August 1997, 4(D).

10. Nancy Kellerher, "Literacy Begins at Home: Research Shows Conversation and Shared Reading Make the Difference; Family Dinner's the Winner," *Boston Herald*, 10 December 1996, 5; Andrew T. McLaughlin, "Family Dinners Provide Food for Thought As Well," *Boston Herald*, 14 March 1996, 1.

11. Tim Friend, "Heart Disease Awaits Today's Soft-Living Kids," *USA Today*, 15 November 1994, 1(D).

12. Louis Yablonsky, *Fathers and Sons* (New York: Simon and Schuster, 1982), 134. Used with permission.

13. Letter from Dr. C. H. McGowen. Used with permission.

第 8 章 母亲不做"团团转的毛毛虫"

1. Zig Ziglar, "Following the Leader," September 20, 1999. See <http://www.crosswinds.net/ infini/ story043.html>.

2. James Davison Hunter, "Bowling with the Social Scientists: Robert Putnam Surveys America," *Weekly Standard*, 28 August 2000, 31.

3. "States with Lowest Voter Turnout," *USA Today*, 10 November 2000, 1(A).

4. Hunter, "Bowling with the Social Scientists."

5. Ibid.

6. "Survey: Overworked Americans Can't Use Up Limited Vacation, Raising Health Concerns," *Business Wire*, 21 February 2001.

7. George Barna, *Generation Next* (Ventura, Calif.: Regal Books, 1995), 55.

8. Armond Nicholi, psychiatrist at Harvard Medical School and Massachusetts General Hospital, speaking at White House Conference on the state of the American Family, 3 May 1983. Copies of this presentation are available in the *Congressional Record* (3 May 1983).

9. Ibid.

10. Deborah Mason, "The New Sanity: Mother's Lib," Vogue, May 1981.

11. Judy Dutton, "Meet the New Housewife Wanna-bes," *Cosmopolitan*, June 2000, 164–168.

12. "U.S. Couples Scaling Back Work to Care for Families," Reuters, 3 December 1999.

13. Maggie Maher, "A Change of Place," *Barrons*, 21 March 1994, 33–38.

14. Ibid.

15. Donna Partow, *Homemade Business* (Colorado Springs, CO: *Focus on the Family*, 1991).

16. E. Jeffrey Hill, "Put Family First—Work Will Be There When You Return," *Deseret News*, 25 November 1999, 8(C).

第 9 章 同性恋的起源

1. Claudia Kalb, “What Boys Really Want,” *Newsweek,* 10 July 2000, 52.
2. Joseph Nicolosi, *Preventing Homosexuality: A Parent’s Guide*, Intro duction. Used with permission.
3. Norman Podhoretz, “How the Gay-Rights Movement Won,” *Commentary*, November 1996, 32.
4. William Bennett, “Clinton, Gays and the Truth,” *Weekly Standard*, 24 November 1997, 13.
5. Larry Thompson, “Search for the Gay Gene,” *Time*, 12 June 1995, 60.
6. Sharon Begley, “Does DNA Make Some Men Gay?” *Newsweek,* 26 July 1993, 59.
7. “Give Me a Break! Can Homosexuals Change and Become Straight?” ABC News 20/20, 3 March 2001.
8. August Gribbin, “Public More Accepting of Gays, Survey Finds: Most Believe Orientation Is Genetic,” *Washington Times*, 13 February 2000, 6(C).
9. Matthew Brelis, “The Fading ‘Gay Gene,’” *Boston Globe*, 7 February 1999, 1(C).
10. Nicolosi, *Preventing Homosexuality*.
11. Malcolm Ritter, “Some Gays Can Go Straight, Study Suggests,” Associated Press, 9 May 2001.
12. Nicolosi, *Preventing Homosexuality*, chap. 2.
13. Ibid.
14. Ibid.
15. Ibid., chap. 1.
16. Ralph Greenson, “Disidentifying the Mother: Its Special Importance for a Boy,” *Journal of the American Psychoanalytical Association* 56 (1968): 293–302.
17. Nicolosi, *Preventing Homosexuality*, chap. 3.
18. Ibid., chap. 1.
19. I. Bieber et al., Homosexuality: *A Psychoanalytic Study of Male Homosexuals* (New York: Basic Books, 1982).
20. Ibid.
21. Nicolosi, *Preventing Homosexuality*, chap. 3.
22. Mary Eberstadt, “Pedophilia Chic Reconsidered,” *Weekly Standard*, 1 January 2001, 18. Reprinted with the permission of The *Weekly Standard*. Original date of article, Jan. 18, 2001. Copyright © News America Incorporated.
23. Kathryn Jean Lopez, “The Cookie Crumbles: The Girl Scouts Go PC,” *National Review*, 23 October 2000.
24. “Scout Leaders Relieved by Court Ruling on Gay Troop Leaders,” Associated Press, 29 June 2000.

25. Jon Dougherty, "Scouts Still Face Funding Gauntlet," *WorldNetDaily.com*, 20 February 2001.

26. Ibid.

27. Terence Neilan, "World Briefing," *New York times*, 2 December 2000, 5(A).

28. "Context Affects Age of Consent," *Montreal Gazette*, 1 December 2000, 2(A).

29. Dan Izenberg, "Age of Consent for Homosexual Relations Lowered," *Jerusalem Post*, 2 November 2000, 3.

30. Suzanne Rostler and E. G. Mundell, "More Americans Having Gay Sex, Study Shows," Reuters, 14 March 2001.

第 10 章 单身父母和隔代抚养

1. "Nuclear Family Fading," *Colorado Springs Gazette*, 15 May 2001, 1(A).

2. Don Feder, "Nuclear Family in Meltdown," *Boston Herald*, 23 May 2001, 33.

3. Ibid.

4. Barbara Kantrowitz and Pat Wingert, "Unmarried with Children," *Newsweek,* 28 May 2001.

5. "Nuclear Family Fading."

6. Kantrowitz and Wingert, "Unmarried with Children."

7. David Popenoe and Barbara Dafoe Whitehead, "The State of Our Unions," Rutgers University Marriage Project, 2000. See <http://marriage.rutgers.edu/state_of_our_unions>.

8. Ashley Estes, "More Women Are Raising Children on Their Own," *Salt Lake Tribune*, 18 May 2001, 6(A).

9. Ibid.

10. "Breakdown on Family Breakdown," *Washington Times*, 25 March 2001, 2(B).

11. Don Feder, "Meltdown of Nuclear Family Threatens Society," *Human Events*, 4 June 2001, p. 9.

12. Barbara Dafoe Whitehead, "Dan Quayle Was Right," *Atlantic Monthly*, April 1993, 64.

13. Maggie Gallagher, "Fatherless Boys Grow Up into Dangerous Men," *Wall Street Journal*, 1 December 1998, 22(A).

14. Ibid.

15. Whitehead, "Dan Quayle Was Right."

16. Ibid.

17. Debra Gordon, "Mama's Boys," *The Virginian-Pilot*, 9 January 1994, 6. Copyright © 1994, *The Virginian-Pilot*. Excerpted with permission.

18. Eric Wiggen, *The Gift of Grandparenting* (Carol Stream, Ill.: Tyndale House Publishers, 2001), 27–28.

19. Ibid., 29.

20. Ibid., 33–34.

21. Ibid., 69.

22. Ibid., 116.

23. Ibid., 162.

24. Tender Comrade, copyright 1943, RKO Radio Pictures. Used by permission of Turner Entertainment Co.

25. Cheri Fuller, "Motivating Your Child to Learn," *Focus on the Family*, 7 September, 1990.

第 11 章 "天生的竞争者，让我们开始吧！"

1. NBC Olympic coverage from Sydney, Australia, September 2000.
2. H. Alexander Wise, Jr., "Lee: Why This Man, and His Era, Merit Our Consideration." See <http://www.civilwarhome/newslee.htm>.
3. Alfred Lansing, *Endurance* (Carol Stream, Ill.: Tyndale House Publishers, 1999).
4. Lansing, *Endurance*.
5. Edward Wong, "New Rules for Soccer Parents: 1) No Yelling, 2) No Hitting Ref," *New York times*, 6 May 2001, 1.
6. Rudyard Kipling, "If."
7. George Gilder, "Men and Marriage," *Focus on the Family*.
8. Mark Starr and Martha Brandt, " . . . and Thrilled Us All," *Newsweek,* 19 July 1999, 50.
9. Ibid., 54.
10. Raymond Lovett, "The Cut," *Focus on the Family*, October 1984. Used with permission.
11. Orel Hershiser, "A Visit with Orel Hershiser," *Focus on the Family*, 17 April 1989.

第 12 章 男人是傻瓜

1. Lance Morrow, "1968: Like a Knife Blade, the Year Severed Past from Future," *Time*, 11 January 1988, 16.
2. "Woman Is the Nigger of the World," released 24 April, 1972.
3. Michelle Ingrassia, "Now and Then: A Look at the Origins of Feminism," *Newsday*, 29 October 1991.
4. Gene Wyatt, "'Warhol' May Give Solanas Her Fifteen Minutes of Fame," *Tennessean*, 21 June 1996, 5(D).
5. David Jackson, "The Beat Goes On: 1968-1993: 25 Years Later, America Still Feels Era's Influence," *Dallas Morning News*, 26 December 1993, 1(J).
6. Karla Mantilla, "Kids Need 'Fathers' Like Fish Need Bicycles," *Off Our Backs*, June 1998, 12–13.
7. "Demographics of Titanic Passengers: Deaths, Survivals and Lifeboat Occupancy." See <http://

www.ithaca.edu/library/training/hotu.html>.

8. See <http://www.titanic-online.com/Discovery/discovery03.html>.

9. Encyclopedia Britannica Online. See <http://www.titanic.eb.com/01_01.html>.

10. "Demographics of Titanic Passengers."

11. Ibid.

12. Suzanne Fields, "Play, Boys: These Days It's All Women's Work," *Washington Times*, 18 October 1999, 19(A).

13. Roger Scruton, "Modern Manhood," *New York City Journal*, 19 January 2000.

14. John Leo, "Mars to Venus: Back Off," *U.S. News and World Report*, 7 May 1998, 16.

15. Ibid.

16. Ibid.

17. Ibid.

18. John Leo, "You Can't Make This Up," *U.S. News and World Report*, 21 August 2000.

19. Walter Williams, "Men Should Stand Up," *Washington Times*, 7 October 2000, 12(A). By permission of Walter Williams and Creators Syndicate, Inc.

20. Megan Rosenfeld, "Little Boys Blue: Reexamining the Plight of Young Males," *Washington Times*, 26 March 1998, 1(A).

21. Ibid.

22. Ibid.

23. Kathleen Parker, "Let's Give Our Boys Self-Control," *USA Today*, 15 September 1999.

24. Celeste Fremon, "Are Schools Failing Our Boys?" MSNBC, 5 October 1999. See <http://www.msnbc.com/news/310934.asp>.

25. Christina Hoff Sommers, "Is There a War against Boys?" CNN, 30 June 2000.

26. Christina Hoff Sommers, "Capitol Hill's Girl Trouble: The Flawed Study behind the Gender Equity Act," *Washington Post*, 17 July 1994, 1(C).

27. John Leo, "Gender Wars Redux," *U.S. News and World Report*, 22 February 1999.

28. Tamar Lewin, "All Girl Schools Questioned As a Way to Attain Equity," *New York times*, 12 March 1998, 12(A).

29. Sommers, "Capitol Hill's Girl Trouble."

30. Fremon, "Are Schools Failing Our Boys?"

31. See <http://www.health.org/girlpower.html>.

32. "Secretary Shalala Launches Girl Power! at APHA Annual Meeting," *FDCH Federal Transcripts and Agency Documents*, 21 November 1996.

33. Jodi Wilgoren, "Girls Rule: Girls Outperform Boys in High School and in College Enrollment Rates," *New York times Upfront*, 5 March 2001, p. 8.

34. Ibid.

35. Laura Parker and Guillermo X. Garcia, "Boy Scout Troops Lose Funds, Meeting Places," *USA Today*, 9 October 2000.

36. Shaila K. Dewan, "Manhattan School District Withdraws Support for Scouts, Citing Bias," *New York times*, 27 September 2000.

37. Kathryn Jean Lopez, "The Cookie Crumbles," *National Review*, 23 October 2000.

38. Christina Hoff Sommers, "What 'Girls Crisis'? Boys Get Short Shrift in Schools," *USA Today*, 17 July 2000, 17(A).

39. Daniel J. Kindlon and Michael Thompson, *Raising Cain* (New York: Ballantine Books, 1999).

40. Thomas Sowell, "Feminists Ensure Boys Can't Be Boys," *Denver Rocky Mountain News*, 21 June 2000. By permission of Thomas Sowell and © Creators Syndicate, Inc.

41. "Kiss Gets Youth in Trouble," Associated Press, 24 September 1996.

42. Joan Biskupic, "Schools Liable for Harassment: High Court Limits Ruling to Student Misconduct That Harms an Education," *Washington Post*, 25 May 1999, 1(A).

43. Brian Bloomquist and Vincent Morris, "Court OKs Bill's $850G Paula Settlement," *New York Post*, 3 December 1998, 4.

44. Linda Chavez, "Feminist Kiss Patrol Is on the March," *USA Today*, 2 October 1996, 15(A).

45. John Leo, "Expel Georgie Porgie Now!" *U.S. News and World Report*, 7 October 1996, 37.

46. Leo, "Gender Wars Redux."

47. Kathleen Parker, "Enough of Boys As Victors and Girls As Victims," *USA Today*, 24 February 1998, 15(A).

48. Maureen Dowd, "Liberties: Pretty Mean Women," *New York times*, 1 August 1999, p. 15D.

第 13 章 学校里的男孩

1. William Pollock, *Real Boys* (New York: Henry Holt and Company, 1998), 15.

2. Barbara Kantrowitz and Claudia Kalb, "Boys Will Be Boys," *Newsweek,* 11 May 1998, 55.

3. Ibid.

4. Celeste Fremon, "Are Schools Failing Our Boys?" MSNBC.com, Oct. 5 1999. Used with permission.

5. Cheri Fuller, "Preparing Children for Learning," *Focus on the Family*, 29–30 August 1991.

6. Morton Kondrake, "If Fourth Graders Can't Read, Congress is Failing to Lead," *Roll Call*, 23 April 2001.

7. William R. Mattox Jr., "The One-House Schoolroom: The Extraordinary Influence of Family Life

on Student Learning," *Family Policy*, The Family Research Council, September 1995.

8. Mike Archer, "Boys and Books Can Be a Great Mix," *Orlando Sun-Sentinel*, 2 June 1999, 1.

9. Ibid.

10. Raymond and Dorothy Moore, "Home Grown Kids," *Focus on the Family*, 25–26 February 1982.

11. John K. Wiley, "Mona Locke, Melinda Gates, Rob Reiner Kick-Off Early Learning Campaign," Associated Press, 7 June 2000.

12. Linda Wetheimer and Robert Seigel, "Growing Popularity of Homeschooling," National Public Radio: *All Things* Considered, 28 February 2001.

13. William Bennett, "Merging Teaching and Technology," *Focus on the Family*, 16–17 May 2001.

14. George F. Will, "Are Children Little Adults?" *Newsweek,* 6 December 1999.

15. Larry Kart, "Inside Jonathan Winters: The World is a Funhouse and Laughter is the Best Revenge," *Chicago Tribune*, 17 January 1998.

16. Nina Myskow, " I'm Like a War Victim with Food; I'd Fight My Dog for a Bone," *The Mirror*, 15 September 2000.

第 14 章 文化掠夺者

1. John Leo, "No-Fault Holocaust," *U.S. News and World Report*, 21 July 1997, 14.

2. "Senator Barbara Boxer Clarifies Her Priorities," *Weekly Standard*, 12 February 2001.

3. John Leo, "Singer's Final Solution," *U.S. News and World Report*, 4 October 1999, 17.

4. Laura Davis and Janis Keyser, "7-Year Olds Exploring Each Other's Bodies," *Maryland Family Magazine*, August 2000, 28.

5. Ellen Goodman, "Battling Our Culture Is Parents' Task," *Chicago Tribune*, 18 August 1994. Copyright © 2000, The *Boston Globe* Newspaper Co./*Washington Post* Writers Group. Reprinted with permission.

6. Mike Clary, "Boy, 14, Gets Life Term in Wrestling Killing," *Los Angeles Times*, 10 March 2001, 1(A).

7. MTV 1993 Media Kit.

8. James Poniewozik, "Rude Boys," *Time*, 5 February 2001, 70.

9. Devin Gordon, "Laughing Until It Hurts," *Newsweek,* 2 October 2000, 70.

10. Poniewozik, "Rude Boys."

11. Ibid.

12. "My Gift to You" © 1997 by Korn. Published by WB Music Corp./Jolene Cherry Music/Goathead? Music. From the CD *Follow the Leader* © 1998 Sony Music Entertainment.

13. Frank Ahrens, "A Stern Rebuke: Shock Jock's 'Joke' a Flop in Denver," *Washington Post*, 28

April 1999, 3(C).

14. Neil MacFarquhar, "Naked Dorm? That Wasn't in the Brochure," *New York times*, 18 March 2000, 1(A).

15. Cheryl Wetzstein, "Polls Finding Growing Concern over 'Moral' Direction," *Washington Times*, 23 April 1997, 5(A).

16. Michelle Malkin, "Baby Boomer Parents Are Asleep on the Job," Creators Syndicate, November 2000. By permission of Michelle Malkin and Creators Syndicate, Inc.

17. K. Freund and R. J. Watson, "The Proportions of Heterosexual and Homosexual Pedophiles among Sex Offenders against Children: An Exploratory Study," Journal of Sex and Marital Therapy, 18, no. 1 (spring 1992): 34–43.

18. Ibid.

19. John Schwartz, "Online Decency Fight Brews Anew after Ruling," *Washington Post*, 14 December 1998, 21(F).

20. "New Cyber-Safety Network Formed to Help Parents Connect with Teens to Openly Discuss Best Uses of the Internet." See <http://www.safeamerica.org/html/press/press_093099_1.cfm>.

21. John Schwartz, "Internet Filters Used to Shield Minors Censor Speech, Critics Say," *New York times*, 19 March 2001.

22. Bill Wood, "Urgent," *United Press International*, 24 January 1989.

23. Steven Butts, "Pornography: A Serious Cultural Disorder That Is Accelerating," *Lancaster* (Pa.) Sunday News, 9 March 1997, 4(P).

24. Ellen Edwards, "Plugged-In Generation: More than Ever, Kids Are at Home with Media," *Washington Post*, 18 November 1999, 1(A).

25. David Bauder, "Survey: It May Not Be Punishment to Send Children to Their Rooms," Associated Press, 26 June 1997.

26. Ginny McGibbon, "Columbine: Looking for Lessons; Visual Violence Triggers Dire Warning," *Denver Post*, 13 June 1999.

27. "The Einstatzgruppen—Mobile Killing Units." See <http://www.mtsu.edu/ baustin/einsatz.html>.

28. Ibid.

29. Eman, Diet. "Courageous Choices," *Focus on the Family*, 24 May 2001.

30. Patricia Brennan, "The Link between TV and Violence," *Washington Post*, 8 January 1995.

31. McGibbon, "Columbine."

第 15 章 亲近你的男孩

1. Josh McDowell, "Helping Your Kids to Say No," *Focus on the Family*, 16 October 1987.

2. Greg Johnson and Mike Yorkey, *Daddy's Home* (Carol Stream, Ill.: Tyndale House Publishers, 1992), 56.

3. Martha Sherrill, "Mrs. Clinton's Two Weeks out of Time: The Vigil for Her Father, Taking a Toll Both Public and Private," *Washington Post*, 3 April 1993, 1(C).

4. Thomas J. Bouchard et al., "Sources of Human Psychological Differences: The Minnesota Study of Twins Reared Apart," *Science*, 12 October 1990, 223.

5. "Twins Separated at Birth: The Story of Jim Lewis and Jim Springer," *Smithsonian Magazine*, October 1980.

6. Malcolm Ritter, "Study Suggests Genes Influence Risk of Divorce," *Associated Press*, 27 November 1992.

7. Ibid.

第 16 章 管教你的男孩

1. Tom W. Smith, "Ties That Bind: The Emerging 21st Century American Family," *Public Perspective*, 12:1, January 2001, 34.

2. Per Ola d'Aulaire and Emily d'Aulaire, "Now What Are They Doing at That Crazy St. John the Divine?" *Smithsonian Magazine*, 23:9, December 1992, 32.

3. Fyodor Dostoevsky, *The House of the Dead* (New York: Viking Press, 1860).

4. Parenting, May 1992, 45–46.

5. Ron and Judy Blue, *Money Matters for Parents and Their Kids* (Nashville: Thomas Nelson, 1988), 46.

6. Ray Reed, "Abusers Often Start with Animals," *Roanoke Times and World News*, 19 January 1995, 1(C).

第 17 章 高于一切的责任

1. Francis A. Schaeffer, *He Is There and He Is Not Silent* (Carol Stream, Ill.: Tyndale House Publishers, 1972).

2. James Dobson, *Life on the Edge* (Nashville: Word Publishers, 1995), 41.

3. Erma Bombeck, "Fragile Strings Join Parent, Child," *Arizona Republic*, 15 May 1977.

4. Jean W. Sawtell, "It's Tough on a Dog." Copyright © 2000 by Jean W. Sawtell. All rights reserved.